社会工作理论与方法本土化

——妇联参与社会治理及典型案例点评

Shehui Gongzuo Lilun Yu Fangfa Bentuhua
Fulian Canyu Shehui Zhili Ji Dianxing Anli Dianping

唐雄山　仇　宇　王伟勤　王　昕　罗胜华◎著

·广州·

版权所有　翻印必究

图书在版编目（CIP）数据

社会工作理论与方法本土化：妇联参与社会治理及典型案例点评/唐雄山，仇宇，王伟勤，王昕，罗胜华著．—广州：中山大学出版社，2015.11

ISBN 978-7-306-05461-6

Ⅰ.①社… Ⅱ.①唐…①仇…③王…④王…⑤罗… Ⅲ.①妇女—参与管理—研究—中国　Ⅳ.①D442.6

中国版本图书馆 CIP 数据核字（2015）第 228849 号

出版人：	徐　劲
策划编辑：	金继伟
责任编辑：	杨文泉
封面设计：	曾　斌
责任校对：	王　璞　王　琦
责任技编：	何雅涛
出版发行：	中山大学出版社
电　　话：	编辑部 020-84110771，84110283，84111997，84113349
	发行部 020-84111998，84111981，84111160
地　　址：	广州市新港西路135号
邮　　编：	510275　传真：020-84036565
网　　址：	http://www.zsup.com.cn　E-mail：zdcbs@mail.sysu.edu.cn
印 刷 者：	虎彩印艺股份有限公司
规　　格：	787mm×1092mm　1/16　14.75印张　340千字
版次印次：	2015年11月第1版　2019年1月第2次印刷
定　　价：	45.00元

如发现本书因印装质量影响阅读，请与出版社发行部联系调换

项目来源：佛山市妇联

作者简介

唐雄山，男，博士，教授，湖南祁阳人。在《孔子研究》《江汉论坛》《文化中国》（加拿大）《中华文化论坛》等刊物公开发表学术论文40余篇，主持及参与各类课题20余项，已公开出版学术专著6部，主编出版教材2部，参与撰写著作、教材多部。研究领域为哲学、管理学、组织行为学。主要教授管理学、组织行为学、社会学，现任教于佛山科学技术学院政法学院。

仇　宇，女，副教授，佛山科学技术学院社会工作系副主任，中级社工师，国家心理咨询师高级考评员。参与国家课题2项、省级课题2项，主持市级课题4项、横项课题8项。公开发表学术论文10余篇，参与撰写著作3部。主要研究方向：个案社会工作、妇女家庭服务、企业社会工作等。主要教授社会工作概论、个案社会工作等，现任教于佛山科学技术学院政法学院。

王伟勤，女，副教授。公开发表学术论文20余篇，主持及参与科研课题20余项，现任教于佛山科学技术学院电子与信息工程学院。

王　昕，女，硕士，讲师，佛山科学技术学院公共管理系主任。公开发表学术论文10余篇，主持及参与课题10余项，主要研究方向为电子政务、社区服务。主要教授管理信息系统、管理学。

罗胜华，男，副教授。公开发表学术论文10余篇，主持及参与各类课题10余项。长期从事社会组织研究与调查，策划并参与众多社会组织研究与调查项目，对社会组织学领域的相关学术问题有十分深刻的认识与独到的见解。现任教于佛山科学技术学院政法学院。

内容提要

从对佛山市妇联的考察来看，当地的社会工作理论与方法本土化是一个十分复杂的工程。启动这一工程的历史动力是佛山市已经进入了社会—文化人时期，这一时期的人有两大需求：社会性需求和文化性需要。由于各种原因，当前妇联传统的工作理论与方法网络出现了"结构洞"，已经无法满足服务对象的社会性需求，将社会工作理论与方法有机地"嵌入"这些"结构洞"是社会工作理论与方法本土化的前提。在这个"嵌入"的过程中，佛山市妇联借助了其构建的工作平台和工作支撑体系，这是实现社会工作理论与方法本土化的基础。通过将社会工作理论与方法"嵌入"传统工作理论与方法网络的"结构洞"，佛山市妇联在妇女权益维护、单亲母亲家庭功能代偿、儿童成长、家庭内部关系调适、职业女性心理问题疏解、外来女工及其子女社会融入等多方面的工作都取得了良好的成效。

由于社会工作理论与方法的本土化，使得佛山市妇联深度参与了当地的社会治理。所谓的"深度"，指的是佛山市各级妇联运用社会工作理论与方法，深入服务对象的实际生活与内心世界，力图调适和重塑服务对象的人性组合形态与心灵秩序。因此，本书可以作为社会工作专业以及管理学专业学生的参考用书，亦可以作为社会工作者和各类组织管理者的参考用书。

目录

导论 1
  一、课题的提出 1
  二、目的与意义 1
  三、研究的视角与方法 2

上篇　社会工作理论与方法本土化的前提与基础

第一章　社会工作理论与方法的引入 7
  第一节　妇联引入社会工作理论与方法的动因 7
    一、社会转型的历史大势 7
    二、中国国情与佛山市情 11
    三、妇联传统工作理论与方法的作用及其面临的挑战 12
  第二节　佛山市妇联社会工作理论与方法的引入 18
    一、社会工作理论与方法探索 18
    二、社会工作理论与方法培训 20
    三、"走出去"与"请进来" 21

第二章　社会工作理论与方法本土化的平台 23
  第一节　妇女儿童维权工作站 23
    一、妇女儿童维权工作站的建立与建设 23
    二、妇女儿童维权工作站的运行机制 25
    三、妇女儿童维权工作站的主要作用 27
  第二节　家庭教育指导中心 33
    一、家庭教育指导中心的建立及其基本架构 33
    二、家庭教育指导中心的具体目标、服务形式与运行机制 34
    三、家庭教育指导中心的作用 35
  第三节　"妇女之家" 37

一、"妇女之家"的建立与建设 ………………………………………… 37
　　二、各区"妇女之家"的特色 …………………………………………… 38
　　三、典型的"妇女之家" ………………………………………………… 40
　第四节　家庭服务中心 …………………………………………………… 42
　　一、家庭服务中心建设的过程 …………………………………………… 42
　　二、家庭服务中心的运作机制 …………………………………………… 44
　　三、家庭服务中心的主要作用 …………………………………………… 45
　　四、典型的家庭服务中心 ………………………………………………… 46
　第五节　外来女工流动学校 ……………………………………………… 48
　　一、外来女工流动学校的建立与建设 …………………………………… 48
　　二、外来女工流动学校的功能 …………………………………………… 50

第三章　社会工作理论与方法本土化的支撑系统 …………………… 52
　第一节　"妇工"队伍 …………………………………………………… 52
　　一、"妇工"队伍在"妇工+社工+志愿者"运作机制中的作用 ……… 52
　　二、学习型"妇工"队伍的建设 ………………………………………… 53
　第二节　社工队伍 ………………………………………………………… 55
　　一、社工在"妇工+社工+志愿者"运作机制中的作用 ……………… 55
　　二、本土社工队伍的建设 ………………………………………………… 55
　第三节　志愿者队伍 ……………………………………………………… 56
　　一、志愿者队伍的建设 …………………………………………………… 56
　　二、志愿者队伍的作用 …………………………………………………… 58
　　三、存在的问题与对策建议 ……………………………………………… 60
　第四节　科学研究队伍 …………………………………………………… 61
　　一、家庭教育研究会 ……………………………………………………… 62
　　二、佛山妇女发展研究中心 ……………………………………………… 65
　第五节　社会支持体系 …………………………………………………… 66
　　一、社会支持体系的定义与结构 ………………………………………… 66
　　二、社会支持体系的作用 ………………………………………………… 67

下篇　社会工作理论与方法本土化的领域与成效

第四章　维护妇女权益 …………………………………………………… 73
　第一节　妇联维护妇女权益的机制及其特点 …………………………… 73
　　一、妇联维护妇女权益的机制 …………………………………………… 73
　　二、妇联维护妇女权益机制的特点 ……………………………………… 76

第二节　维护妇女免受暴力伤害的权益 ················· 77
　　　一、家庭暴力与家庭外暴力 ························· 77
　　　二、个案工作法的运用 ····························· 78
　　第三节　维护妇女的财产权与子女的抚养权 ············· 82
　　　一、维护妇女的财产权 ····························· 82
　　　二、维护子女抚养权、争取子女抚养费 ··············· 89
　　　三、维护妇女财产权与抚养权的重要性 ··············· 92
　　第四节　维护妇女的公平就业权 ······················· 93
　　　一、佛山市妇女就业歧视现状与原因 ················· 93
　　　二、妇联介入维权 ································· 96

第五章　单亲母亲家庭功能的代偿 ······················· 99
　　第一节　经济功能代偿 ······························· 99
　　　一、家庭经济功能缺损的后果 ······················· 99
　　　二、单亲母亲家庭经济功能的代偿 ·················· 100
　　第二节　心理、情感功能代偿 ························ 102
　　　一、家庭心理、情感功能缺损的后果 ················ 102
　　　二、单亲母亲家庭心理、情感功能的代偿 ············ 103
　　第三节　社会支持功能代偿 ·························· 111
　　　一、家庭社会支持功能及其缺损的后果 ·············· 111
　　　二、家庭社会支持功能的代偿 ······················ 112

第六章　介入儿童成长 ································ 120
　　第一节　儿童权益维护 ······························ 120
　　　一、维护儿童的生存权与被抚养权 ·················· 120
　　　二、维护儿童的免受伤害权 ························ 124
　　　三、维护儿童的受教育权 ·························· 130
　　第二节　儿童行为引导 ······························ 136
　　　一、儿童行为引导的必要性 ························ 136
　　　二、妇联引导儿童行为的举措 ······················ 138
　　第三节　儿童行为问题矫正 ·························· 148
　　　一、儿童行为问题 ································ 148
　　　二、妇联矫正儿童行为问题的机制与切入点 ·········· 150

第七章　家庭关系调适 ································ 160
　　第一节　夫妻关系调适 ······························ 160
　　　一、社会转型时期的夫妻关系 ······················ 160
　　　二、妇联介入调适 ································ 163

第二节　亲子关系调适 …………………………………………… 174
　　一、一般性调适 ………………………………………………… 174
　　二、特定对象群体辅导 ………………………………………… 175
　　三、深度调适 …………………………………………………… 181
第三节　祖孙关系与婆媳关系的调适 …………………………… 188
　　一、祖孙关系的调适 …………………………………………… 188
　　二、婆媳关系的调适 …………………………………………… 192

第八章　职业女性心理问题疏解与外来女工社会融入 ……… 196

第一节　职业女性心理问题疏解 ………………………………… 196
　　一、职业女性心理问题的表现及原因 ………………………… 196
　　二、职业女性心理问题的疏解 ………………………………… 198
第二节　外来女工社会融入 ……………………………………… 206
　　一、外来女工融入过程中面临的问题 ………………………… 207
　　二、妇联的对策 ………………………………………………… 208

参考文献 ………………………………………………………… 218

后记 ……………………………………………………………… 222

导 论

一、课题的提出

本课题主持人自从 2009 年 6 月开始，一直关注妇联在社会治理过程中的作用，并以佛山市妇联为主要考察对象，指导学生搜集妇联的相关资料，并撰写相关论文。2012 年，"妇女组织参与社会管理的动力、途径与模式——以佛山市妇联为考察对象"的选题被佛山市妇联立项。在市各级妇联的大力支持下，该课题于 2013 年年底完成，并以《组织行为动力、模式、类型与效益研究——以佛山市妇联为主要考察对象》名称，由中山大学出版社公开出版。

在《组织行为动力、模式、类型与效益研究——以佛山市妇联为主要考察对象》一书中，以佛山市妇联为案例，对妇联的工作进行了详尽的分析与论述，总结成功的经验同时也指出问题所在，并提出相应的对策与建议。但是，该书也存在不足，即对佛山市妇联自 2005 年来的工作方法创新，也就是对社会工作理论与方法的引入与运用，论述尚不足，只是点到为止。而社会工作理论与方法代表着妇联工作理论与方法在今后的发展方向，是社会转型时期相关工作单位的一次大变革。

佛山市妇联的各位领导对此有深刻的认识，《组织行为动力、模式、类型与效益研究——以佛山市妇联为主要考察对象》一书的作者也密切关注着相关课题的进展。在佛山市妇联的支持与参与下，经过一段时间的酝酿与筹备，本课题获得了佛山市妇联的立项与支持。本课题之所以能够顺利展开与完成，与佛山市妇联的各位领导及工作人员的支持、参与密切相关。

二、目的与意义

本课题的目的与意义主要体现在两个方面：

第一是总结与分享。2005 年来，佛山市妇联在工作中运用社会工作理论与方法，并将其本土化，为众多的妇女、儿童和家庭解决了实际问题，提供了心理与社会支持，取得了不少成绩。其中的成功经验与不足都需要总结，从而为工作进一步完善提供参考。同时，成功经验与不足经过系统的分析与总结，有助于其他妇女组织交流、分享，并根据自己的实际情况和环境因素，吸取其有价值的经验，做到扬长避短，更好地为妇女、儿童与家庭服务，满足妇女儿童社会性需要。

本课题的目的与意义的同时亦是为相关学术研究提供支持，丰富教学内容。本课题负责人及部分成员所在的佛山科学技术政法学院于2012年成功申报社会工作专业，并于2013年开始招生。这个新开办的专业在学术与教学方面的积累基本是从零开始，因此，急需学术与教学方面著作的支持。本课题具有高度的本土化特征，就近取材，贴近本地社会文化生活。因此，可以说，本课题是佛山科学技术政法学院兴办社会工作专业在学术上与教学上的突破点。书中所引用的大量案例可以丰富教学内容、活跃课堂气氛。当然，本课题成果的公开发表，对其他高校相关学术研究与教学活动的开展也具有参考价值。

三、研究的视角与方法

本课题研究的第一个视角是历史视角。

历史视角分为三个层面：①在宏观层面。从人性组合形态的演进来看，人类历史经历了政治人时代与经济人时代，目前正处于社会—文化人时代。在社会—文化人时代，所有组织都面临两个主导性的任务，即满足人们社会性的需要和满足人们文化性的需要。社会工作理论与方法的本质与目的就是满足人们社会性需要，解决人们在满足自己社会性需要过程中所面临的困境。②在中观层面。珠江三角洲地区（包括佛山市）的社会发展已经到了社会—文化人时代，尽管比欧美等西方国家晚了六七十年，但已经领先中国内地的其他地区。在珠江三角洲地区（包括佛山市），总体来看，人们主导性的需要已经由经济性需要转换为社会性与文化性需要，尽管经济与政治需要依然处于十分重要的地位。身处此地区的学者与各级政府的管理者，必须对此有十分深刻与清楚的认识，并从相应的角度来观察、思考与处理所面对的一切。③微观层面。主要指佛山市妇联运用社会工作理论与方法的历程。这是本课题的最终落脚点。本课题通过分析、论述佛山市妇联运用社会工作理论与方法的历程，揭示社会工作理论与方法运行所需要的平台及支撑系统。如果没有这些平台与支撑系统，社会工作方法再好也无法顺利使用，无法取得理想的效果。同时，本课题通过分析、论述佛山市妇联运用社会工作理论与方法的历程，揭示了社会工作理论与方法在满足妇女、儿童、家庭等社会性需要的过程中所发挥的作用。

本课题研究的第二个视角是社会学视角。

根据社会网络嵌入理论，佛山市妇联社会工作理论与方法的运用实际上（或本质上）是工作理论与方法的嵌入。作为准政治—政府性枢纽型的妇联组织，其本身就是一个社会网络系统。同时，它又是社会大网络的子网络。妇联要正常运行，要在社会中发挥应有的作用，就必须与其他网络进行互动，即与其他网络进行"能量交换"。要做到这一点，妇联必须有一系列的工作理论与方法，因此，这些工作理论与方法本身就构成一个网络。

在佛山未进入社会—文化人时代之前，经过长期的摸索与实践，佛山市妇联逐步拥有了一系列行之有效的工作理论与方法，这些工作理论与方法互相关联，形成一个完整的网络，将佛山市妇联与妇女、儿童、家庭、社区、社会组织、学校、企业、政府单位或个人等紧密地联系在一起，并进行"能量交换"。

但是，这些工作理论与方法所构成的网络存在着"结构洞"，网络与网络之间也存在"结构洞"。起初，"结构洞"只是存在于理论与理论之间、方法与方法之间、网络与网络之间的缝隙。然而，随着这些理论与方法的启用，随着网络系统的运行，理论与理论之间、方法与方法之间、网络与网络之间互相撕扯的现象就会发生，原来的缝隙就会变得越来越大，从而形成所谓的"结构洞"。

当社会处于相对稳定时，这些"结构洞"可能无关紧要。但是，当佛山由一个农业社会进入工业化社会和后工业化社会，特别是进入社会—文化人社会后，这些"结构洞"便变得越来越大，工作理论之间、工作方法之间、网络之间便失去了联系，能量无法正常进行交换，整个社会系统运行困难。这时，新的网络结构的嵌入，其中包括新的工作理论与方法，即社会工作理论与方法嵌入，便可以修补已经变得越来越大的"结构洞"，将各种工作理论与方法重新联结，进而将各种网络重新联结，使佛山市妇联可以与妇女、儿童、家庭、社区、社会组织、学校、企业、政府等进行顺畅的能量交换。这种工作理论与方法的嵌入，实际上也是一个网络的嵌入。它只是嵌入，并没有废弃原来的理论与方法及其所衍生出来的网络。

社会工作理论与方法嵌入的过程，实际上就是社会工作理论与方法本土化的过程。社会工作理论与方法来自境外，是社会—文化人社会的产物，是重构人们心灵秩序的重要的、有效的工作原理与手段。但它需要进行本土化才能在实际的工作中充分发挥上述优点。从对佛山市妇联的考察来看，所谓的社会工作理论与方法本土化包括四个层面的含义：第一，社会工作理论与方法与佛山市妇联已有的工作平台相结合，嵌入已有的工作平台之中。也就是说，社会工作理论与方法只有借助本土的工作平台才能发挥作用。第二，社会工作理论与方法与佛山市妇联已有的工作支撑体系相结合，嵌入已有的工作支撑体系之中。也就是说，社会工作理论与方法只有借助本土的工作支撑系统才能发挥作用。第三，社会工作理论与方法必须适应本土问题的特性，做出必要的调整与改变以解决本土问题。第四，培养本土的工作人员，这是社会工作理论与方法本土化的关键所在。

社会工作理论与方法本土化的过程实际上也就是佛山市妇联深度参与社会治理的过程。就治理而言，佛山市妇联参与了事前、事中、事后的治理。治理与管理根本性的差异在于：一方面，治理强调治理主体的多元性；另一方面，治理强调治理过程的民主性、参与性与互动性。治理的这一特点也正是社会工作理论与方法的特点。就深度而言，佛山市妇联治理行为渗透到了社区、家庭，走进了人们的实际生活和人们的心灵世界，并力图清理、重构人们的心灵秩序，这正是社会—文化人社会治理、服务的重点之一。在这个过程中，需要多元主体共同参与，需要民主，需要相关各方进行积极有效的参与与互动。佛山市妇联参与社会治理过程中积累许多经典的案例，透过对这些经典案例分析点评，使人们更能透彻地认识社会工作理论与方法的深层作用。

至于研究方法，本书使用了社会学中的"田野调查法"。本书作者对佛山市妇联进行了长达数年的观察与考察,指导学生搜集有关佛山市妇联的各种资料,撰写相关的调查报告与学术论文。在长期调查、思考的基础上,本书作者进行系统的整合,构建起目前这个框架。这种研究方法,在管理学上也被称为案例法。因此,本书可作为管理学、组织行为学与社会学等课程的参考用书。

上篇 社会工作理论与方法本土化的前提与基础

社会工作理论与方法本土化的前提有两个,一是社会转型的历史大势与妇联工作的需要,二是佛山市妇联通过探索、培训、"走出去"与"请进来"等措施切实地引入了社会工作理论与方法。

社会工作理论与方法本土化的基础包括社会工作理论与方法本土化的平台及支撑系统。

从佛山市妇联取得的工作经验来看,社会工作理论与方法本土化的平台主要有妇女儿童维权工作站、家庭教育指导中心、"妇女之家"、家庭服务中心、外来女工流动学校。社会工作理论与方法本土化的支撑系统主要有"妇工"队伍、社工队伍、志愿者队伍、科学研究队伍、社会支持体系及服务对象。

第一章 社会工作理论与方法的引入

本书的导论部分已经涉及了佛山市妇联引入社会工作理论与方法的问题。在本章，我们将详细分析和论述佛山市妇联引入社会工作理论与方法的原因与过程。通过分析和论述原因，我们将十分清楚地看到佛山市妇联引入社会工作理论与方法的必然性与必要性，同时，展示佛山市妇联引入社会工作理论与方法的探索历程。

第一节 妇联引入社会工作理论与方法的动因

佛山市妇联引入社会工作理论与方法的动因有许多，但总括起来，主要有三个：一是社会转型的历史大势，这就是所谓的宏观必然性原因；二是佛山市情，这就是所谓的中观必然性原因；三是传统工作理论与方法面临的困境或不足，即传统工作理论与方法体系（网络）所存在的"结构洞"在社会大转型时期变得越来越大，必须有新的、行之有效的工作理论与方法嵌入其中进行有效修补，这就是所谓的微观必要性原因。

一、社会转型的历史大势

从人性的角度来看，人类历史的演变和发展可以分为三个阶段：政治人阶段、经济人阶段、社会—文化人阶段。政治人社会、经济人社会、社会—文化人社会是三种不同的社会形态，各自主导性的人性组合形态存在巨大的差异，所面对的问题不尽相同，因而解决之道也就不同。

在2000多年前，古希腊学者亚里士多德认识到"人是政治的动物"。亚里士多德所潜心研究的课题是当时希腊的"城邦政治"。根据亚里士多德的观点，人是政治动物，即人聚集在一起就要进行政治权力的分割与分配，并建立起相应的制度与组织，过政治化的生活。

政治人社会有三个问题需要解决：政治权力合法性的来源，政治权力的取得与维持，政治权力的分割与分配。这三个问题交织在一起，互为支撑。一般认为，政治权力合法性来源问题是最核心的问题。但是，即使对政治权力合法来源持同一看法，人们在政治权力的取得与维持、政治权力的分割与分配方面也会存在分歧，有时分歧十分巨大。

"三权分立说"的出现，意味着政治权利分割与分配理论构建的完成。根据这一理论，立法、司法与行政三个权力机构（组织）的本性之间互相制约与互相平衡，从而使每个机构的本性也获得了相对平衡；任何一个机构（组织）对权力占有的欲望都不能过度扩张。孟德斯鸠（1689—1755年）提出"三权分立说"不久，亚当·斯密（1723—1790年）就敏感地注意到人们对政治权力的争夺与分配已经基本完结，人类的兴奋点已经由政治转移到了经济。工业革命所带来的巨大的经济利益需要进行合理的分配。亚当·斯密及时地提出了"经济人"假设，标志人类社会进入了经济人时代。

经济人时代的主要任务是：创造财富，建立合理的经济权益的分配原则和运行方式，同时完成政治人时代所遗留下来的政治权力分割与分配的枝节问题。

经济人社会的管理理论主要是关于如何创造与扩大经济利益，并对经济权力与利益进行公平、公正、公开及有效分配的理论。经济人社会的管理理论反映了人们在经济上的诉求，是人们对经济权力与利益的追求在其人性组合形态中取得相对主导地位的必然结果。英国经济学家马歇尔（1842—1924年）则进一步把目光投向社会弱势群体，他写道："目睹经济自由的急剧增长所带来的各种祸害就有待于我们这一代了。现在，我们才第一次逐渐懂得不尽自己新义务的资本家如何力图使工人的福利服从于他的致富愿望。现在，我们才第一次逐渐知道坚持富人不论以个人或集体的身份除享受权利外还得尽义务的重要性。"他的学生皮古（1877—1952年）则继承并发展了这一观点，提出了"收入均等化理论"，并由此发展出福利经济学。皮古认为，按照边际效用递减规律，一个人的收入越多，其收入的边际效用就越小；收入越少，其收入的边际效用就越大。也就是说，同一块英镑，在穷人手里会比在富人手里具有更大的效用。正是依据这一原理，皮古推论说："只要从富人那里把一部分收入转移给穷人，就会增加收入的边际效用，从而使得后者增加的福利超过前者减少的福利，于是在国民收入不变的前提下，整个社会的经济福利却得到增加。"皮古提出从富人那里转移收入有两种方式："自愿转移"和"强制转移"。为了使经济权益能在社会成员之间进行合理分配，皮古主张政府对经济进行干预，甚至由政府直接经营某些必定处于垄断地位的企业。

福利经济学的出现标志着经济权益分配总原则的确立，此后出现的经济学、管理学只是对这一总原则进行补充与完善，寻找更加合理、可行的、符合具体历史环境需要的分配手段，建立完善的分配程序，让全社会所有的人都能或多或少地享受经济高速发展所带来的成果，在一定程度上满足了所有的人的占有财富的欲望，绝大多数人的人性取得了相对的平衡。人类的兴奋点开始转移：由经济性需要转移到社会性与文化性需要。

20世纪30年代西方国家如美国、英国、法国等先后进入了社会—文化人时代。在该时代，人们对社会性与文化性的需要开始逐步取代了人们对政治权力与经济利益的需要，因为人们对政治权力与经济利益的需要已经得到了相对充分的满足，或者说，人们在政治权力与经济利益方面的诉求基本得到了制度方面的保障。

在社会—文化人时代，关于政治权力、政治责任与义务分割与分配的理论还在继续发展与深化，关于如何创造财富与分配财富的理论也在不断地发展与完善。但是，上述两者原则性与方向性的问题已经解决，人类历史已经进入了新的时代，面临新任务。这个新任务就是如何满足人们社会性诉求与文化性诉求，促进社会的稳定发展。

人们的社会性需求包括：归属、同情与被同情、怜悯与被怜悯、负责与被负责、承担与被承担、关怀与被关怀、尊重与被尊重、分享与被分享（包括快乐、幸福、荣誉、痛苦、不安、忧伤、悲痛、部分财富等）、认可与被认可、关注与被关注、赞扬与被赞扬、指责与被指责、批评与被批评，等等。人们需要生活在一个和睦友好、具有包容性、充满建设性的环境之中。

人们的文化性需要包括：

（1）文化的需要，其中包括受教育的需要、受培训的需要、进修的需要。一般来说，人们被文化的程度越深，他们得到各种利益与资源就越多。

（2）创造文化的需要，其中包括发明、创造、构思、设计、发现、创作，等等，就创造而言，其内容包括创造某种理论、学说、提出某种观点。人们创造文化的本能冲动需要得到充分发挥，人们创造文化而产生的利益需要得到充分的保护。国家必须通过法律来保护人们的创造权、发明权、著作权、发现权、出版权、创新权，等等。

（3）享受文化的需要。人们不仅需要创造文化，也需要享受文化，被文化的过程在很大程度就是享受文化的过程，只有如此，被文化才会充分有效。当然，两者也存在一定的区别。各种博览会、各类博物馆、各种绘画展、各种音乐会，等等，可以满足人们享受文化的需要，在享受文化的过程中，人们也在被文化，被文化又可以刺激人们创造文化的欲望，为人们创造文化提供动力与营养。这三种文化性需要作为人性的要素或人性的组成部分是同时存在的。但是，在不同的个体、群体那里，它们的组合形态不同。在有些个体或群体那里，创造文化的需要处于主导地位，而被文化、享受文化的需要处于次要地位；在有些个体或群体那里，被文化的需要则处于主导地位。同一个体或群体，在其不同的发展阶段、在不同的情景下，这三种需要的组合形态也存在差异。例如，中小学生，他们被文化（受教育）的欲望会处于主导性地位，但是，他们同时也有创造文化、享受文化的需要。

社会人与文化人之间的关系实际上就是人们的社会性需要与文化需要的关系。我们每一个人都是社会人，也是文化人，两者在总体上处于一种平衡的状态。

如何满足人们社会性需要与文化需要，是各类组织（国家、企业、学校等）面临的课题。实际上，人类已经在这方面取得一定的成就，创造了一系列相关理论与方法。由于本书主题的需要，我们这里只陈述社会人管理理论。

社会人管理理论是后工业社会的产物。到20世纪30年代，西方工业化已经达到很高的程度，人们生活上的物质需要已经得到了基本满足，经济刺激对人们行为与工作动机的作用在总体上呈现下降的趋势。人们社会性需要上升，满足人们社会性需要成了促进生产、提高工作效率的重要途径。这就是社会人管理理论诞生的历史前提。

社会人管理理论的主要代表人物是梅奥、巴纳德与马斯洛。

根据霍桑试验，梅奥在1933年出版了《工业文明中人的问题》，提出了与政治人管理理论、经济人管理理论不同的新观点：

（1）工人不仅仅是"经济人"，同时也是"社会人"。工人不仅追求金钱收入，还追求友情、安全感、归属感。其行为既有"经济的逻辑",也有"非经济的逻辑"。满足工人的社会欲望和需求,提高工人的士气是提高生产效率的关键。富士康跳楼事件之所以发生,就是管理当局漠视了新一代农民工社会性的需要。

(2) 企业中不仅存在正式组织,还存在非正式组织。任何一个正式组织内存都在着非正式组织,公共组织、政府组织、学校等也不能例外。这些非正式组织对工作定额有自己的看法,正式组织领导者必须注意这个问题。非正式组织对于组织成员来说具有某种保护的作用,既可以保护成员免受因内部成员疏忽而造成的损失,又可以保护成员免受因管理人员的不当干涉所造成的损失。

(3) 新型的领导在于通过提高员工的"满足度"和"士气"来提高效率。为此,组织的管理者必须同时具备技术—经济的技能和人际关系技能。管理者要学会倾听与沟通,以了解员工的情感,把握员工的逻辑行为与非逻辑行为。

巴纳德(Chester I. Barnard, 1886—1961年)在梅奥理论的基础上进一步发展了社会人管理理论,并提出了组织平衡理论。巴纳德的代表作是《经理人员的职能》。根据巴纳德的观点,任何一个组织的内部都存在正式组织与非正式组织。正式组织主要满足人们经济物质上的需要,也就是说,人们需要依靠正式组织来赚钱;非正式组织则主要满足人们社会即精神上的需要,也就是说,在非正式组织那里人们享受友爱、关怀、被关怀、同情、被同情。巴纳德主张维持正式组织与非正式组织的平衡,个人与群体的平衡,成员贡献与成员需求满足的平衡。这种平衡是动态的相对平衡。

马斯洛(Abraham H. Maslow, 1908—1970年)在1943年发表《人类动机的理论》和《激励与个人》,提出了需要层次理论,对人的需要、动机和激励理论进行了研究。马斯洛将人的需要分成五个层次:生理的需要,即对衣、食、住、行等的需要;安全的需要,即保护自己免受身体与情感伤害的需要;社会交往的需要,即友谊、爱情、归属及接纳方面的需要;尊重的需要,即自尊与受人尊重的需要;自我实现的需要,即成长与发展、发挥自身潜能、实现理想的需要。从这五个层次来看,第一个层次属于生理性和经济需要;第二个层次是对政治权力的需要,它包括了安全、稳定、依赖、免受恐吓、焦躁和混乱的折磨,对体制、秩序、法律界限的需要,以及对于保护者实力的要求的需要;第三与第四个层次属于社会性需要;第五个层次则属于社会—文化性需要,因为,自我实现(self-actualizaion)需要借助社会与文化的力量才能达成。社会越发展、越进步,社会—文化性需要就越重要,人们行为的动机与动力的源泉就越多地来自社会—文化性需要。也就是说,人们进入一个组织工作,经济需要的考量已经让位于社会—文化性需要的考量。

社会人管理理论是管理理论的一次飞跃。社会人管理理论深入到人的内心,实际上是进入人性结构与人性组合形态之中,以把握人们的心理。这充分展示了社会—文化人时代的特征。社会—文化人时代是思维、灵感、情感起主导作用的时代,是一个以维护人们心灵秩序为主要任务的时代。

社会人管理理论是社会工作的理论基础,社会工作方法在很大程度上就是社会人管理理论的具体运用,是社会人管理理论在具体实践中具体操作手段,即通过具体的操作手段来满足人们的社会性需要,促进社会的稳定与和谐。

二、中国国情与佛山市情

从21世纪初，中国开始进入"政治—经济—社会—文化人"时代。这是一个十分特殊的时代：政治人社会、经济人社会、社会—文化人社会被压缩在同一时空之间中，人们各种需求互相纠缠，社会的各种问题也互相纠缠。

从需求来看，可以分为两个方面：

一方面，就理论而言，在社会—文化人时代，绝大多数人主要的诉求不是政治性需要，也不是经济性需要，而是社会—文化性需要，这是更高层、更细腻的心理需要，是人性在新的历史时期所演化出来的一种最新组合形态。但是，由于中国历史的特殊性，中国人对政治、经济、社会、文化都有着十分浓厚的兴趣，因为，人们所有这些需要都没有得到相对充分的满足。这些需要在不同的人那里有着不同的组合形态，即不同的人有着不同的偏好。但可以肯定的是，如果政治诉求不能给人带来成就感与满足时，人们就会转向经济、社会、文化等方面的诉求，并希望在这些方面得到"补偿"；如果人们的社会—文化性需要不能得到相对充分满足，人们将会回到政治与经济层面，寻求某种程度的"补偿"。历史证明，政治权力优势与力量的淡化会导致人们对政治诉求的淡化与疏远，会将自己的兴趣转移到其他领域。满足人们经济、社会、文化方面的需要，可以为中国政治体制改革争取更多的时间，创造更好的条件。

另一方面，快速的工业化与城镇化使中国变成一个"大社会"。"大社会"的特征是原来属于私人的事物都被公共化了。例如，人的生、老、病、死，人的吃、喝、拉、撒和人的衣、住、行等所有这一切，在农业社会中原来都是私人的事，但是，到了工业化与城镇化社会，则被公共化了，个人没有能力妥善地处理这些事情。因此，人们对公共产品与服务的需求急剧上升。而且，人们对公共产品与服务的需求呈现出两个明显的特征：多样化和变化快。就多样化而言，在现实社会生活中，由于公民在收入水平、政治地位、受教育程度等多方面的差异性，导致了他们对各种公共物品的偏好呈现出多样化的特征；就变化快而言，由于社会发展速度加快，导致人们地位与兴趣变化加快，进而引起人们对公共产品或服务的特征、性能、结构等需求快速变化。

从社会问题来看，中国将西方几百年发展历程压缩在短短的30年，也将几百年所产生的问题与矛盾也压缩在短短的30年。主要问题有：农民工的问题、失地农民的问题、流动儿童的问题、留守儿童的问题、留守老人问题、留守妇女问题、"失独家庭"问题、空巢家庭问题、陌生人社区问题、吸毒贩毒问题、赌博问题、失业与就业问题、离婚率不断上升带来的问题、家庭暴力问题、自然环境恶化问题、群体性事件问题、人口老化问题、乡村衰败问题、利益分配问题，等等。主要的矛盾有：城乡矛盾、劳资矛盾、不同利益体之间的矛盾、不同思想观念之间的矛盾、征地引发的矛盾、拆迁引发的矛盾、医患之间的矛盾、家庭内部矛盾，等等。

要满足人们上述需求，解决上述问题，化解上述矛盾，只靠政府已经难以完成，必须调动社会性组织，特别是工、青、妇等枢纽型社会性组织的积极性，共同参与社会治理。政府与社会性组织各具特点，各有优势，两者在社会治理过程中可以相辅相成。

作为中国经济最发达的地区之一,佛山市在20世纪末期就进入了"政治—经济—社会—文化人"时代。早在2005年6月,佛山市委、市政府就颁发了《关于在建设和谐佛山中充分发挥工会、共青团、妇联等群众组织重要作用的意见》,强调在新形势下工会、共青团、妇联要进行工作理论与工作方法创新,在解决群体实际问题、化解社会矛盾等方面发挥自己的特长与作用。

2011年《中共广东省委广东省人民政府关于加强社会建设的决定》中提到,要构建枢纽型社会组织工作体系,强化工青妇等群团组织的社会服务功能。2011年11月佛山市第十一次党代会报告指出,"支持社会各界尤其是工青妇和各类群众组织参与解决社会建设和管理中的问题,鼓励新型社会组织加入社会建设和管理行列,让政府与民众的力量有效结合,同向运作"。

2012年3月16日,佛山市委、市政府召开了佛山市有史以来第一次社会工作会议。这次会议的主要任务是:贯彻落实全省社会工作会议精神,部署新形势下佛山市的社会建设工作,着力推进"大社会、好社会,小政府、强政府"建设;进一步完善市向区、区向镇(街)下放行政管理事权工作,继续做好下放事权评估,凡是可以下放的、下一级能办好的事情,都应该继续努力下放;逐步将事权改革工作从以纵向放权调整到横向放权,凡社会组织能办好的事情,都应该逐步推向社会。实现从自上而下的体制内放权改革,走向由内向外的体制外放权改革,逐步把适合社会组织承接的部分政府管理事项交给社会。

佛山市妇联长期以来就参与社会管理,向社会公众中的特定群体即妇女、儿童提供相关的公共产品或服务。妇联可以通过提供服务,满足服务对象经济性、社会性、文化性需求,解决服务对象的问题,进而化解社会矛盾。作为社会性组织,妇联运行的前提并非完全理性,而是"具有理性的感性",其所提供的产品则是柔性的,如同情、怜悯、尊重、帮助、担当、关怀、聆听、关注、教育、引导、提供咨询等。而这些,正是社会工作理论与方法的本质特征。

三、妇联传统工作理论与方法的作用及其面临的挑战

(一) 妇联传统工作理论与方法的作用

1. 满足服务对象社会性需要

前文已经说明,在社会—文化人时代人们有两大主导性需要:社会性需要与文化性需要。根据我们的考察,佛山市妇联在满足人们社会性需要方面起了以下几个方面的作用:

第一,满足了服务对象归属感的需要。归属感是人性的要素之一,是人们对某个或某些组织依赖、爱护的心理。马斯洛认为人的需要有五个层次,归属感是其中第三个层次的组成部分。满足人们归属感的需要是所有组织的功能,而妇联则与其他组织在这个方面存在很大的区别。一个企业只是满足在职员工归属感的需要,一所学校

（小学、中学、大学）只是满足在校学生与在职员工归属感的需要，一支军队只是满足在役军人归属感的需要。妇联则不同，它的职能与目标是满足所有妇女归属感的需要。因此，妇联也被称为妇女的"娘家"。

人有归属的需要，而归属的需要又具有层次性。妇联作为一个组织，只能满足其中一个层次的需要。为此，全国各地妇联引导妇女们组成各种各样的正式的与非正式组织，把妇女们的归属感安顿在一个个健康的、具有建设性的正式与非正式组织之中。例如，佛山市各级妇联在各个镇（街道）、社区（村）创办了各种形式、各种类型健身队，创建了女企业家协会、妇女之家等。这些众多的正式与非正式组织，满足了不同行业、不同教育程度、不同偏好女性群体归属感的需要。

第二，满足了服务对象交往与友情的需要。归属感是就个体与组织之间的关系而言的，交往与友情的需要则是就个体与个体之间的关系而言的。每个个体都希望有交往的对象，并与之建立程度不同的友情，这是人的社会性需要，是人性的组成部分。单一的个人无法脱离社会而独自生存，社会交往是人们的生存方式。从我们对佛山市妇联的考察与研究来看，妇联充分发挥了这个功能。在这个过程中，妇联所构建起的各种各样的正式的与非正式的组织为人们提供了交往与建立友情的平台。

第三，满足了服务对象充实生活的需要。人生就是一个人的生命历程，是一个在一定时间内充满了各种事件与活动的历程。将各种事件与活动从这段时间抽离，人生便没有了意义。如果在人生的某个时段，人们无事可做，也无任何活动，人们便会感到空虚，人的死亡机制就会启动，就会产生各种生理与心理疾病。在现代工商业社会，人生就会出现上述的类似时段，也就是55岁或60岁之后。这个时段以后的时间需要用各种事件与活动重新充实，以填补原来事件与活动撤离所留下的真空，否则，自此之后的时间就没有了价值与意义。为此，佛山市妇联提供各种各样的平台，让女性在这些平台上展开各种活动。

例如，据相关调查显示，有22.7%的老年女性参与体育活动是出于"玩"的动机。老年女性离开了工作岗位，从以往各种繁琐的社会责任中解脱出来，生活的重心与以往相比有了很大的差异。她们有大量的个人时间可随意支配，这使得她们更乐意采取体育活动的方式，娱乐身心，充实生活。因此，参与体育活动对于部分城市老年女性而言，可谓一举数得。许多人经过一些尝试，逐步将自己的体育活动固定在具体的运动项目上，诸如跳集体健身操、交谊舞，舞木兰扇，练气功等老年女性喜闻乐见的运动，许多人参与的热情很高，乐此不疲。各级妇联也组织老年女性参加一些为老年人组织的比赛或表演，如老年舞蹈大赛、木兰扇比赛等，这些活动活跃了城市老年女性的体育活动气氛，使得参与者除了自娱自乐外，还带有一定竞赛获胜的期待。（资料引自吕海《佛山市老年妇女体育锻炼现状及影响因素分析》，载《女性·和谐·发展——二〇一〇年佛山市妇女发展研究中心课题集》）

第四，满足服务对象同情与被同情、关怀与被关怀、关注与被关注、担当与被担当的需要。我们所处的社会是由不同层次群体所构成的金字塔结构，有些人处于最上层，有些人处于中层，还有些人处于最低层。有的学者认为，我们的社会是一个纺锤式的结构，中间大而两头小。但是，无论如何，我们的社会可以分为强势群体、中间群体与弱势群体。由于社会的流动性，个体会在这三个群体之间流动，即强势群体中的一些成员会流向中间群体与弱势群体，弱势群体中一些成员会流向中间群体与强势群体，中间群体的一些成员则会向两头流动。同时，就个人的生命历程来看，"弱势（成年之前）—强势（成年之后）—弱势（退休之后）"是一个自然演变的过程。因此，当我们处于强势时候，我们本能需要关心、关怀、同情弱势群体，需要对弱者承担负责；当我们处于弱势时，我们本能地需要被关心、被关怀、被同情与被担承。这是人生中"社会性情感能量"的交换。在传统的农牧业社会，人们通过家庭、家族、村社进行这种"社会性情感能量"的交换。进入现代社会之后，妇联这类社会性组织替代了家族、村社的位置，成为"社会性情感能量"交换的平台。例如，佛山市妇联组织、引导女企业家关心、关怀、同情弱势群体，使女企业家们的关心、关怀、同情与担当的欲望与冲动得了安顿，同时，也使弱势群体被关心、被关怀、被同情与被担承的需要得了一定程度的满足，从而对社会与自己的前途都充满了希望。

第五，满足了服务对象倾诉与发泄的需要。随着工作压力和生活压力的增大，现代人的生活越来越压抑，而且缺少发泄的途径。所以家暴问题越发严重，而家暴的受害者多为小孩和妇女。此外，随着妇女在生活工作等方面的压力增大，妇女施行家暴的情况也日益增多。在这个问题上妇联就充当一个有效的聆听者的角色，聆听人们对社会的不满，对生活的渴望，并采取针对性的措施解决她们的问题。

第六，满足了服务对象自我展示、自我实现的需要。每个人都有自我展示、自我实现的欲望。佛山市妇联通过举办各种活动与比赛，为人们提供了许多自我展示、自我实现的机会与平台。

2. 进行事前管理，营造稳定与和谐的社会环境

从管理的过程来看，社会管理可以分为三个类型：事前管理、事中管理与事后管理。事前管理也被称为事前控制、前馈控制。事中管理也被称为过程控制。事后管理也被称为事后控制、反馈控制等。这三种社会管理方法各具特点与优缺点。

事前管理重在计划、教育、宣传、劝导、培训、疏泄、关怀、关注、尊重、满足、同情、安抚、倾听等，其目的是要将不良的社会问题消灭在萌芽状态。同时，引导人们积极向上、互相友爱与团结。

事中管理重在法律、制度、政策、计划推进过程中的监督所控制，阻止人们的行为偏离法律、制度、政策、计划。

事后管理重在总结、评估、奖励与惩罚，当人们取得了组织或社会所期望的成就，或采取了组织或社会所期望的行为，组织或社会就进行奖励；反之，就进行惩罚。

对于一个社会或组织来说，这三种管理方法都不可或缺，都十分重要。但是，历史上与现实中许多学者认为，事前管理是成本最少、效果最好的管理，最能体现管理精髓与管理的理想境界。

从我们对佛山市妇联的调查研究来看，妇联参与社会管理的形式主要是事前管理；同时，进行事中管理和事后管理。但是，妇联的事前管理注重多元参与、平等、沟通、民主、协商，因而更具社会治理的本质特征。

随着中国经济与社会的发展，事前管理越来越重要，特别是中国正处在社会大转型、大过渡时期，各种法律、制度并不十分健全，执行的力度也十分有限，这就使得事前管理就更为重要。同时，中国社会非法律性、非制度性与非政策性的社会问题与矛盾越来越多，具有强制力的政府对此无能为力，需要像妇联这类的社会组织性积极参与到社会管理过程中来，解决问题、化解矛盾、安抚人心。随着社会的发展，中国政府正由社会管理向社会治理转变。

佛山市妇联在参与社会管理的过程中做了以下几个方面的工作：

第一，为了有效地参与社会管理，妇联进行深入的调查研究，了解服务对象的各种需要，了解社会问题与矛盾，提出了各种行之有效的建议与对策以供相关部门参考。

第二，组织引导，构建众多积极向上的非正式组织，组织丰富多彩的文化活动，塑造健康向上的生活方式，让人们远离毒品、赌博、偷盗、暴力等不良的生活方式与行为方式。例如，长期以来，在"三八"妇女维权周，妇联都以"千社区百万户学法暨拒毒拒赌"为主题，开展大型法律咨询、拒毒拒赌签名承诺、法律知识竞赛等活动，提高群众的法律意识，积极引导人们远离毒品、赌博、偷盗、暴力。

第三，营造气氛，提供平台，进行激励，建设和谐的家庭，将家庭矛盾化解在暴发与激化之前。家庭是社会的细胞，家庭和谐稳定是社会和谐稳定的基础，没有家庭的和谐稳定，就没有整个社会的和谐稳定。只有社会的每个细胞都真正和谐了，社会的整体才能健康发展，充满活力，建设和谐社会的目标才能最终实现。妇女通过参加妇联举办的处理家庭关系的讲座、亲子关系活动等，能促进更多的家庭减少夫妻间的吵闹，使夫妻恩爱、和睦美满。

第四，提供各种心理咨询，疏解服务对象的心理郁结；认真倾听服务对象的倾诉，抚平服务对象的不安、不满情绪，帮助服务对象恢复正常的心理，防止非正常行为与事件的发生。妇联开通了 24 小时维权热线咨询和 24 小时维权热线"12338"电话服务，开展网络咨询和维权个案跟踪，为求助群众提供权益咨询、心理咨询、心理辅导等个性化服务，切实为群众排忧解难。

第五，关心、关怀儿童，采取各种行之有效的方法与手段，教育、引导儿童，塑造儿童理想的人性组合形态、心理结构与行为模式，努力使儿童成为合格的社会公民。例如，在佛山市妇联的指导之下，佛山市家庭教育研究中心撰写了佛山市中小学生人口与青春期性健康教育调研报告，并召开新闻发布会，在佛山电视台《飞鸿茶居》开展以"我心目中的初恋"为主题的访谈节目，推动社会关注青春期性健康教育问题，引导青春期青少年的心理与行为。

第六，开展家庭教育。妇联每年都要举办多场家庭教育讲座，开展多种形式的活动，传播家庭教育的知识与方式方法，帮助家长解决教育孩子过程所遇到的困境，改善亲子之间的互动模式，增进亲子之间的情感关系。

第七，耐心、仔细、全力维护妇女与儿童的各项权益，特别是弱势群体的权益，避免了社会矛盾与冲突的激化。

第八，扶贫济困，救急救难，帮助社会贫困者度过困境，使其困难的程度得到不同程度的缓解，并通过项目、资助、教育扶贫等手段，尽力帮助他们向社会更高层次流动，避免了他们对前途感到绝望，对社会产生仇恨，进而产生铤而走险的行为。

第九，构建和睦的邻里关系。邻里关系如何，是一个城市和社会文明程度的体现。"远亲不如近邻"，创建文明和睦的邻里关系，是维护社会稳定的重要组成部分。维护社会稳定，迫切要求我们培育新型的邻里关系，增强居民间的亲和力，形成和睦相处的社会氛围。佛山市各级妇联举办一系列活动，以构建和睦的邻里关系。例如，南海区罗村街道罗湖北社区连续举办了数届"爱心小区"百家宴活动，参与的家庭其乐融融一起包饺子，并共同分享各自准备的拿手好菜。通过活动，可以促进社区居民间互相认识，和睦相处，互相切磋手艺。罗湖北社区妇女主任表示，社区居民的家庭矛盾大大减少，特别是家庭暴力的事件也大幅度下降。

从管理效果来看，事前管理的效果最好，而成本最小（社会各方付出的代价最小）。事前管理可以塑造人们理想的人性组合形态与心理结构，进而塑造人们理想的行为模式，引导人们积极向上。同时，事前管理可以防止或减少社会灾难性与破坏性行为的发生，营造和谐的社会环境与气氛。而事后管理中的惩罚，则会引起当事者的痛苦与不安，甚至很有可能引起当事者的愤怒与仇恨，从而导致进一步的报复社会的行为，给社会带来极大的不稳定。

总括起来，妇联在满足服务对象社会性需要及进行社会事前管理的过程中主要使用了如下工作手段或工作方法：建立"双学双比"工作品牌、建立佛山市妇女学校、展开"科技直通车"活动、展开"巾帼建功"活动、展开"家庭在美德"建设活动、建立"姹紫嫣红竞风流"工作品牌、建立妇女儿童权益维护工作站、展开援助单亲特困母亲家庭活动、建立"妇女之家"、建设"与孩子的心灵对话"亲子家教论坛、展开"百万妇女健康行"活动，等等。这些工作之间互相关联，形成一个工作方法群或工作方法网络，这个网络又与其服务对象相关联，形成一个更大的网络。

（二）妇联传统工作理论与方法面临的挑战

但是，妇联传统的工作理论与方法已经面临严重的挑战，其"工作理论与方法群"（或者称工作理论与方法网络体系）所赖以存在的社会网络已经开始解体。妇联传统工作理论与方法所构成的网络本来就存在缝隙，即所谓的"结构洞"，随着佛山市工业化社会、后工业化社会（社会—文化人社会）的来临，妇联传统工作理论与方法网络和社会网络之间的"结构洞"越来越大，传统工作理论与方法之间的"结构洞"也越来越大，通过延伸神经末梢的办法已经无法修复这些"结构洞"，这是妇联面临的严重的挑战，引入新的工作理论与方法群，即社会工作理论与方法势在必行。下文，我们将对此进行比较详细的分析与论述。

在妇女工作方面，妇联传统工作理论与方法赖以存在和运行的基础已经发生了重大变化。在工业化之前，农村的妇女基本上居住在以血缘为纽带的自然村落，从事农业劳动，兼做一些副业，如养鸡、养鸭、养猪等补贴家用。农村妇女受教育的程度低，没有现代科学知识与技术。她们安心于自然状态的生活。在工业化之前，城市的妇女一般来说，都有固定的单位，是所谓的"单位人"，这些"单位人"有固定的住所、固定的人际关系，属于固定的社区，有强大的政治力量影响着她们的思想、心理结构与行为模式。妇联传统的对妇女工作的理论与方法就是建立在这个基础之上的。

但是，进入工业化社会之后，特别是进入社会—文化人社会之后，以上所有这一切都发生了剧烈的变化。农村妇女开始分化成多元与多层次的群体。多数青年妇女进入城镇成为外来女工；留在农村多是中老年妇女，她们成为所谓的"留守妇女"；还有极少一部分妇女凭着某些技术和勤劳，成了农村的女企业家；在郊区农村，由于城市的不断扩张，出现失地妇女和"外嫁女"问题。在城市，随着国有企业的改革和市场经济的发展，传统意义上的"单位人"不复存在，新型的"单位"失去了对个人强大的约束力。随着住房制度的改革，单位不再提供住房，传统的熟人社区解体。在这个过程中，城市出现了外来女工、单亲母亲等。所有这些，都给妇联在妇女工作方面带来了严重的挑战，原来的有关妇女工作的理论与方法，已经失去与社会紧密的契合度，形成了所谓的"结构洞"，无法满足妇女的需要。

在儿童工作方面，由于城镇与农村的急剧变化，由于计划生育政策和信息与电子网络的影响，妇联服务的对象——儿童的情况也发生了极大的变化，出现了独生子女、独生子女之独生子女、"四二一"现象、早熟、被溺爱的儿童、被遗忘的儿童、叛逆的儿童、自我封闭的儿童、沉迷于游戏的儿童等。很显然，所有这些，一方面使传统家庭教育的理念与方式方法显得力不从心，家长们需要新的家庭教育理念与方式方法；另一方面，妇联在这方面的工作更加复杂，需要更为专业化的工作理论与方法才能引导儿童行为，矫正儿童行为问题。

在家庭工作方面，传统的家庭支持系统功能弱化。传统的家庭支持系统包括两个子系统，一个是血缘支持系统，另一个非血缘支持系统。血缘支持系统是指以血缘为纽带的系统。在传统的社会，居住在同一个村子的人可能都有血缘关系，一个家庭事件与其他家庭密切相关。例如婚姻，父母、兄弟、叔伯、舅舅、姑姑等都会成为离婚的阻力，都是维持家庭稳定与和谐的建设性力量，这些利益相关者会积极主动地为家庭提供支持性力量。但是，现在这种家庭支持性力量已经弱化，甚至已经解体。有血缘关系的人不再住在一起，父母、兄弟、叔伯、舅舅、姑姑分别生活在不同的城市，不同的省份，甚至不同的国家，即使住在同一个城市，也可能住不同的区，平时很少来往。当一个家庭出现危机时，父母、兄弟、叔伯、舅舅、姑姑由于不了解情况、情感疏远，很难发挥建设性作用；更有甚者，有些亲戚由于各种各样的原因，会采取回避的态度，不愿意过问"他人"家庭内部事务。

家庭的非血缘支持系统包括单位领导、同事、朋友、邻居等。但是，这个支持系统也已经弱化或解体。现在的公司、企业、学校等基本上不过问人们的婚姻问题，认为这是私人的事情，由员工自行处理。现在的同事与朋友并不住在一个小区，他们可能分别住在一个城市不同的角落。当一个人家庭出现问题时，他们能提供的支持极为有限。现在的邻居与传统社会的邻居存在极大的区别，邻居之间并不认识，即使认识，也不知道对方的姓名、职业、地位、爱好等情况。而且，存在这种情况：今天还是邻居，明天就搬走了，此类邻居是不可能为家庭提供有效的支持的。

家庭支持系统的解体，迫使妇联在展开家庭工作、为问题家庭提供帮助时，不得不运用新的工作理论与方法。

针对妇女、儿童、家庭的新的工作理论与方法——社会工作理论与方法的嵌入可以填补由于传统社会网络体系解体所形成的"结构洞",构建起新的社会网络体系,使社会恢复正常运行。同时,"社会工作理论与方法群"作为一个工作理论与方法网络嵌入传统的工作理论与方法网络之中,可以填补传统的工作理论与方法网络已经出现的越来越大的"结构洞",使整个妇联的工作体系更加有效的运行。为此,佛山市妇联进行了有效的探索与实践。

第二节 佛山市妇联社会工作理论与方法的引入

一、社会工作理论与方法探索

自2005年起,佛山市妇联便开始积极主动探索把社会工作理论与方法引入妇联工作之中。同年,按照"政府资助、妇联领导、专业服务、社会运作"的理念,佛山市妇联在全省首创市、区、镇(街)三级妇联维权工作站模式,招募了专职维权工作站工作人员,组建了多类型志愿者队伍,以个案、小组工作为主,社区工作为辅,积极开展群众信访调解、权益咨询、法律援助、婚姻家庭关系调适、心理辅导等服务。

2006年,在佛山市委、市政府和广东省妇联的领导和有力支持下,佛山市妇联紧紧围绕市委、市政府的中心工作,按照"一手抓发展,一手抓维权"的工作方针,以提高妇女素质为重点,以增强服务能力为抓手,创新工作理念,创建工作品牌,创设特色工作。创新工作理念与创设特色工作,主要指的就是在继续秉承有效的传统的工作方法和工作理念的同时,引入社会工作理论与方法,并使两者有效契合,形成新的工作理论与方法群,以便与社会网络有效的联结,进行有效的能量交换。

2008年,佛山市妇联深化"援助单亲特困母亲家庭活动",各级妇联引入社会工作方法开展经济扶助、就业指导、心理辅导、家庭教育等综合服务,切实为单亲特困母亲排忧解难。上半年在全国首创建立了市级单亲特困母亲家庭援助工作信息管理系统,市、区、镇(街)信息互通、资源共享,实现了单亲特困母亲家庭援助工作的科学管理。

同年,佛山市妇联深化"援助单亲特困母亲家庭活动",各级妇联引入社会工作方法开展经济扶助、就业指导、心理辅导、家庭教育等综合服务,切实为单亲特困母亲排忧解难。上半年在全国首创建立了市级单亲特困家庭援助工作信息管理系统,市、区、镇(街)信息互通、资源共享,实现了单亲特困家庭援助工作的科学管理。

2011年,进一步推广小组工作方法,开展阳光妈妈朋辈支持小组活动,提升组员社会交往能力,扩大社会支持网络。启动"幸福沙龙"家庭生活教育大讲堂和"从心关怀"外来女工服务项目。

特别值得一提的是,为提高家庭教育工作的针对性和实效性,佛山市妇联探索运用社会工作理论与方法开展家庭教育工作,建立了"宣传普及教育+个案工作"的常规化、专业化、个性化工作模式。

第一，运用社区工作方法，广泛开展宣传普及活动。佛山市妇联以"六一"儿童节、"家庭道德教育宣传实践月"为契机，依托佛山市儿童活动中心、家长学校、社区等阵地，围绕亲子沟通、亲子成长等重点问题，邀请全国或省内家庭教育知名专家在全市举办家庭教育巡回报告会。

第二，运用小组工作方法，提高亲子沟通技巧。佛山市妇联举办"爱的教育"系列亲子拓展培训，根据预定目标、特定人群，以游戏、讨论、表演等多种形式搭配，调动亲子参与互动，鼓励亲子分享感受，主动融入团队协作，共同完成特定任务。

在实施"反对对儿童的暴力"项目过程中，佛山市妇联成立母亲小组，由专业社工组织母亲小组进行分析讨论典型案例，共同探讨得出对儿童使用家庭暴力的原因与后果。原因包括：父母对子女的期望值过高；子女品行障碍，如习惯性偷窃、说谎等；子女生理缺陷，如遗尿、肢体残疾等；非亲生虐待孩子的暴力多为后继的一方把孩子视作夫妻感情交流的障碍，给予体罚或殴打。常发生家庭暴力的家庭，对孩子的身心健康有着严重的影响。特别是直接对孩子施暴时，更容易使孩子产生恐惧、焦虑、厌世的心理，使他们自卑、孤独，影响孩子的学习和生活；严重时，孩子们会离家出走、荒废学业，甚至还走上犯罪的道路。

通过探讨总结得出，要预防和减少儿童家庭暴力，一是要营造保护儿童的社会环境。儿童是弱势群体，在家庭暴力中处于被动地位，应大力加强妇幼卫生保健知识、儿童权利保护法等有关法律、法规宣传力度，使相关人员明确责任和后果，避免家庭暴力的发生。二是避免已有暴力升级或形成暴力循环，使已遭受家庭暴力的儿童真正做到自强、自信、自尊、自爱，消除心理障碍，提高学习、社交等方面的能力，尽量避免暴力再次发生。建立家庭暴力庇护所等机构保护他们免遭不测之辱。三是搞好心理诱导，促使儿童心理健康，对已遭受暴力影响的幼儿，避免再接受暴力场面，进行必要的心理治疗。尽可能消除暴力对幼小心灵已经造成或正在造成的心理不良影响。

第三，运用个案工作方法，为问题家庭解疑释惑。个案工作是社会工作基本方法之一，为更好地总结推广经验，加强工作交流，提升业务水平，佛山市妇联继续深化个案工作，选取了2010年佛山市妇联系统三级维权工作站的29个典型案例编印成册，用于内部交流学习。为保护个人的隐私，本书个案中涉及的当事人的名字和处所均为化名。

佛山市妇联大力推进妇联工作项目化、实事化，引入社会工作理论与方法开展工作，在全市妇联系统中，围绕解决妇女重点难点热点问题的目标，立足于社会发展形式和当地的实际需要，充分发挥自身优势，积极创新工作载体，以维权工作站为依托，积极探索构建妇女维权工作社会化、项目化的新模式，大胆实践，在各级妇联维权站（不含顺德）创建具有各自特色的维权服务项目，5年来共实施了52个特色服务项目。为积累社会公共服务工作经验，展示各级妇联开展社会管理创新项目的具体做法和取得实效，推进小组工作的开展，维权工作站编印了5期《佛山市妇联系统特色维权服务——项目实践汇编》、1辑小组工作案例集（16个案例）、4辑社会工作个案选（2010年、2011年各收录29个案例，2012年收录35个案例）。

2011年，按照打造职业化、专业化妇联社会工作队伍的目标，佛山市妇联强化"妇工＋社工＋志愿者"服务模式，建立社会工作督导机制，聘请资深心理专家定期对市维权专业社工开展个案督导，梳理情绪，改善方法。同时，佛山市妇联探索孵化成立妇联系统社工组织，禅城区家馨社会工作服务中心成为佛山市群团组织发起成立的第一家社工机构。

2012年，启动全市家庭服务中心试点项目，市政府委托人民团体购买社会服务民生项目，按照统一规划、统一标准、属地管理原则运行，与佛山市基层社会管理建设项目规划同步协调发展，计划于2015年初步建构起符合现代社会及家庭生活需要、具有本土特色的妇女儿童及家庭社会工作服务体系。

2013年打破群团组织原有内部系统讨论交流的方式，召开市妇联系统社会工作研讨会。邀请省、市、区、镇（街）妇联系统领导、社会工作等相关领域专家学者、市内各大社工机构负责人、社工代表、志愿者代表共约180人等出席会议。以四大板块专题发言、穿插专家点评和互动交流方式，主动包容接纳来自不同领域的各界代表参与畅谈参与妇联社会服务的合作模式和思路，目的在于探讨推进妇联社会工作项目及做法，为未来妇联社会工作发展的路径及策略开方把脉。

同时，为激励我市各级妇联和妇女组织积极参与社会管理创新，大力开展社会服务实践活动，推进妇联工作的项目化和专业化，促进妇联工作转型发展，市妇联开展社会服务优秀（创新）评定，禅城区祖庙街道妇联"阳光心灵驿站"等10个项目被评为社会服务创新项目，南海区妇联"南海妈妈·微梦成真爱心计划"等20个项目被评为社会服务优秀项目。通过项目实施，弘扬社会工作理念，进一步做好妇女儿童及家庭社会服务。

二、社会工作理论与方法培训

进行社会工作理论与方法的培训是妇联引入社会工作理论与方法最重要的一环与最基础性的工作。

2005年8月中旬和9月下旬，佛山市妇联组织举办了全市妇联干部社会工作专题培训班，培训采取在内地进行理论培训和到香港进行实务培训的形式，市、区、镇三级妇联干部共128人参加了学习。12月，举办维权工作干部培训班，学习《妇女法》、《信访工作条例》、咨询和心理辅导技巧，100多人参加了学习。通过加强理论和实务培训，提高了妇联干部对现代社会工作的认知，开拓了妇联工作面向社会、面向群众的服务新理念和新思路。

2006年、2007年，佛山市妇联与广东商学院举办社会工作专业知识培训班，开设了10门社会工作专业核心课程，对镇（街）以上妇联和各级维权工作站进行全员培训，120人参加学习。同时，还通过举办和参加各种专题讲座、业务培训班、工作分享会等学习活动，强化妇联实务工作与社会工作专业知识相结合的培训。

2009年，组织市、区妇联干部30多人到清华大学开展"社会工作者"专题培训班，进一步增强领导管理团队的全局意识、责任意识、创新意识，提高内部管理的能力。

2010年，市、区两级妇联实施妇女干部教育培训规划，重点开展社会工作知识、法律知识和婚姻家庭、心理咨询专题培训。

2011—2015年，为加大对本系统调解员的业务培训力度，提升各级调解员的调解水平，佛山市妇联举办了五期家事调解小组成员和妇女儿童权益纠纷调解委员会人民调解员培训班。

2013年4月21日至4月28日，佛山市各级妇联干部57人在中华女子学院参加"佛山市妇联工作与社会管理创新专题高级研修班"，课程内容主要有：关于妇联组织参与社会管理创新的思考、赋权式婚姻家庭冲突调解的理念与技巧、女性领导如何打造高绩效团队、解读十八大——民生保障与社会建设、家庭教育管理与创新、项目管理与妇联工作项目化、性别视角下的社会问题、妇联枢纽型组织建设及其作用发挥。

2012—2015年6月，为提升队伍项目管理水平和专业服务质量，妇联根据各级项目工作团队成长需要，开展系统培训+专题督导。聘请香港家庭福利会资深社工担任项目服务督导，邀请省内外资深行业专家学者担任讲师，共开展行政督导和实务督导13期，500人次参与；开展专题培训共8期，600人次参与。

通过密集和持续性的社会工作理论与方法的培训，为各级妇联有效地运用社会工作方法打下了比较坚实的基础。

三、"走出去"与"请进来"

"走出去"与"请进来"是妇联引入社会工作理论与方法的重要手段。所谓"走出去"，是指妇联组织人员到国内其他地区，特别是港澳台地区进行参观学习。所谓"请进来"，是妇联将境内外资深社工、专家请到佛山来交流社会工作经验、传授社会工作的理论与工作手法、督导实务工作。

佛山市毗邻港澳，有优越的地理优势，此外，香港在社会工作方面积累了丰富的经验。佛山市妇联从2005年起，一直与香港家庭福利会、香港单亲协会等社会服务机构保持较好的合作关系，先后组织了多次赴港进行社会工作考察和培训活动。

2006年9月，佛山市妇联接待香港基督教女青年会19人访问团，举行了社会工作交流座谈会，安排参观街道社区服务机构。

2007年，佛山市妇联组织妇联干部赴香港参加社会工作培训；同时，组织维权干部赴沈阳考察反家庭暴力社会工作。

2009年，为提高妇联干部的社会工作能力，佛山市妇联举办了"开发你的内在领导力"团队培训班，并组织妇联维权工作团队共23人到香港多个综合家庭服务中心进行"体验式"培训和跟班学习。

2012年12月，佛山市妇联聘请香港家庭福利会担任社会工作专业督导，聘请专业资深社工、心理咨询专家为妇联干部提供业务指引和情感支持。建立专家和学员之间的日常联系，每2个月组织进行一次小组督导，每半年组织一次团体督导。督导采用"角色互换"等形式，帮助妇联干部进行心理调适、缓和心理压力，学习心理疏导。

同时，聘请了香港单亲协会总干事余秀珠、香港家庭福利会总干事关何少芳、原香港保良局总干事余梅英、原香港基督教家庭服务处总干事邱可珍等香港社工界知名人士及省内资深社会工作专家担任家庭服务中心项目咨询委员会委员，他们积极参加市妇联社会工作研讨会、家庭服务中心项目评估、社会工作专题培训等项目工作，在推动本土家庭社会工作研究方面发挥了专家智库作用。

2013年1月，市妇联组织市直有关单位、市家庭服务中心联席会议成员单位等相关人员考察香港保良局总部及其属下的社会服务单位，了解香港福利政策。

除此之外，市妇联还加强与国内外妇女组织的社会工作交流活动。

2006年9—10月，市妇联领导参加了省妇联组织的北欧维权工作项目考察和全国妇联组织的法国儿童工作培训任务，学习外国社会工作先进的经验。

2011年10月，妇联执委赴澳门考察当地妇女团体开展家庭、妇女儿童、老人的社会服务工作情况，学习澳门妇女组织在提升妇女素质，推动妇女参政议政和监督，支持、配合特区政府依法施政等方面的经验。

2012年7月，接待湖南省株洲市区（县）妇联干部一行15人考察交流，参观了市妇联维权工作站，两地妇联就妇女儿童维权工作开展了交流。

2012年11月，组织妇联工作人员赴台湾考察社会工作。

2012—2015年，市妇联组织三级维权工作人员前往珠海、江门、韶关、东莞、汕头维权工作站学习交流；组织家庭服务中心三级项目社工团队，前往广州家庭综合服务中心、深圳阳光家庭综合服务中心学习交流。

通过"走出去，请进来"的方法，加强了与国内外同行的交流与沟通，增进互相了解，促进了不同地区妇女儿童工作的经验交流，学习并掌握了社会工作相关的理论与方法，为社会工作相关的理论与方法本土化创造了前提。

第二章 社会工作理论与方法本土化的平台

社会工作理论与方法本土化需要借助一系列平台才能展开。在这些平台上，社会工作理论与方法群作为一个工作理论与方法网络系统所具有的覆盖与链接功能才能得到充分发挥。就佛山市妇联而言，社会工作理论与方法本土化的平台主要有妇女儿童维权工作站、家庭教育指导中心、妇女之家、家庭服务中心与外来女工流动学校。

第一节 妇女儿童维权工作站

一、妇女儿童维权工作站的建立与建设

（一）妇女儿童维权工作站建立的动因

就佛山市而言，建立妇女儿童维权工作站的动因主要有以下几个方面。

第一，进入现代工业化社会之后，传统的夫妻关系规范被打破，新的规范又没有形成，从而造成了夫妻之间一系列的矛盾与冲突，其中，最为严重的就是家庭暴力。

所谓家庭暴力主要是指家庭成员之间的暴力行为，包括各种形式的身体伤害、人格凌辱、精神摧残、性虐待等。家庭暴力极大地危害社会治安、家庭稳定以及妇女儿童的身心健康。据有关抽样调查显示，家庭暴力在普通人群中的发生率为34.7%。根据佛山市妇联相关课题组的调查，在佛山，有27.12%的被访家庭发生过家庭暴力，其中经常发生家庭暴力的为3.45%，一年中发生3～5次的为18.1%，发生6～8次的为3.29%，发生9～10次的为2.29%。其中，流动人口是家庭暴力的高发点。（参见耿爱先《佛山市流动人口家庭暴力状况的调查研究》，载于《女性·和谐·发展——二〇一〇年佛山市妇女发展研究中心课题集》）

第二，在佛山，离婚原因呈现多样化，其中有婚外情、感情破裂、家庭暴力、丈夫恶习、歧视虐待、家庭琐事、性格差异、经济窘迫等。据调查显示，佛山地区因婚外情、第三者插足导致妇女主动提出离婚的高达45%，成为妇女离婚的第一大主因。妇女在离婚时的夫妻共同财产获得权、居住权等容易被侵害。佛山地区妇女在离婚时最易受侵害的是夫妻共同财产获得权，占被调查者的48.6%。其中的原因是，多数家庭以男性为主在外经营，这在低学历离婚妇女中尤为明显，其主要家庭经济来源靠丈

夫的高达62.5%，靠双方共同获得经济来源的占33.5%，而主要靠女性获得经济来源的仅占4%。（参见李晓春《佛山市离婚妇女权益保障研究》，载于《女性·和谐·发展——二〇〇九年佛山市妇女发展研究中心课题集》）佛山地区子女教育、医疗、生活等成本高昂，往往成为离婚妇女难以承受之重，但是离婚后前夫能持续提供应有支付的情况却不足16%。（参见李晓春《佛山市离婚妇女权益保障研究》，载于《女性·和谐·发展——二〇〇九年佛山市妇女发展研究中心课题集》）

第三，佛山的快速城镇化与工业化使得大批的农民失去了赖以生存的土地。这些失去土地的农民需要各种各样的职业培训和妥善的安置。其中，失去土地女性的培训与就业是重点中的难题。根据佛山市妇联相关课题组调查的样本显示，失地妇女年龄偏大。失地妇女的年龄在16～30岁的占35.63%，41～50岁的占25.49%，31～40岁的占23.46%，农村失地妇女的年龄有六成的人在30岁至55岁之间。

第四，儿童是国家的未来，儿童的身心健康关系到每个家庭的幸福，关系到整个社会的发展与稳定。保护儿童各项权益是妇联的重要使命之一。在庞大的儿童群体中，有两类次群体需要特别关注：一类是"被娇惯的儿童"，另一类是"被冷落的儿童"。与全国其他地方一样，"被冷落的儿童"的权益时常受到侵害。

（二）佛山市妇女儿童维权工作站建设的过程

2005年，为充分发挥各级妇联在构建和谐佛山建设中的重要作用，进一步加强维护妇女儿童合法权益工作，佛山市妇联根据全市工青妇工作会议和佛发〔2005〕18号文精神，牵头拟定并由佛山市委办市府办转发《关于建立市、区、镇（街）三级妇女儿童权益维护工作站实施意见》文件。2005年9月，佛山市妇联妇女儿童维权工作站挂牌运作。按照统一规划、统一标准、统一安排、属地管理的原则，到2007年年底，市、区、镇（街）三级妇联建立维权工作站43个，基本形成以服务群众为落脚点的妇联妇女儿童维权服务工作体系。

2006年，佛山市妇联认真落实全市工青妇工作会议精神，全面推进市、区、镇（街）三级妇联妇女儿童权益维护工作站建设。为了推动维权工作站的顺利运行，佛山市妇联制定了各级维权工作站工作制度和目标考核指标，开展全员岗前培训和社会工作专业知识的系统培训，开展志愿者服务、心理辅导服务、外来女工服务、社区妇女文化活动、家庭关系调适、老年妇女服务、专题调研等维权特色服务项目，打造维权服务工作品牌，推进妇联维权工作的项目化、实事化，增强了维权工作站的服务功能作用。

同时，佛山市妇联开展网络互动服务，开通了妇女维权热线电话"12338"，佛山市妇联和三水区、南海区妇联开通了网上信访、网上权益咨询栏目，远程受理妇女群众的诉求。

2008年10月、12月，广东省妇女维权与信息服务站（佛山站）和全国妇女维权与信息服务示范基地分别在佛山市挂牌成立。

2010年12月，市妇联在市人民团体中率先与市中级人民法院合作共同建立诉讼调解与妇联组织调解衔接工作联席制度，并成立家事调解工作小组。2011年3月，各区、各镇（街）全面成立家事调解工作小组，启动诉调对接机制。市妇联与司法局合作，明确依托维权工作站，成立三级妇女儿童权益纠纷人民调解委员会，并制定了具体的工作制度、工作原则、受理范围及工作程序和保障措施。2011年5月，在市妇联维权站挂牌成立全省首个妇女儿童权益纠纷人民调解委员会。同年在区、镇（街）都成立了妇女儿童权益纠纷人民调解委员会。全市共挂牌成立了26个妇女儿童权益纠纷调解委员会。

2011年，佛山市妇联开展维权工作站评先考核和综合评议，表彰了13个先进单位，其中市妇联维权工作站获得"佛山市文明窗口"称号。同时，佛山市妇联圆满完成第一期"广东省妇女维权与信息服务站项目"工作，获省妇联终期评估组高度评价，特色维权项目获广东省妇女维权与信息服务站特色维权优秀奖。4月，全国妇联副主席洪天慧亲临市维权工作站考察调研，对佛山市妇联维权工作参与社会管理创新实践的做法给予充分肯定。

2012年4月，佛山市妇联组成了评估督导小组，对各区、镇（街）维权工作站的工作进行了抽查和督导。经综合评估和评审后，评选出10个先进工作站。6月份，召开了市妇联系统三级维权工作站交流分享暨工作督导会，市、区、镇（街道）三级维权分管领导、干部及维权工作站工作人员共60多人参加了会议。在本次交流中，禅城区石湾镇街道妇联维权工作站分享了调解工作经验与技巧；禅城区妇联维权工作站介绍了"禅城妇女成长工作坊"小组工作经验。

为进一步加强各级妇女儿童权益维护工作站的建设，促进工作科学化、规范化、制度化，2012年7月份，佛山市妇联结合实际，在经征求各区妇联维权工作站意见后对《佛山市各级妇联维权工作站工作制度（试行）》（佛妇〔2006〕43号）和目标评估表作出了修订。正式修订版从2013年1月1日起实施。

经过长期坚持不懈的建设，佛山市妇联妇女儿童维权工作站的网络体系从结构到制度到运作规范日趋完善。

二、妇女儿童维权工作站的运行机制

佛山市妇联妇女儿童维权工作站基本运行机制有以下六个方面。

第一，佛山市妇联妇女儿童权益维护工作站（以下简称市维权工作站）由佛山市妇联维护妇女儿童合法权益部直接领导，多渠道开展妇女儿童普法宣传教育活动以及妇女儿童权益、婚姻家庭等问题咨询和辅导服务，处理妇女儿童信访，为妇女儿童提供法律援助，维护妇女儿童合法权益。市、区、镇（街）三级维权工作站形成一个有机的网络系统，各自相对独立而又互相关联。其中，市维权工作站起着枢纽与示范作用，对区、镇（街）维权工作站进行业务指导和工作评估。

第二，建立多方联动机制。2005年，佛山市妇联和各区妇联建立了维护妇女儿童合法权益联席会议制度，与佛山市中级人民法院建立调诉结合的人民调解新机制，与市司法局成立妇女儿童权益纠纷人民调解工作委员会，形成多方配合、齐抓共管的工作机制。

第三，坚持以服务为本，在工作实践中运用本土化的社会工作理论、方法、技巧，不断创新服务领域，深化服务内容，以妇工＋社工＋志愿者（包括心理专家、教育专家、律师、法官等）的组合为案主提供优质服务。

第四，打造"网上妇联维权工作站"。为适应智能佛山、数字城市的发展，佛山市妇联与时俱进，致力于打造"网上妇联维权工作站"，在佛山妇联网站上开设广东省妇女维权与信息服务项目（佛山站）专栏，包含法律法规的宣传、工作动态、维权信箱、站长信箱、志愿服务天地、网上预约、"快乐学法"有奖法律知识问答等。

第五，完善信访接待制度。佛山市妇联不断完善现有妇联信访接待制度，按照标准化、制度化开展信访工作，编写《信访综述》分析妇女信访动态。现已建立妇联主席接访日制度、妇女代表接访日制度、法律援助志愿者值班制度、维权热线志愿者值班制度。

第六，维权工作站坚持维权与维稳相结合的原则，建立处置群体性事件和大规模暴力犯罪事件应急预案，积极化解基层矛盾，维护妇女权益，促进社会稳定。

第七，以项目为载体推进维权工作品牌化。2005年，佛山市妇联开始探索项目运行机制。2007年，佛山市妇联为解决妇女重点热点问题，把矛盾纠纷化解在基层为目标，在各级维权工作站开展创建特色维权服务项目工作。2007年年底，召开市妇联系统特色维权服务项目工作现场总结会议，对各项目进行总结评估，到2014年开展六期特色维权服务项目共52个。通过实施项目化工作，调动了基层工作人员的积极性、主动性，增强了基层维权工作站的服务能力，为推进妇联工作项目化、实事化积累了丰富的实践经验。

下面引入一个具体的2008年特色维权服务项目以说明项目运行机制。

立项单位：禅城区妇女儿童权益维护工作站

项目名称：遏制家庭暴力、创建平安社区

根据佛妇〔2008〕5号文件的精神，为推进我区妇联工作项目化、实事化，提升妇联社会服务能力和水平，切实解决妇女儿童的热点难点问题，我区结合实际，以去年特色项目工作为基础，借鉴积累的经验，深化服务内容，拓宽服务领域，提升服务效果和影响力，现制定禅城区妇女儿童权益维护工作站2008年特色维权服务方案如下：

立项背景：

根据禅城区妇联2007年维权个案统计分析表明，在417件信访个案中，婚姻家庭类共251件占60.19%，婚姻家庭类中家庭暴力案8件，占3.2%；离婚咨询共90件，其中涉及有家庭暴力问题或倾向有32件占离婚咨询的35.6%。家庭暴力极大地危害妇女儿童的身心健康，不仅影响家庭和谐，也影响社会稳定。

2007年，我区被广东省妇联指定为"家庭暴力社会综合防治示范点"之一，为推进妇女权益保障法的贯彻落实，深化"平安和谐家庭"创建活动，加大我区预防和制止家庭暴力工作力度，我们把"遏制家庭暴力、创建平安社区"作为项目方向，以去年组建的志愿者队伍为基础开展工作，调动和整合社会资源，参与妇女儿童维权工作，建立服务弱势妇女儿童合法维权的工作机制，提升和增强我区妇女儿童维权工作站预测和化解各类矛盾的实际操作能力，营造尊重妇女、保护儿童的良好氛围，促进家庭和睦美满，为实现和谐禅城发挥妇联应有的作用。

项目主题："遏制家庭暴力、创建平安社区"

服务形式和次数：

以去年组建的两个专业工作小组为基础开展工作。第一组是"个案帮助"专业工作小组，由心理和婚姻法律指导的志愿者组成，重点对遭遇暴力的家庭成员提供指导和帮助；第二组是"普法宣传"专业工作小组，由法律和社区热心人士组成，重点开展普法宣传进基层村（居）活动，服务次数达12次以上。

服务对象：

1. 个人：家庭暴力疑难个案由"个案帮助"专业小组跟踪指导，按服务个案宗数统计，设服务跟踪记录卡。

2. 群体：根据节假日和大型妇女活动项目，组织大型普法宣传服务，并组织相关主题宣传活动进村（居），推动妇女合法维权。

实施时间：一年（2008年1月至2008年12月）

实施活动进度安排：表一（略）

项目经费预算：表二（略）

上述案例呈现了一个项目的主要要素，其本身是一个完整的体系，缺少其中的任何一环，一个项目就无法运作。其中的"个案帮助"可以说是这个项目的子项目，这个子项目由一系列的"个案帮助"所构成。个案具有不可预知性，类型多种多样，复杂、难易程度各不相同。个案成功与效果不可预知，需要随机应变，有些个案需要各个相关部门充分配合与支持才能取得成功。因此，虽然说项目具有可预知性、可规划性的特性，但其内部的个案则具有不可预知性和不可规划性。

三、妇女儿童维权工作站的主要作用

各级妇女儿童维权工作站是各级妇联组织开展妇女儿童维权服务的工作机构，其主要任务是：开展妇女普法宣传教育活动；开展涉及妇女儿童权益的信访工作；开展婚姻家庭等问题的咨询和辅导服务；组建项目工作小组和志愿者队伍，为开展维权服务项目提供支持等。妇女儿童维权工作站的主要作用有三个方面。

（一）畅通妇女信访渠道，维护妇女儿童的合法权益

信访是维权部门的重要工作，我们坚持维权与维稳相结合的原则，按照标准化、制度化开展信访工作，以真诚温暖的态度接待每一个信访者，为妇女群众合法维权提供最好的服务。认真接待群众来访、来电、来信（电子邮件），规范做好咨询服务登记、聆听、接待、审核、受理、转介、建档等工作。切实做好个案跟踪、个案咨询、个案调解，跟进处理难点、重点典型个案。及时做好统计分析，上报各类信访报表，对辅导类、调解类个案做好记录和归档。在过去十年里，全市各级维权工作站共处理信访个案29493件，其中市直维权站处理信访个案4131件，处理率达100%；编印

《实践与思考——佛山市妇联社会工作个案集》4本、《维权园地》20期、《信访综述》34期。

下面是自2005年维权工作站建立以来的相关统计：

2005年，共接待来信来访来电4359宗，共5290人次，其中市妇联接待的来信来电来访有1195宗，受理法律援助案件18宗，办结15宗。

2006年，共接待来电来信来访3459宗，其中来电962宗，来信192宗，来访2275宗，网上投诉30宗，处理率达89%。

2007年，共接待来电来信来访4069宗，个案跟踪1053宗，网上接访23宗，案件解决率99%；受理法律援助329宗，其中妇联参与或协助有关部门为妇女提供法律援助186宗，结案181宗，处理率97.3%。

2008年，共接待来电来信来访3784宗，个案跟踪720宗，案件解决率94.19%；受理法律援助案件9宗，办结5宗，办结率达55.56%。

2009年，共接待来电来信来访3562宗，其中来电1442宗，来信110宗，来访1988宗，网上投诉22宗，处理率达100%。

2010年，共接待来电来信来访3892宗，其中婚姻家庭权益类占70.53%、财产权益类占8.99%、劳动和社会保障类占4.57%、人身权益类占2.32%、其他占13.59%。同比表现出劳动和社会保障类、人身权益类、财产权益类个案在妇联信访个案中的比例呈逐年下降并趋于平稳的态势，婚姻家庭类个案则呈明显上升趋势，家庭纠纷、婚外情、家庭暴力、亲子教育等问题成为影响家庭和谐建设的重要原因。

2011年，共接待来电来信来访3900件、4846人次，其中，市妇联处理信访个案920件、1624人次，处理率达100%。

2012年，共接待来电来信来访2377件，其中市级共处理信访个案772件，处理率达100%。

（二）维护社会稳定，营造和谐的社会气氛

佛山市妇联各级妇女儿童节维权工作站在维护妇女儿童权益、化解各类矛盾的过程中，发挥了维护社会稳定、营造和谐社会气氛的作用。对此，仅摘一个案例以分析说明。

案例一：发挥"娘家"角色，化解邻里矛盾

（引自佛山市南海区大沥镇妇联妇女儿童权益维护工作站实录）

案由：

阿群，女，39岁，文化程度初中，已婚，四川人，住大沥某村。2010年10月28日，阿群致电工作站投诉邻里纠纷，称自己的丈夫蔡某与其前妻阿彩都是大沥某村村民，离婚后三层的房屋第二、三层属于阿彩，首层属于蔡某。现蔡某想装修首层，但阿彩不让装修，而且态度恶劣，有高空掷物和往楼下倒水等行为，村主任调解无果，现求助于妇联，希望通过妇联调解矛盾。

个案调处情况：

1. 深入了解案情，调查矛盾源头

接到电话当天，我站工作人员联系办事处妇工委、某村妇代会了解案件情况。据了解，阿彩与蔡某于1983年相识；1986年8月到盐步镇婚姻登记处领取结婚证，结为夫妇；1988年1月生育一个女儿，叫小月。由于双方性格不合，夫妻感情破裂，双方已达成解除夫妻婚姻关系协议并到南海市盐步街道办事处婚姻登记处申请离婚。协议中第三点提及婚后所建的钢筋混凝土二层半房屋一间，其中首层归蔡某所有，二层和三楼的半层归阿彩所有。协议签订后，阿彩由前巷门口出入，蔡某在自己家后墙开门口出入，阿彩于首层出入门口天井处以一面再砌的墙作为分隔，当时双方并未有任何异议。

据当年村民反映，蔡某和阿彩离婚，蔡某再婚后，两家人经常因小事而吵架；后来，蔡某装修时破坏双方的分隔墙在窗口加装外突式防盗网，遭到阿彩的极力反对，从此引起了这次冲突。

2. 结合相关部门，联合调解矛盾

2010年11月2日，我站工作人员联同办事处妇工委、某村妇代会、国土、安监、综治、治安队等部门工作人员以及该村民小组的村社干部到当事人所住的房屋进行现场了解，并约见阿彩和蔡某进行调解。现场当提及蔡某的行为时，原来情绪稳定的阿彩突然变得激动起来，她称蔡某装修时，未经本人同意私自拆开分隔墙，安装外突式防盗网，占用其空间，并且外突式防盗网位置过低，停放车辆时容易造成人员受伤，存在安全隐患。阿彩要求蔡某将分隔墙重新砌回原样，并且不能占用分隔墙以外属于自己的空间。此时蔡某也激动起来，并称由于没有地方晾晒衣服，所以在天井窗口安装外突式防盗网作晾晒衣服之用，而且当初协议当中一楼归自己所有，并没有占用阿彩的地方。经过现场各部门的同事商议，我们向蔡某和阿彩两人提出建议：蔡某将分隔墙重新砌回，天井窗口改为轨道式铝合金窗门，窗口防盗网改为平墙式，如果蔡某要晾晒衣服，可以在蔡某分隔墙内二楼外飘阳台下装架晾晒，或者在分隔墙顶端至二楼外飘阳台下安装防盗网后在防盗网铁枝上悬挂衣物晾晒。双方听取建议后，并未即时作出回应，均要求考虑后再作答复。另外蔡某表示如双方未能达成协议，不排除通过法律途径解决问题。

3. 积极跟进处理，双方平息纠纷

2010年11月6日上午，某村妇代会再次到该村跟进情况，现场见到蔡某已将分隔墙拆除部分重新砌回，并且将天井窗口用砖砌至与分隔墙同高。而阿彩也采纳我们建议，表示若蔡某不占用其分隔墙以内的空间，同意蔡某在分隔墙顶端至二楼外飘阳台下安装防盗网。

结案情况：

经过多次调解，蔡某和阿彩终于达成协议，蔡某已将分隔墙拆除部分重新砌回，并且将天井窗口用砖砌至与分隔墙同高，避免再因此事发生纠纷。该案得以成功调解。

反思及建议：

1. 不因其"小"而不为，努力化解矛盾

俗话说："清官难断家务事。"婚姻、家庭、邻里纠纷司空见惯，被不少人认为是"小事"，但就是这些"小事"，稍有差错或处理不当就会引发过激行为，甚至转为刑事案件。因此，我们在处理此案例的矛盾纠纷时，不因其"小"和"繁琐"而掉以轻心。尽管涉及本案的两位当事人的关系复杂、因感情问题衍生的种种矛盾多是生活小事，但各部门的调解人员还是尽心尽力为他们解决问题，希望他们和睦相处。

2. 运用社会工作方法，提高个案调解效率

在此案例中，我们的调解工作人员对蔡某、阿彩适当地运用了"心理缓和法"和"换位思考法"等调解方法，如当阿彩伤心激动时，给她倒上一杯茶，握住她的手，耐心、认真地倾听她的诉求，让她说说女儿的开心事；而当她激动地骂蔡某现任妻子阿群时，我们以换位思考的角度劝其减少内心的愤怒等，提高调解的成功率。

3. 联合相关部门，形成合力作用

在调解此案例中，我站工作人员联合相关部门，充分发挥各部门的职能作用，整合各方的力量，形成工作的强大合力使案情得到圆满调解，给我们的妇女同胞带去切实的帮助。

点评：上述个案由案由、个案调处情况、结案情况、反思及建议四个部分组成。在该个案中，案主之间的社会关系比较复杂，恩、怨、情、仇、爱、恨互相纠缠，平时常有小吵小闹，积怨不浅，终因装修拆墙引发激烈争端，双方情绪激动，一旦失控，后果不堪设想。即使双方情绪不失控，如果矛盾得不到解决，对社会的稳定与和谐来说依然是一个隐患。而争端双方因为各种原因已经无法协议，村主任曾调解无果，终由维权站出面介入。维权站工作人员在调处过程中，调动了各个方面的力量，形成合力，造成问题必须解决之势，给当事双方造成了心理压力。同时，维权站工作人员运用"心理缓和法"和"换位思考法"，深入当事者的内心世界，进行心理疏导与心灵秩序重建，激发当事者内心深处的恩、情、爱，淡化当事者的怨、仇、恨。

个案的成功调处，消除了一个社会不稳定的因素，有助于当事者之间建立良好的邻里关系，形成村社和谐的气氛。

（三）为社会工作理论与方法本土化提供了极为重要的平台

从上述个案来看，佛山市妇联各级维权站为社会工作理论与方法本土化提供了极为重要的平台，而个案是一个项目的组成部分。一个项目可能包含了一个社会工作理论与方法群（或社会工作理论与方法网络），它可与多个相关方面进行联结，形成互动，进行能量交换，达到多重目的。下面是一个十分典型的项目。

一、项目名称

幸福禅城共成长 妇女成长工作坊

二、立项背景

为了切实提升禅城区妇女素质，特别是妇女处理婚姻家庭关系的能力，为"创文"工作和建设"博大精深，近悦远来"幸福禅城作出应有的贡献，近年来，市妇联以对基层妇女干部开展系列社工知识培训等方式持续推行能力建设和专业建设战略。2011

年,为配合佛山全国文明城市创建活动和"创建文明家庭",受联合国儿童基金会和全国妇联在禅城区开展的"反对对儿童的暴力"项目经验启发以及祖庙街道单亲母亲朋辈支持小组成功经验激励,在市妇联支持下,禅城区妇联决定加大改革力度,坚持四级妇联网络+社工机构的战略,以"妇工+社工"的项目运作模式,以母亲小组和妇女成长工作坊为切入点,以求实现"社工和妇工成长带动妇女和母亲的成长"的项目目标。

三、项目目标

(1)母亲的成长。项目采取招募母亲进入母亲小组,通过小组组员的经历,促进参与者在个人、家庭、社区三个层面上的成长。

(2)妇工的成长。项目采取三级妇联全程参与母亲小组运营的方式,加深妇联系统干部职工对社工专业的认知,特别是对社会工作小组工作方法的认知,从而优化妇联系统知识结构,提升妇联系统的专业服务能力和服务创新意识。

(3)社工的成长。项目通过以社工为主执行母亲小组的过程,提升社工对母亲小组价值的认知,增强社工专业理论能力和项目带领能力。

四、实施单位:禅城区妇女联合会、市妇联维权工作站、街道妇联维权工作站。

五、实施时间:2011年4月1日—2012年1月31日。

六、服务对象:禅城区工作或居住的母亲。

七、工作方式:在全区4个镇街选择6个试点社区,开展了一般母亲小组和单亲母亲小组共6个,每个小组服务次数约8次。

八、实施内容:

(一)组织开展调研

(1)调研开展时间:2011年5月16日—7月7日、9月。

(2)调研试点:南庄镇罗南村、龙津村,石湾街道惠景社区、平远社区,张槎街道马岗社区、村尾村、海口村,祖庙街道培德社区、永安社区。

(3)调研方式:问卷调查、座谈会。

……

(二)项目设计

1. 小组主题设计

一般母亲小组设计应该聚焦在提升母亲教子能力,建立母亲持续学习和互相支持的网络与沟通平台,促进亲子关系和家庭关系和谐,进而改善所在社区中孩子的成长环境几个层面。同时针对农村与城市的母亲的不同特点,游戏的分量与形式有所不同。单亲母亲的小组应设计为半开放式的亲子平行小组,设计应该聚焦在:第一,增加单亲母亲的社会情感支持,协助她们继续适应单亲生活;第二,提升母亲教子能力,建立母亲持续学习和互相支持的网络与沟通平台;第三,增加小组的亲子互动性,小组设计为亲子平行小组;第四,针对单亲母亲的时间和水平,小组的时间弹性安排,小组设置为半开放式小组,宜多游戏,寓教于乐。

2. 三级妇联工作人员的成长

三级妇联工作人员分别参与到项目策划、前期调研、小组前筹备、小组开展、小组评估等每一个项目环节中,体现为"参与度越高,成长越大"的特点。参与度并非指单纯的小组出席率,而是指工作人员对每一节小组观摩和参与的态度。

3. 项目社工的成长

乐翔社会工作服务社的社工虽然均为社会工作专业毕业生,拥有专业训练背景,但他们刚出校门,既缺乏社工的相关工作经历,也缺少群团组织工作经验,亦缺少作为母亲的社会经验。而本项目给年轻社工一个机会,通过承担整个项目的运作、协调及小组带领的任务,使他们的综合素质得到极大的提高。

九、实施成效

项目取得了预期的成效。

(1) 参与项目的服务对象的亲子关系得到了改善,双方互动技巧有了提升,更能理解对方的心声。

(2) 参与项目的妇联工作人员有了成长。第一,在小组认识层面得到较大的提升。先前,有一些人误认为小组工作是由社工去带领、去教学的小组;后期大家已经体会到小组是通过组员互相学习、共同进步的方式,以团队动力,发掘组员的潜能,从而提升参与对象的综合素质。有些镇街妇联,比如石湾镇街道妇联工作人员,能深刻理解小组传递的观念,运用优势视角,对社工的工作给予肯定,同时在提出小组改善意见时,比较深入和深刻。第二,小组实际操作能力得到极大的提升。妇联工作人员初期只是参与小组策划并做小组观摩,后期则在借鉴第一批小组的逻辑框架的基础上,通过与中大社工系研究生的合作,亲自主持并完成了海口小组的带领。小组取得超乎预期的满意效果。

(3) 参与项目的社工有了成长。首先,社工的小组引领技巧有所提高。经过第一批小组的锻炼,社工对于组员的次小组,以及偏题等现象能够做到及时打断,回归小组主题,已经能够较好地控制时间。其次,与妇联工作人员的沟通更紧密。鉴于第一批小组两个月内4个小组同时开展,无法兼顾信息反馈的情况,第二批小组每一节结束社工能即时与三级妇联积极交流、听取建议,吸纳小组较好的成果,及时调整及改进小组方案。最后,社工对小组逻辑理解与反思能力进一步提升。在专业督导的指导下,社工通过实地操作和小组过程的仔细反思和评估,加深了对小组逻辑框架的理解,又通过第二批小组锻炼,切实提升了小组领悟力和实践能力,由此,社工大胆改变策划,由先前的"母亲小组"引导出"亲子平行小组",旨在母亲和孩子两个层面同时开展服务。小组设计上的创新,提升了小组功能,扩大了受益人群,延展和深化了项目目标。

上述这个项目清晰地向我们展示了社会工作理论与方法本土化的核心内涵:第一,培养本土社工人才。佛山本土社工人才数量严重不足,实际工作经验缺乏,能力有待提高。通过类似的一系列项目,社工的工作经验得到丰富,能力得到提高。第二,培养"妇工"。由于中国国情的特殊性,"妇工"是社会工作理论与方法本土化过程中引领性力量,因此,让"妇工"提高社会工作理论水平与工作方法便至关重要。第三,立足于本土,解决本土问题。这个项目在地域覆盖了佛山市禅城区的南庄镇罗南村、龙津村,石湾街道惠景社区、平远社区,张槎街道马岗社区、村尾村、海口村,祖庙街道培德社区、永安社区，着力解决这些社区单亲母亲心理情感问题、社会支持问题、亲子沟通问题等，同时兼顾一般家庭所面临的一系列问题。第四，充分利用维权工作站这一本土平台。前述三点之所以能够展开并取得成效，有赖于维权工作站这一本土平台。

第二节 家庭教育指导中心

家庭教育是儿童教育最为重要的一环，妇联一直十分重视推进家庭教育工作。2008年，佛山妇联创建了佛山市家庭教育指导中心，将心理辅导理念引入到家庭教育工作中，组建专业的心理咨询志愿服务队，为家长们搭建一条通往孩子内心世界的桥梁。需要特别提出的是，佛山市妇联运用社会工作专业方法服务群众，如：个案咨询、"家长沙龙"等进行个性化、专业化服务，为儿童、家长和养护人提供教育、咨询、辅导服务，提高家庭成员素质、化解家庭矛盾、营造儿童健康成长的环境，促进社会和谐。目前，该中心已经成了社会工作理论与方法本土化最重要的平台之一。

一、家庭教育指导中心的建立及其基本架构

（一）家庭教育指导中心建立的过程

佛山市妇联一直十分重视家庭教育工作，大力传播科学的家庭教育理念和方法，促进未成年人健康成长。

早在2005年，佛山市妇联与市委宣传部、市教育局等部门联合开展"争做合格父母、培养合格人才"家庭教育实践活动和专题调研活动，与中国散文诗学会、市委宣传部联合举办了"魅力佛山·佛山市柯蓝散文诗儿童朗诵大赛"。与市教育局、市精神文明办、佛山电台联合举办"与孩子的心灵对话"论坛，每月一次邀请家教专家与孩子、家长共同就家庭教育问题进行沟通，受到家长、孩子和学校、社区乃至商家的追捧，成为市开展"双合格"家庭教育实践活动的品牌。

2006年，佛山市妇联加强家庭教育指导工作。佛山市和各区成立了由党政领导和有关部门领导组成的家庭教育工作指导委员会。佛山市妇联与教育部门和关工委联合开展市级家长学校示范校评选工作，促进家长学校建设。佛山市妇联委托市家庭教育研究会开展"佛山市'合格人才、合格家长'"家庭教育专项调查，委托市心理学会开展佛山市未成年人心理健康状况调查，了解掌握佛山市家庭教育状况与需求；依托市家庭教育研究会开展家庭教育咨询、辅导服务，全年接访达413人次。

尽管佛山市妇联在家庭教育工作方面做了许多工作，但是，还是存在以下几个问题：第一，家庭教育指导服务缺乏系统性和持续性；第二，个性化指导服务未能满足需求；第三，家长获取家庭教育信息的渠道不畅通。为此，2008年11月佛山市妇联创

建了佛山市家庭教育指导中心（以下简称"中心"），以提高家庭教育服务的专业水平为目标，以提高家长素质为主线，以普及家庭心理辅导为切入点，满足不断增加的服务需求。

佛山市家庭教育指导中心向家长和孩子们提供免费的家庭教育咨询、心理咨询等服务。每周六举办"幸福沙龙"家庭教育生活公益讲座、每月举办"名师讲堂"等活动，开设儿童图书室和电子阅览室，免费向困难家庭的儿童提供兴趣班培训课程，为佛山市的家庭教育指导和儿童健康成长提供了大量的社会公益服务，使中心真正成为佛山儿童"欢乐的天地，成长的摇篮"。

（二）家庭教育指导中心的基本架构

佛山市家庭教育指导中心的基本架构如下：

（1）家庭教育指导中心由佛山市妇联创建并领导，具体业务由佛山市妇联儿少部指导。

（2）聘任专业人士为"家庭教育中心"导师。

（3）"中心"设在市儿童活动中心，工作场地近510平方米。妇联为"中心"投入近20万元资金购置设备和心理测试软件等。

（4）人员配备：①配备3名工作人员，专职工作人员2人，部分时间设咨询老师1名。②招募45名家教咨询志愿者，聘请7名心理辅导专家，开展常规化、专业化、个性化的家庭教育指导服务。③支援服务人员：市家庭教育研究会会员、市家庭教育讲师团成员、心理咨询服务辅导志愿者、专家指导和督导组。

二、家庭教育指导中心的具体目标、服务形式与运行机制

（一）具体目标

佛山市家庭教育指导中心的服务对象为佛山市0～18岁的儿童少年及其家长、养护人，针对服务对象开展家庭教育咨询服务；开展儿童、家庭心理辅导服务；组织家庭教育志愿服务队伍。其具体目标有以下三个方面：

（1）提高家长家庭教育水平，促进儿童健康成长。"中心"通过宣传普及家庭教育知识、亲子关系调适和咨询辅导服务，为儿童、家长和养护人提供教育、咨询、辅导服务，提高家庭成员素质、化解家庭矛盾、营造儿童健康成长的环境。

（2）通过项目的实施，增强妇联社会服务功能，拓展市儿童活动中心的儿童公益服务。

（3）建立家长教育制度，加强家庭教育知识普及工作，提高家庭教育咨询和辅导服务的专业水平。

（二）服务形式

佛山市家庭教育指导中心的服务有以下几个方面：

（1）基本服务：电话热线和来访咨询服务。咨询内容：子女教养、亲子沟通、青少年问题、情绪管理、社会适应等。

（2）特色服务：预约家庭心理辅导专业服务。对在电话或来访咨询服务中确认需要进行心理辅导的对象，按不同类别约请专业人士进行辅导。

（3）亲子论坛："与孩子的心灵对话"家庭教育亲子论坛，每月举办一期围绕家庭教育中的热点问题进行的亲子讨论活动，组织专家点评指导，搭建家庭成员平等沟通的平台，从而提高家长科学教儿的实效性。

（4）家长沙龙：以"家庭心理辅导"丛书为蓝本，组织市家庭教育讲师团成员或相关领域的专业人士编写系列课件，以"走出去"和"请进来"的方式，面向社区、团体开展家庭教育知识讲座，普及家庭教育知识。

（三）运行机制

佛山市家庭教育指导中心运行机制的核心就是项目运行，设立了家庭教育指导服务项目工作组，由市妇联分管儿少部工作的领导任组长，儿少部负责人、市儿童活动中心负责人任副组长，通过项目的实施，增强妇联社会服务功能。

该中心本身实际上就是一个项目的产物，该项目的名称为："心手相牵·共同成长"家庭教育服务项目。佛山市家庭教育指导中心通过一个个项目，运用社会工作理论与方法，整合各个方面的资源，达到中心所设定的目标。

三、家庭教育指导中心的作用

佛山市家庭教育指导中心发挥了以下几个方面的作用：

第一，为服务对象提供了个案咨询特色服务。个案咨询服务是家教中心的特色服务，也是日常的工作。中心负责接待群众来电、来访，接访的老师（志愿者）和来访者及时沟通，切实有效地解决群众的需求。至2015年，中心共处理接访个案587宗，1495人次。通过个别面谈和电话接访等形式，就亲子关系调适、学习问题、环境适应能力、青春期性健康教育、婚姻恋爱等方面的问题，为群众释疑解难，有效帮助群众，营造和谐家庭及良好的社会氛围。

第二，传播了科学的家庭教育观及相关知识。佛山市妇联家庭教育中心组织家庭教育专家、心理咨询专家参与举办现场咨询活动，为群众解答困惑，广泛宣传科学家庭教育知识。同时，积极配合并参与佛山市民政局、社科联、教育局等部门组织的"为民服务日"、"科普周"、"教博会"活动，大力宣传科学的家庭教育观。

中心成立后承接"与孩子的心灵对话"论坛工作。该论坛于2005年5月启动，由市妇联与佛山电台合作，以现场论坛和录播相结合的方式，每月一期，每月一论题，在学校和社区举办家庭教育活动，搭起家长与孩子互动式的沟通桥梁，鼓励孩子在家长们面前勇敢地讲出心里话，使家长们倾听到平常没有听到或者忽视的孩子的真实感受，并通过专家评论引导家长反思教育方式，引导孩子正确理解父母。论坛迄今已举办138期，涉及孩子成长过程中热点难点问题，参与群众约4.1万人次，每期的论坛活动均在电台该周的"我家的小太阳"节目播出,在社会上引起了良好的反响。中央电视台《少儿节目》栏目还专门进行了采访。

2009年,中心开发了家庭心理辅导课程项目小学生家庭、幼儿家庭教育2个系列11个专题的课件基础,选定禅城、南海区妇联以及市儿童活动中心幼儿园4所小学和4所幼儿园作为推广项目系列课程的试点学校,投入项目经费给予支持。同时,组织了一支近70人的以学校教师为骨干的讲师队伍,有计划、有安排地进行培训讲座;开展服务社区的儿童工作,设立25个"社区儿童德育中心"作为儿童工作的实体模式,将儿童工作推进村庄、社区。

2010年,中心大胆探索上门家访的外展服务形式,先后对10名求助者进行上门服务;组织家庭教育志愿者参加了第二届佛山市教育博览会、"为民服务日"户外现场咨询、儿童活动中心现场咨询等活动,共接访个案43宗,惠及约83人次。

2011年,中心争取市财政专项资金60万元支持家庭教育发展,举办"大爱父亲"佛山市家庭教育巡回报告会,开展"百场家庭教育大讲堂进村(居)"送课活动,带动全市授课596场,直接受益人数达48400人;在举办"与孩子的心灵对话"亲子论坛的同时,创建"幸福沙龙"家庭生活教育公益讲坛,与市民共同探讨家庭关系调适、亲子教育、妇女教育、人际环境适应等专题,引导群众树立正确的幸福观。"幸福沙龙"家庭生活教育公益讲坛每周一次,已持续举办了35期,受益群众近3000人次。

2012年,中心打造品牌,拓展家庭教育服务,以精品讲座下基层活动为引领,深入推进"家庭教育大讲堂进社区(村)"活动,巩固提升"与孩子的心灵对话"、"名师讲堂"、"幸福沙龙"等品牌活动,为基层普及家庭教育提供工作资源。全年,市妇联举办"与孩子一起快乐成长"2012家庭教育巡回报告会5场、举办"与孩子心灵对话"论坛11场、"名师讲堂"12期,受益群众近万人;开展"家庭教育大讲堂进社区(村)"送课活动605场,受惠家长4万多人次;举办"幸福沙龙"讲座及下基层活动50场,受惠群众达9500多人次。

第三,从2010年中心开始尝试以小组工作方式服务群众。"中心"举办"家长沙龙",邀请家庭教育、心理专家现场指导。活动让家长有平等的意识和共同体归属感,提供组员自我改变及"被肯定"的社会场景,创造相互帮助、共同成长的学习机会。在"家长沙龙"中,家长们积极投入,踊跃发言;除了专家的辅导外,家长之间进行互动,家长与孩子之间互动,孩子之间进行互动。家长们都纷纷表示这样的"沙龙"非常好,收获大。

为进一步扩大"家长沙龙"成效,让更多的家长受惠,中心将服务外拓,物色有需要的学校、社区开展"家长沙龙"活动,与佛科院心理学系专家团队合作开发了小学中年级沙龙式课件,通过互动、分享、提问、讨论等形式开展教育活动。

2013年该项目进一步向基层推广,先后在高明区、三水区举办"家长成长沙龙"。从6月至11月在三水乐平、高明沧江附小举办沙龙12场,受益家长70多人次。

第三节 "妇女之家"

相对维权工作站与家庭教育中心,"妇女之家"的建立要晚一些,但是,其建设的速度却十分快,成效显著。从"妇女之家"的建设过程、各区"妇女之家"工作特色及"妇女之家"的典型来看,其已经成了社会工作理论与方法本土化的重要平台。

一、"妇女之家"的建立与建设

2010年3月7日,纪念"三八"国际劳动妇女节100周年大会在北京人民大会堂举行,时任中共中央总书记的胡锦涛发表讲话,提出要"把妇联组织建设成为党开展妇女工作的坚强阵地和深受广大妇女信赖和热爱的温暖之家"的重要指示。2010年10月,全国妇联下发了《关于在党群共建创先争优活动中建设村、社区妇女之家的意见》,要求各级妇联组织要在党群共建创先争优活动中,依托村级组织和社区活动场所建设妇女之家,加强妇联基层组织阵地建设。显然,建设"妇女之家"是新形势下妇联组织工作重心下移、服务基层的有益探索,是基层妇女组织制度的创新之举,是社会治理的创新之举,也是党群共建创先争优活动的一个亮点。

佛山市妇联一直高度重视基层组织建设工作。在接到广东省妇联下发的《关于在党群共建创先争优活动中建设村、社区妇女之家的通知》后,便迅速部署、积极谋划,启动了在全市各村、社区创建"妇女之家"的工作。佛山市妇联于2010年10月向各区下发《关于在全市村、社区建立"妇女之家"的通知》,要求全市各村、社区妇代会(妇联)依托村、社区活动中心、妇女学校等场所,按照"四有"标准,即有固定活动场所、有开展活动的必要设备、有健全的管理制度、有丰富多彩的活动,挂牌建立"妇女之家"。在各级妇联的共同努力下,至2010年年底,佛山市五区(顺德区为广东省综合改革试验区,2011年起顺德区妇联工作单列开展,佛山市妇联此后主要负责禅城、南海、高明、三水四个区"妇女之家"的指导建设)的村、社区均实现"妇女之家"全覆盖。佛山市妇联还拨给每个区2.5万元的成立经费,以促进工作的顺利开展。(引自李晓春《佛山市基层妇女组织制度创新——以"妇女之家"的建设为中心》,佛山市妇联2012年课题)为规范"妇女之家"建设,佛山市妇联制定并下发了《佛山市村、社区"妇女之家"管理手册》,指导各"妇女之家"规范建设。

经过几年的努力,佛山市"妇女之家"的建设已经取得了可观成果。据有关调查显示,87.5%的"妇女之家"配备了1~3名专职工作人员,100%的"妇女之家"配备了1~3名兼职人员,有53.4%的"妇女之家"吸纳了社工参与。可见,"妇女之家"在人员配备上已能满足工作开展的需要。

社区在"妇女之家"专兼职人员配备方面要高于村约11个百分点(社区为93.8%、村为82.3%);在社工队伍建设方面,社区要高于村约12个百分点(社区为

60.7%、村为48.7%)。

佛山市"妇女之家"100%设有妇女学校、巾帼健身队和巾帼志愿服务队,86.8%设有妇女儿童纠纷调解员或联络员,100%在村、社区警务室设有家庭暴力投诉点,78.6%设有关爱儿童小组,70.3%设有妇女维权、家教专家指导队伍。可见,"妇女之家"的机构(工作组)设置情况总体良好。

在"妇女之家"的场地建设方面,活动场所有20平方米以上的占81.8%(不足20平方米的占18.2%),其中91.2%为与其他功能室共用。宣传栏有5平方米以上的占46%(3平方米以下的占46.6%、3~4平方米的占7.4%),其中67.5%为共用;办公设备和条件基本可以满足需要的占90.2%,但71.7%为与其他单位共用。共用是当前"妇女之家"工作与活动场地的常态,基本能满足女性活动的需求。而从村与社区的比较看,村"妇女之家"在活动场所、阅览室、办公设备方面比社区稍微差些。

在"妇女之家"工作制度方面,81.2%的"妇女之家"建立了组织制度,67.9%的建立了学习制度,48.9%的建立了例会制度,70.3%的建立了活动制度,58.1%的建立了档案管理制度,69.8%的设有单亲特困母亲家庭登记台账。(上述调查数据引自李晓春《佛山市基层妇女组织制度创新研究——以"妇女之家"的建设为中心》,佛山市妇联2012年课题)

在推动"妇女之家"规范化管理的基础上,佛山市妇联重点培养、宣传优秀典型,以点带面,促进整体工作水平的提高。到2015年4月,佛山市有省级示范点43个、市级示范点17个、市优秀"妇女之家"80个。佛山市妇联每年召开工作交流会,同时建立起能进能退的动态管理制度。南海区开展创建"星级妇女之家"活动,从2011年起,三年内完成"星级妇女之家"的全面创建。

近年来,为了应对新形势,佛山市妇联充分利用"妇女之家"拓展自己参与社会治理的深度和广度。一是创新组建模式。共建立了2个工业园区"妇女之家"、1个企业"妇女之家"、1个镇级"妇女之家"。二是构筑服务载体。积极引入社工服务机构,使"妇女之家"的服务更加专业化。三是大力推进妇女小额担保财政贴息贷款项目,帮助妇女解决就业创业问题。四是打造特色品牌活动。2013年、2014年,在全市"妇女之家"开展了特色活动项目评选活动,各地"妇女之家"积极创建符合本地妇女群众和家庭需要的特色活动,使全市妇女群众工作呈现蓬勃生机。关于各区"妇女之家"的特色,后文将有比较详细的陈述与分析。五是加强队伍建设。"妇女之家""三支队伍"不断发展壮大,至2014年年底,有巾帼健身队716支,直接参与近3万人;登记在册的巾帼志愿服务队567支,涉及10788人;妇女互助小组524个,组员达4491人。

二、各区"妇女之家"的特色

佛山市"妇女之家"的运作情况良好,禅城、南海、高明、三水四个区各具特色,而且取得了比较好的成就。

禅城区妇联充分发挥妇联的"联"字优势,不断整合、优化社会资源,通过参与政府购买服务、承接上级服务项目、联合民间公益组织、挖掘社区公共资源等措施,不断丰富和提升"妇女之家"服务的模式和内涵。如以政府购买服务方式开展"幸福禅城共成长"妇女成长工作坊等项目，与公益慈善组织合作开展"幸福树"、"爱心加油站"等项目，与国际NGO机构合作开展"小海星计划"等项目，与园区企业合作开展"幸福1站"等项目，与辖区单位联合开展"暑期家园"夏令营、"家庭厨艺大赛"等系列活动，组织岭南新天地商家成立商圈联合妇委会等。

南海区妇联利用"妇女之家"积极为妇女儿童和家庭提供专业的服务，引导"妇女之家"成立妇女互助小组，参与生产、生活、心理等方面的互助志愿服务，积极参与社区建设；鼓励"妇女之家"负责人参加社工资格考试，引入专业社工，逐步形成"妇工+社工+义工"的人才队伍和"传统经验+专业化技能"的工作模式。据统计，截至2014年4月，各"妇女之家"专业社工约72人，购买服务的社工约64人。西樵镇东碧社区"妇女之家"结合社区实际，整合社会资源组建了"东碧红太阳互助社"，引入专业社工，围绕"幸福减压，健康生活"主题，开展各项关爱妇女特色活动。桂城妇联积极在服务中融入社会工作的专业性，在"妇女之家"开展第二期"简爱"特色妇女儿童服务项目，由街道妇联确定服务方向、投放启动资金、实施项目督导、进行项目评估，由社区妇联根据社区妇儿需求、结合社区发展特色，设计服务项目，落实项目实施，达到锻炼队伍、强化机制、丰富活动、优化服务的目标。第二期项目吸引15个社区"妇女之家"申报，聘请资深社工每月开展1次项目督导，全年累计开展督导20次，让社会工作理论融汇于实践，既培养了社工，又为妇女、儿童和家庭提供了专业的服务。

高明区是佛山首个妇女财政贴息小额担保贷款试点区，各"妇女之家"以此作为促进妇女发展的强有力抓手，全力做好宣传发动、资格初审和贷后跟进等工作。2012年项目启动至2014年，全区共有557人次妇女成功获贷，发放贷款3383.9万元，有效地解决了农村妇女创业和扩大生产过程中的资金瓶颈问题，使"妇女之家"工作真正赢得了妇女的信任。如更合镇妇联引入社会工作方法，在大幕村"妇女之家"开展小额贷款互助小组趣味天地活动，为贷款妇女搭建交流平台；歌乐村"妇女之家"积极通过小额贷款带动和帮助妇女创业就业、增收致富，至2014年度已有59人次妇女成功贷款，贷款金额351万元，人数、金额均居全区各村居之首。同时，各"妇女之家"还借助资源展开活动，如岭南社区、明城社区、河西社区、合水社区等"妇女之家"借助镇（街道）家庭服务中心资源，合作开展手工制作、维权宣传、亲子活动、节日活动等，丰富辖区居民生活，推动"妇女之家"服务向社会工作专业化发展。

三水区各级"妇女之家"积极链接社会资源，开展各具特色的服务。其中，白坭镇富景社区"妇女之家"帮助了"地贫"女童小俐璇链接社会资源，筹措手术费用，至2014年年底，社会各界捐助小俐璇的善款总额已接近30万元，帮助她解决手术费用难题。西南街道张边社区和文锋西社区"妇女之家"根据当地居民实际需求，开展教育性、成长性、支持性小组活动，包括激发儿童创意手工小组、儿童专注力提升小组、外来女工减压小组、单亲妈妈互助小组、青春期教育小组、亲子沟通小组等专业小组活动的开展，为辖内居民群众提供了专业、有效的家庭辅导服务。其他"妇女之家"运用社区工作手法开展了形式多样的社区活动，包括家庭教育讲座、社工进驻校园、亲子义卖、新三水人共融、外国志愿者活动、各类主题社区宣传等特色服务活动，对社区共融、和谐、文明等起到了较好的促进作用。

三、典型的"妇女之家"

佛山市"妇女之家"有许多典型，由于篇幅所限，这里只对南海区大沥凤池"妇女之家"与禅城区兰桂社区"妇女之家"做简要的介绍。

南海区大沥凤池"妇女之家"位于大沥凤池村综合服务大楼内，目前有3个社工，3个工作人员和3个日常管理人员；设有心灵对话室、妇女儿童维权投诉点、爱心厨房、"四点钟学堂"。其运作的机制是：定期搜集村里群众的意见与建议，了解群众，主要是妇女群众的需求，根据群众的需求制定工作计划，开展工作，在满足群众需要的同时，尽可能将社会各种问题与矛盾解决、化解在基层。该"妇女之家"自建立以来主要做了以下几个方面的工作：

（一）情牵妇女，服务社会

2009年开始，大沥镇妇联开展了情牵服务热线进村居活动，凤池村积极响应。例如，2009年8月、11月，2010年4月举办大型露天现场咨询会，邀请教师、律师、医生和专职人员为群众提供家庭教育、心理访谈、法律援助、健康常识等咨询服务。这种送服务到家门口的做法受到了群众的欢迎。

（二）设立"家庭暴力投诉点"，运用社会工作理论与方法，维护妇女权益

凤池村妇联会充分利用社会资源，在"妇女之家"设立"家庭暴力投诉点"，联合村民小组妇委、警务室民警、妇女代表、法律工作者、巾帼志愿者等人员组成反家庭暴力工作网络站，切实维护妇女儿童的合法权益。据统计，"家庭暴力投诉点"访家庭暴力投诉3宗，家庭、邻里矛盾个案13宗，成功解决达16宗，解决率达100%。

（三）促进外来工及其子女融入社会

大沥镇凤池村地处大沥核心区域，毗邻大沥镇金融贸易区，位置优越，交通便捷。凤池村委会下辖凤东、凤西、西边、小布4个村民小组，户籍人口2868人，外来人口5200多人。外来工为凤池村的经济发展作出了十分重要的贡献，帮助外来工及其子女融入当地社会成了"妇女之家"最重要的任务之一。为此，凤池"妇女之家"专门开设了小凤凰乐园"四点钟学堂"托管服务班，学员以外来工子女为主，并为每个学员建立了"四点钟学堂"成长记录册。"四点钟学堂"定期为学员讲解本土的风土人情、传统习惯、优秀的非物质文化遗产，安排本土儿童与外来儿童进行手拉手联欢。小凤凰乐园"四点钟学堂"托管服务班采取"低偿收费，义工抵费"运作模式，即对学员收取很低的费用，以强化学员对"四点钟学堂"的珍惜；同时，学员的父母可以通过参加义工来抵学费。这属于一种创新性的综合性社会工作方法，它可帮助外来工及其子女增强对凤池的认同感与归属感；同时，加速本土群众对外来工及其子女的接纳。

禅城区兰桂社区"妇女之家"位于禅城区祖庙街道兰桂社区办公楼内，配备齐全，内有2000余册藏书，和300平方米的室外文体活动场，健身器材齐全。

兰桂社区是旧城改造的示范社区。社区拆迁后原居民大部分户口未迁出，但已搬到辖区外居住，部分为困难家庭，只留下居住在旧楼盘的100多户原居民，他们生活水平一般。新建楼盘已入住300多人，以中年成功人士、企业家为主，包括了外国友人、港澳台胞及来自京、津、浙等地的居民，形成一个小小"联合国"。由于社区大部分为新建楼盘，未来将有大量非本社区人口迁入。总体来说，人口素质相对较高，但新老兰桂人的经济收入、生活水平、生活方式及文化素质有较大的差异。

兰桂商圈商铺普遍规模不大，但大多是国内外知名连锁品牌店，企业文化深厚，自主权不大。由于是新进驻，对当地政策、历史文化了解不深，对社区工作有抗拒心理，亟待联结凝聚。社区归属感及凝聚力正处于形成阶段，商圈业态和居民构成决定了服务需求的多元化，服务要求更高，传统的工作方式已不适应这个社区的需要，需要载体和平台促进和加快聚合，减少过程中的阻力。

针对社区基本情况，有鉴于商圈大部分主管为女性，妇联大胆创新，积极探索，确立了"兰桂齐芳"工作模式。"兰桂齐芳"取其子孙兴旺、兰桂美德、美声传承光大之意。"兰桂齐芳"工作模式是综合性的社会工作模式，是一种创新，它集多种社会工作方法于一体。

该工作模式的切入点是：利用"妇女之家"带动性强的潜能，在商业服务圈成立商圈联合妇委会，以引领社区各项工作，力求在老城区升级改造中提升服务质量，从而推动老城区历史人文状态与现代商圈文化的共融，新兰桂人与老佛山人的共融，居住型社区管理模式与新型商圈社区管理模式的共融，实现多方共赢。

但是，以当时的基础，要在短时间内让大批商户加入联合妇委会并不现实，于是，社区妇联以"妇女之家"为平台，积极发动辖区中规模和影响力较大的丰诚物业公司、建设银行、金嘉酒店三家商户中有热情、有能力、有影响力的妇女骨干加入到联合妇委会来，搭建商家相互学习、交流、合作的平台，组织她们以及一批持观望态度的女骨干不定期聚会，互通信息，建言献策，社区根据她们的需求，积极帮助她们以及所在商户解决实际问题，为她们和商家送政策、送文化、送信息，积极邀请她们参加社区丰富多彩的活动，让她们感受社区的诚意，连接社会资源的能力以及服务水平。增强她们的归属感，使她们尽快融合，不断成长。

互信关系建立后，示范带动效应显现，社区进一步提高服务商户的能力，拓宽社区资源网络，积极为商家连接政府各项资源，平时做好辖区商户的基础资料的收集整理和分析，将各职能部门的任务分解，尽量为他们减负。同时，大力推动商社联盟的共同发展，短短的大半年，社区先后与10户商家开展各项社区活动，让社会、市民更了解兰桂商圈的商家品牌，提升商家知名度。这些措施吸引了越来越多人来到这个充满现代气息又完整保留了岭南特色古建筑群的岭南新天地游玩、消费，形成了商社互助共赢的局面。

到2015年4月，已有16个商户加入到联合妇委会，随着该平台不断扩大，凝聚妇女、服务妇女的范围逐渐拓展。同时，联合妇委成员单位积极回馈社会，8个联合妇委成员单位主动参与社区志愿活动，优先为辖区失业人员提供就业岗位，他们探访困难妇女儿童，多项活动由此开展，增加了商户和新老兰桂人彼此接触、交往的机会，促进了相互间的沟通了解，从而拉近新老兰桂人之间的距离，增进社区的文明与和谐，使社区形成积极向上的良好风气。

第四节 家庭服务中心

"妇女之家"与家庭服务中心的定位不同。"妇女之家"主要针对的是村、社区妇女，运用社会工作理论与方法为村、社区妇女提供专业的服务。家庭服务中心则针对全体居民，运用社会工作理论与方法为有需要的居民提供专业化、规范化的服务。与"妇女之家"一样，家庭服务中心是社会工作理论与方法本土化的重要平台。

一、家庭服务中心建设的过程

家庭是社会最基本的细胞，其本身也是一个微型的网络社会，这个微型的网络社会是社会大网络的基本组成部分，它的健全与否关系到整个社会网络是否能够顺畅运行。佛山市委、市政府一直重视家庭建设，并在2012年把"家庭服务中心"建设纳入民生实事。2012年4月，以佛山市委、市政府"两办"名义印发的《关于佛山市家庭服务中心建设的实施意见》（佛委办〔2012〕23号），明确"家庭服务中心"建设工作以妇联为主导、以社区为依托，与基层社会管理建设项目规划同步协调发展。2012年全市启动家庭服务中心试点，目标是每个镇（街）至少建立一个家庭服务中心；2015年初步建构起符合现代社会及家庭生活需要、具有本土特色的妇女儿童及家庭社会工作服务体系。

根据《中共佛山市委办公室佛山市人民政府办公室印发〈关于家庭服务中心建设的实施意见〉的通知》（佛委办〔2012〕23号）精神，经佛山市政府同意于2012年5月下旬建立了佛山市家庭服务中心工作联席会议制度。由市政府副市长担任召集人，市政府副秘书长、市妇联主席担任副召集人，成员单位包括市社工委、市民政局、市财政局、市妇联。联席会议办公室设在市妇联，负责日常工作。

成员单位职责分工如下：

市妇联：负责主导家庭服务中心建设，主要包括市级家庭服务中心的建设规划、制定服务标准、开展人员培训、业务督导、绩效评估，组建项目顾问团队和项目督导团队，为家庭服务中心提供资源性和支援性的专业服务支持等；组织家庭服务中心项目评估和发展战略研究；负责市家庭服务中心工作联席会议办公室日常工作。

市社工委：负责共同参与制定市级家庭服务中心发展战略和督导评估，把家庭服务中心建设纳入全市社会工作规划，统筹推进家庭服务中心建设与佛山市基层社会管理建设项目规划同步协调发展，协调市社工委各成员单位发挥职能作用，为家庭服务中心提供资源性和支援性的相关服务。

市民政局：负责共同参与制定市级家庭服务中心发展战略和督导评估，把家庭服务中心作为构建和谐社区的重要内容，纳入社区建设整体规划；建立完善综合性社会救助制度，培育发展社会组织和社工专业人才，充分发挥各级民政部门职能作用，为家庭服务中心提供资源性和支援性的相关服务。

市财政局：负责安排家庭服务中心建设项目市级工作经费，按照家庭服务中心项目运行情况将所需经费列入市妇联年度部门预算，并监督家庭服务中心建设项目市级工作经费财政支出情况。

市、区妇联与相关部门积极行动起来。2012年7月11日至23日，由佛山市妇联吴培英主席、陈湛穗副主席一行四人组成的检查小组前往禅城区、南海区和三水区实地检查推进家庭服务中心试点建设工作。

2012年9月12日，佛山市政府召开市家庭服务中心建设项目工作推进会议。佛山副市长、市家庭服务中心工作联席会议召集人麦洁华出席会议并讲话。与会人员有市家庭服务中心工作联席会议成员、联络员，各区分管家庭服务中心项目工作的领导、妇联主席。会议通报了市、区家庭服务中心项目建设推进情况，讨论了家庭服务中心项目建设过程中的存在问题，并对下一步加快家庭服务中心试点建设工作进行了研究部署。

2012年12月1日，佛山市妇联与香港家庭福利会签订了社会工作督导协议。根据协议，香港家庭福利会将就佛山市家庭服务中心的建设、管理、评估和社工服务提供专业意见，培训佛山市及各区家庭服务中心项目社工团队和督导人才，协助建立家庭服务中心支持性服务和资源性服务工作机制。此举大大提升了佛山市家庭服务中心建设专业化水平，对培养本土化社工人才有重要意义。从2013年2月份开始，香港家庭福利会委派资深社工每月一次到佛山家庭服务中心示范点对市、区项目社工团队负责人、家庭服务中心试点负责人和专职社工开展面对面的个案、小组工作督导。

2012年12月7日，佛山市家庭服务中心咨询委员会成立，并召开了第一次工作会议。来自香港、广州和佛山等地的9名专家出席了会议，共同为佛山市民生项目——家庭服务中心试点建设出谋划策。

该咨询委员会是佛山市家庭服务中心项目建设与发展的参谋、咨询和指导机构，由热心关注和支持家庭社会工作的9名专家组成，他们都是香港和省内外社会工作、心理、法律、家庭教育等领域的佼佼者，有着较高的学术造诣和丰富的社会工作实务经验。第一届委员会主任由香港单亲协会总干事余秀珠担任，副主任由广东省社工学会副会长、广东商学院副教授谢泽宪担任。咨询委员会成员主要以专题调研、协调议事、实地督导、撰写研究报告等方式为项目建设与发展提供专业咨询和决策咨询，协助佛山市妇联开展本土家庭社会工作研究，提炼本土家庭社会工作经验，推动家庭服务中心项目科学化、专业化、规范化发展。

2013年1月，佛山市委、市政府以两办名义印发加强社会建设六个配套文件，在《关于加快推进社会体制改革、建设服务型政府的实施意见》（佛办发〔2013〕14号）中提出"强化妇联组织在构建现代家庭服务体系中的职能，以妇联为主导、以社区为依托建立家庭服务中心，建构符合现代社会及家庭生活需要、具有本土特色的家庭社会工作服务体系"，充分体现佛山市委、市政府对此项工作的重视。

家庭服务中心作为民生实事备受各界关注，主流媒体（《佛山日报》、《珠江时报》、佛山电台、佛山电视台）多次对家庭服务中心的挂牌和运行情况作正面报道；同时，中国妇女报外文期刊也作了专题报道，着力提高家庭服务中心社会知晓度和服务参与度。

为满足家庭服务中心规范运作的需求，立足于推行全市均等、专业、优质的社工服务目标，做好提升家庭服务中心项目管理效能的规划，佛山市妇联自家庭服务中心建设项目启动初期，已确立以标准化推动家庭服务中心社会工作规范化发展的思路。2013年年底，佛山市妇联申报的"佛山市家庭服务及管理标准研究"项目获得2013年度佛山市技术标准战略立项，并取得资助经费支撑项目的研究工作，力求在家庭服务中心建设项目起步阶段，为各中心行政管理和服务提供有力的参考依据，缩短探索过程，有效实现优质社工服务均等化。

2014年，佛山市妇联主动牵头，组建由禅城、南海、三水和高明各区项目社工代表参与的家庭服务标准编撰小组。为了推进家庭服务标准化，佛山市妇联做了以下四个方面的工作：第一，在全市范围内选取不同服务模式的家庭服务中心开展调研，收集各家庭服务中心现行较为成熟有效的经验和制度，并听取各区各家庭服务中心对于标准化的期望。第二，对各家庭服务中心现行管理标准、流程进行全面梳理，围绕中心需求和项目发展需求整理关键环节的服务、管理标准清单，依据《服务业组织标准化工作指南》的要求搭建科学、完整、有机的标准体系。第三，标准编撰小组定期进行会商，分工编写相关的标准，并结合本土实际和专家指导建议，经过反复讨论研究关键指标，确保标准内容符合佛山当地实际情况。第四，邀请香港家庭福利会在本土内容基础上进行提升，主要针对服务管理增补完善专业性内容，并组织解读说明，使标准体系更具科学性和本土特色。

目前，全佛山市妇联主导建立家庭服务中心和同类社会工作服务机构共31个，其中，禅城区4个（含和盛企业社会工作服务中心、张槎海口村家庭服务中心）、南海区19个（含小候鸟驿站）、三水区4个、高明区4个。

按照建立一支多层次、分布广的符合本土社会工作服务需要的社工队伍的工作目标，市妇联推动各级妇联以项目带团队建设、购买社工组织服务等方式，组建三级家庭服务中心建设项目社工团队。到2015年4月，佛山市（不含顺德区）共有家庭服务中心项目社工共69人，其中市4人、区11人、镇（街）54人，具备社工资格46人。

二、家庭服务中心的运作机制

佛山市家庭服务中心的运作机制包括以下几个方面：

第一，妇联主导推进，各部门协调。市、区、镇（街）分别建立家庭服务中心工作联席会议制度。联席会议召集人由分管或联系妇联工作的党政领导担任，副召集人由妇联主席担任，成员由社工委、妇联、民政、财政等部门分管领导组成。联席会议主要职责为统筹、协调、组织、指导、督促、检查家庭服务中心建设和运行实施，研究制定有关家庭服务中心的发展规划和评估制度。各成员单位密切配合，整合部门资源，支持家庭服务中心建设。

第二，各级妇联明确职责，形成合力。各级妇联各负其责，市妇联负责项目建设规划、服务标准制定、人员督导培训、绩效考核等；区妇联负责指导各中心选址和建设、人员督导培训，提供资源性和支援性的专业服务支持等；镇（街）妇联负责项目运营管理、业务指导、工作交流等，确保建设进度和质量。

第三，打造专业人才队伍，设立专项经费。市妇联采取政府委托人民团体购买服务、以项目带队伍建设方式，建立项目咨询委员会和项目督导团队；区妇联建立项目社工团队，招聘专业社工担任专职人员；各镇（街）成立家庭服务中心专职工作团队。按照分级负责原则，各级政府财政采取政府委托人民团体购买社会服务方式设立项目专项经费，列入各级妇联年度部门预算，解决各级妇联项目社工团队和各家庭服务中心所需的人员经费、办公经费和工作经费等。

第四，建立工作规范，实现制度化管理。编印《家庭服务中心工作手册》，不断完善管理制度、队伍配置、服务内容等标准化建设内容，推进家庭服务中心台账管理规范化；建立市家庭服务中心信息报送制度和三级项目社工团队业务交流制度，及时研究项目发展现状和存在问题；综合项目咨询委员会多方专家及各区妇联的意见，制定《家庭服务中心评估手册（试行）》，并于2014年开展评估工作，有效推动了家庭服务中心的建设水平和服务质量的提升。

家庭服务中心根据其服务区域人口结构、服务特点，按照每个工作人员服务1万~1.5万人的标准配备专职工作人员，其中专业社工不低于50%。家庭服务中心通过个案、小组、社区工作手法，向社区居民提供社会服务。

三、家庭服务中心的主要作用

到2014年年底，家庭服务中心本土特色妇女儿童及家庭社会工作服务体系已成雏形，据不完全统计（未含顺德），已投入使用的家庭服务中心服务覆盖范围203个社区（村），服务总人数179万人，其中常住人口102万人，流动人口77万人。家庭服务中心主要的作用或成就有以下几个方面：

第一，强化家庭功能。家庭服务中心立足社区，面向家庭，以社会工作方法，为家庭及其成员提供婚姻家庭、权益维护、社会适应、家庭教育、儿童托管等多元化的专业社会服务。包括提供婚姻家庭咨询和辅导，支援面临危机的家庭，协助个人和家庭解决问题；开展家庭生活教育，巩固家庭功能，促进家庭和谐；普及家庭教育知识，开展家长教育，组织亲子活动，关爱单亲家庭、困难家庭、留守（流动）家庭等。

第二，促进社区融洽。佛山市各级妇联依托家庭服务中心服务实体和社会公益平台，组织开展社区教育和各类活动，满足群众精神文化生活和社区参与的需求，发展守望相助的和睦邻里关系，增强居民社区参与意识，提高社区的凝聚力和社区居民间的亲密度，培育关心社会和互助互爱精神。

第三，培育本土化社会工作人才队伍。为全面提升社会工作实务能力，聘请香港家庭福利会担任项目督导，针对三级项目工作团队成长需要开展实操性、系统性、延续性的督导培训。组建各类专业服务志愿者队伍和社区巾帼志愿者队伍，为开展各类教育活动和咨询服务提供支持。

第四，建立社会支持网络。家庭服务中心坚持以开放包容的理念有效链接政府行政和社会服务资源，吸纳社会组织和群众的参与，不断拓展家庭服务中心社会支持网络。佛山市妇联以及禅城、南海、高明区妇联分别孵化成立了社工服务机构，并以购买服务的方式承接本区域家庭服务中心的服务、培训和专业督导等工作。

家庭服务中心在社会治理过程中发挥了重要的作用，但还是存在制约家庭服务中心发展的困难。其中最主要的问题有两个：一是社工人才紧缺。当前社会建设需要大量社工人才，而佛山本市高校社工专业处于初建阶段，未有社工专业本科毕业生，外地招聘的社工一般年轻阅历少，不了解本土文化。佛山市仍未建立社工岗位聘用及薪酬指导统一标准，佛山市妇联等社会服务职能部门无专属社工岗位编制，各家庭服务中心按《关于家庭服务中心建设的实施意见》（佛委办〔2012〕23号）要求标准配备有一定难度，且社工人才容易向东莞、深圳等地区流失，不利于发展稳定、持续、专业的本土社会工作服务。二是部分镇街项目推进情况不平衡。截至2014年年底，禅城区、高明区基本按要求完成了"每个镇街至少建成1间家庭服务中心的"任务指标；三水区计划于2015年年底基本完成建设指标；南海区在项目推进建设力度大，家庭服务中心建设到部分社区。部分镇街家庭服务中心的工作经费到位较迟，经费数额未能满足日常专业服务开展，需要加强与政府及相关职能部门的沟通协调，努力争取当地政府对家庭服务中心项目的持续支持。

四、典型的家庭服务中心

佛山的家庭服务中心成立的时间虽然不长，但已经有了许多典型，由于篇幅所限，下面我们只简单介绍张槎街道家庭服务中心。

佛山市禅城区张槎街道家庭服务中心于2013年1月8日创办，是张槎街道妇联积极参与社会治理的新载体。中心按照"助人自助、拓展潜能、善用资源、和谐互动"的原则，为辖区的家庭及其成员提供婚姻家庭、权益维护、社会适应、家庭生活教育、儿童成长和社区参与等多元化的专业社会服务。

该家庭服务中心的服务理念是：妇儿为重，家庭为本，社区为基础。

该家庭服务中心有以下服务设施：

智慧树乐园：配备儿童书籍、益智玩具等，为孩子提供开发潜能、朋辈交流、娱乐等服务。

E度绿游：配置电脑和网络，为儿童和青少年提供学习电脑及绿色网络服务。

休憩小亭：配备各类书籍、杂志、报纸、沙发等，为家长提供憩、交流的场所。

心灵氧吧：由社工免费提供情绪疏导、婚姻家庭、亲子沟通、家庭教育、家庭危机干预等方面的咨询和辅导服务。

正能量加油站：提供各类促进个人成长、家庭发展的小组活动。

厨艺阁：配置各类厨艺所需要用品，提供家居照顾训练及各类兴趣课程。

在该家庭服务中心，社工主要以3种方法向服务对象提供服务：第一，个案服务，通过与服务对象的对话及辅导，调适服务对象与社会环境之间的关系，恢复和增强个人或家庭的社会功能。第二，小组服务，通过小组活动，利用组员之间的讨论、分析及互动，协助组员拓展分析事物的角度、提高解决问题的能力，学习与人相处的技巧，获得组员间的支援，从而实现个人成长。第三，通过组织服务对象参与社区活动，及早预防社会问题，社区居民以及社区本身可在活动中得到发展，凝聚社区力量。

张槎街道家庭服务中心经常展开调查研究，了解居民的实际需求，根据居民的实际需求开展相应的活动，下面是该中心一份活动预告表。

2013年9月活动预告表

时间	活动名称	主要服务对象	主要内容
9月中旬	残疾儿童亲子活动	残疾儿童及其家长	开展亲子活动促进残疾儿童家庭亲子之间的关系
9月中旬	"心系妈妈，我们在一起"妇女成长工作坊后续活动	全职妈妈和张槎辖区内的妇女	①学习编织手工艺 ②探访并送亲手制作的工艺品给孤寡老人
9月下旬	亲子沟通平行小组	张槎辖区内儿童及其家长	以平行并列的小组形式和合并的沟通训练，帮助参与家庭学习建立正面的亲子关系及学习亲子沟通的各种方法与技能
9月1日至9月28日	缤纷儿童成长营自信小组	3～6年级的小学生	透过游戏的互动来培养儿童的自信心

张槎街道家庭服务中心通过展开一系的活动，满足了服务对象社会性需要，帮助服务对象调适与社会环境的关系，使服务对象在活动中自我成长，春风姐便是其中的一个例子。

春风姐本来是一个全职妈妈，每天的生活就是在家里看电视，偶尔跳跳舞，不用做饭也不用接小孩，经常无所事事。自从参加张槎家庭服务中心的"全职妈妈共成长"小组后，她重新认识了自己，学习用电脑用手机，学习编织。后来，她成了社区志愿者，进行社区探访。有一次，其探访的对象遇到了困难，她便主动帮助探访对象向家庭服务中心和居委会求助，并最终为探对象解决了困难。这件事使她的心灵得到了一次质的飞跃，从此之后，她不仅参与张槎社区的志愿活动，还参加了佛山市禅城区的志愿者服务队与深圳爱心助学志愿者服务队。

第五节 外来女工流动学校

外来女工流动学校是佛山市妇联针对异地女性务工人员而建立的工作平台,在这个平台,佛山市各级妇联利用各种工作方法,帮助她们提高各个方面的素质,以便其更好地融入佛山。

一、外来女工流动学校的建立与建设

(一)外来女工流动学校建立的背景

改革开放以来,大批的外来工涌入佛山,截至 2009 年 8 月,佛山市常住人口为 595.29 万人,其中户籍人口 364.29 万人,流动人口 231 万人。外来女工在佛山市有近 106 万人,占全市总人口的 1/5,占外来人口的 46%(数据来自佛山市统计局的年度报告),她们分布在全佛山市各个不同的行业中,成为佛山社会发展中不可忽视的人群,她们的生存与思想状况不仅影响着其从业行业的发展,而且也直接影响着佛山市已经开展的"双转移"战略和"两转型一再造"、"广佛同城化"的进程。

调查显示,2009 年在佛山市生活和工作的外来女工年龄主要在 18~35 岁之间,18 岁以下人口占 7.76%,18~25 岁人口占 47.71%,26~30 岁的人口占 21.08%,31~35 岁的人口占 12.61%,35 岁以上人口占 10.85%。

她们的文化程度普遍偏低,其中,小学以下文化程度占 8.71%,初中文化程度占 45.69%,高中文化程度占 21.65%,职业高中占 10.21%,大专文化程度 8.27%,本科毕业的占 3.35%,本科以上的仅占 2.11%。这种情况决定了佛山市外来女工的收入状况总体来讲偏低。

这里有一种情况是需要特别注意的,那就是在女工群体替代的过程中,人员素质没有根本的变化,只是年轻人代替了年长者,在文化程度方面则没有变化。根据佛山宣传部 2006 年对佛山外来工的文化程度的调查发现,2005 年之前来到佛山的外来工群体同样是初中、高中文化程度为主的群体。但是,新来者与过去的人相比,在观念上存在着明显的差别,尽管她们也主要是为获得更好的经济收入而来,但新一代女工对土地的眷恋已经很少,基本上没有人愿意再回乡当农民,她们对城市生活有更多的向往,这就使得她们在接受再教育方面比上一批人有更强烈的愿望。这一点由她们对教育及培训的期待反映出来。

调查显示,愿意留在佛山的人高达 70%。对"如果失业了,你可能的选择是":45.44% 的人会选择留在佛山找其他工作,23.94% 选择离开佛山回家乡,有 13.86 的人选择学习一段时间后再在佛山找工作,有 11.79% 的人选择了只要能挣钱什么都干,甚至还有 3.96% 的人选择了宁可在佛山流浪也不回家,也就是说,有 70% 的人会留在佛

山。因此，这些人愿意接受何种教育，将会对佛山市的教育供给产生影响，那么她们希望得到的教育机会是什么呢？她们中有23.59%的人选择补习文化课，56.82%的人选择以当前职业技能为主的培训，还有12.11%和8.13%的人希望获得高等函授教育。这表明，女工们对职业技能的需求最大。显然，女工们对文化课补习的兴趣比对接受高等教育的兴趣要高，这种选择也表明女工群体对教育的实用性需求远远大于提高性需求。（上述相关资料来源除专门注出之外，其余参见耿爱先宁新昌《佛山市外来女工生存及思想状况调查报告》，载于《女性·和谐·发展——二〇〇九年佛山市妇女发展研究中心课题集》）

面对上述历史背景，佛山市妇联自2002年就着手建立外来女工流动学校。

（二）外来女工流动学校的建立与建设

2002年，佛山市妇联邀请资深的专家和导师成立市妇联讲师团，以贴近外来女工生活实际的妇女保健知识和法律法规知识作为主要培训内容，开始创建外来女工流动学校。2002年7月，佛山市被广东省定为省妇联与英国合作开展打工妇女权益保护项目的试点单位。根据实施项目的要求，制定该项工作的方案，深入到企业单位调查摸底，建立了佛山市第一针织厂、佛山市普立华照相机有限公司外来女工流动学校。

2004年2月份，佛山市妇联与佛山市司法局、佛山市普法办公室联合制定下发了《佛山市开展"打工妹与法同行"活动方案》（佛妇〔2004〕5号）。活动方案要求从宣传、教育入手，进社区、进企业，为女工创造学法、知法、用法的条件和环境，狠抓"五个一"活动。其中创建一批外来女工流动学校是"五个一"的重点，为此，提出了各区的镇、街道于2004年7月前至少创建1间外来女工流动学校的要求。各区妇联根据这一要求，结合本地实际情况，也制定相应的工作方案，积极开展外来女工流动学校的创建工作。当年7月，为了推动各地妇联积极创办外来女工流动学校，把"外来女工与法同行"系列活动落到实处，根据省妇联下发的《关于外来女工流动学校创建指引》的要求，佛山市妇联成立了外来女工流动学校工作领导小组，由佛山市妇联分管领导任组长，分管外来女工流动学校创建工作，由佛山市妇联维权部部长任联络员。同时，下发了《关于加强外来女工流动学校建设的通知》（佛妇〔2004〕21号），对佛山市创建外来女工流动学校提出了选址挂牌、监测和反馈及流动学校管理等要求，使外来女工流动学校创建工作既规范又有声色。

为充分利用资源，使更多外来女工受到培训，佛山市各级妇联采取了灵活多样的形式，利用不同的培训载体进行办学，直接到企业挂牌办学（一间学校一个企业）和在镇、街道挂牌，集中部分企业女工上课或分散到一些企业上课（一间学校多个企业）的办学路子。如市直、顺德区、三水区就采用了第一种办学形式，禅城区、南海区、高明区即采用了第二种办学形式。到2004年11月，佛山市已创建"外来女工流动学校"45间，其中以镇（街道、区）为单位挂牌的有27间，以企业为单位挂牌的有18间，共上课70次，受教育女工达15000多人次。外来女工流动学校开学以来，每次参加培训人数有增无减，受到广大流动妇女的欢迎。目前，此项工作还在继续推进，顺德区和禅城区又各有1间外来女工流动学校准备在11月开学。

2005年6月27日，佛山市妇联下发《关于加强外来女工流动学校工作的通知》，对进一步加强佛山市外来女工流动学校的工作，提出如下要求：

1. 推进外来女工流动学校创建

各区妇联年内在流动妇女集中的企业、社区、镇（街道）创建妇女学校不少于2所，市妇联将给予各区4000元经费支持。各区妇联做好流动学校的创建计划（包括每所学校的办班规模、课程设置、师资力量、启动时间、学校地点等）。

2. 加强外来女工流动学校的管理

各区妇联要加强对已建外来女工流动学校管理，保证其教学活动正常进行，市妇联拟按照每所学校1000元的额度给予支持，各区妇联要切实指导各学校开展学习培训；各区要建立示范校1~2所，每所增拨1000元教学经费。

3. 加强对重点地区流动妇女的宣传教育工作

市妇联下半年在"防拐项目"开展基线调查的4个镇（街道）（南海：桂城、狮山，顺德：大良、乐从）开展流动妇女普法宣传教育和有关教育活动，提高流动妇女的素质。市妇联将从专项经费中拨给上述各镇（街道）12000元，支持开展相关活动，并要求各创建1所以上流动妇女学校。

到2007年为止，佛山市妇联创建外来女工流动学校共66所，其中市直3所、禅城区10所、南海区17所、顺德区15所、高明区11所、三水区10所；其中在镇（街）妇联建立的有29间，在企业建立的有26间，在村（居）委会建立的有11间。平均每间外来女工流动学校开展2次以上培训，每次培训达490多人。

二、外来女工流动学校的功能

外来女工流动学校主要有以下几个方面的功能：

第一，传播相关知识。佛山市"外来女工流动学校"培训的内容设置有妇女卫生保健、法律保护、妇女"四自"精神和如何处理恋爱与婚姻家庭关系四方面。妇联不但安排必要的课程进行授课，而且还给女工赠送了大量学习资料。据统计，赠送给外来女工《打工妇女权益20问》《外来女工权益100问》15000多本和《打工姐妹远离职业病》《打工姐妹远离艾滋病》《外来女工保健手册》《外来女工权益知多少》《学会保护自己》等小册子近52000本，仅南海区就发放了30000本，还编写印刷有关妇女卫生保健知识和流动人口计划生育宣传资料18000多份发送给外来女工，让流动妇女在工作之余随时随地学习。几年来，全市外来女工流动学校共授课756次，参加培训的外来女工近17.3万人次。

通过举办外来女工流动学校，使外来女工既懂得了女性青春期及成年期保健知识，又掌握有关法律知识来保护自己以及处理恋爱与婚姻家庭关系的知识，同时树立了"四自"的精神。通过送书、学习资料和举办有奖知识问答活动，既增加了她们一份工作之余的精神食粮，又为她们学习法律、保健等知识提供了方便，同时激发她们学习法律知识的兴趣，收到了良好的效果。

第二，开展各种活动，丰富学习内容。为了丰富女工学习内容和更好地巩固女工培训的知识，同时进一步激发女工对外来女工流动学校的兴趣，不少企业流动学校以开展技术培训、有奖知识问答和文体文娱活动，丰富女工流动学校的学习内容。如佛山市东亚股份有限公司外来女工流动学校为了促进新进厂外来女工尽快掌握技术，组织入厂一年以内的新女工进行打结、修布比赛，凡进入前三名的都给予奖励，鼓励她们学好技术学好本领增强竞争力。除了开展技能比赛外，还组织举办歌咏比赛，同时还组织游泳、田径、乒乓球等体育活动。南海区17间外来女工流动学校还在课堂上进行有奖知识问答，活跃了学习气氛。此外还有不少流动学校也举行类似的各种各样丰富多彩的活动。

通过流动学校组织各种各样的活动，既丰富了女工的学习生活，也为女工展示才华提供了宽阔的舞台，满足了外来女工社会性与文化性需要，使外来女工流动学校在帮助女工提高自身的综合素质、塑造良好形象上起到了积极的作用。

第三，为社会工作理论与方法运用提供了平台。2010年，佛山市妇联在开展"加强人文关怀改善用工环境"项目的基础上，结合佛山市妇联系统的工作实际，持续开展"从心关怀"外来女工工程。在这个过程中，社会工作方法得到了充分的运用。佛山市妇联"从心关怀"工程实施方案规定：通过社会调研、送课到基层、小组工作坊、社会论坛以及外来工子女暑期活动，以权益维护、情感关怀、生活关怀、文化关怀等为专题，进一步促进外来女工全面发展，提高她们解决实际困难能力，增强外来女工的幸福感和归属感；引导外来女工有序合理地表达利益诉求，形成企业依法管理、女工依法维权的良好氛围；通过不断增强女工的法制意识和心理调适能力，切实维护女工的合法权益，调动女工积极性，进一步督促和引导企业完善现代管理制度，推动社会形成关爱外来女工的良好风气，打造富有妇联特色的对外来女工服务的品牌。

其中特别提到：

（1）各区妇联以外来女工为主要服务对象，运用社会工作方法，至少组织一期小组工作坊。各区妇联在探索、学习小组工作的基础上，以压力和焦虑、婚姻关系、亲子教育等为主题设计小组工作，为外来女工建立支持系统。

（2）组织一次外来女工拓展活动。佛山市妇联通过组织实地参观、联谊交流等方式，组织一次外来女工拓展活动，到具有代表性的景点参观或体验生活，提升对佛山了解的深度和广度，增强对佛山的认同感、归属感和热爱之情。

第三章 社会工作理论与方法本土化的支撑系统

社会工作理论与方法的本土化不仅需要嵌入妇联已有的工作平台，而且需要借助妇联建立起来的工作支撑系统，并与之充分融合。从对佛山市妇联的考察来看，社会工作理论与方法本土化的支撑系统由六个部分构成："妇工"队伍、社工队伍、志愿者队伍、科学研究队伍、社会支持体系及服务对象。关于服务对象在社会工作理论与方法本土化过程的支撑作用，在本书第四章至第八章均有不同程度的陈述与分析，这里不再单列一节，以免重复。

第一节 "妇工"队伍

"妇工"是妇女儿童工作者的简称，其主体是各级妇联的领导与工作人员，她（他）们构成了一支庞大的"妇工"队伍，自上而下渗透到社会的各个层面。从对佛山市妇联的考察来看，"妇工"队伍是社会工作理论与方法本土化的关键。为了充分发挥"妇工"队伍在社会工作理论与方法本土化过程中的关键性作用，佛山市妇联力图建设学习型的"妇工"队伍。

一、"妇工"队伍在"妇工+社工+志愿者"运作机制中的作用

"妇工+社工+志愿者"运作机制是佛山市妇联工作思路的一大创新，它开创了维权工作新格局，是社会工作理论与方法本土化的关键之所在。在这个运作机制中，"妇工"队伍起着关键性作用。

首先，"妇工"队伍起着引领者的作用。"妇工"长期从事妇女儿童工作，对妇女儿童的情况有比较深切的了解，对妇女儿童的诉求有正确的把握。同时，从佛山市各级妇联近年来开展社会服务的情况看，妇女工作者阅历和工作经验丰富，对党委政府方针政策和中心任务理解深刻。

其次，妇联是一个枢纽型组织，"妇工"队伍在社会工作理论与方法本土化过程中起了承上启下、左联右结、沟通信息、提供平台、提供品牌、提供项目与服务等枢纽性作用。

在对佛山市妇联的考察与研究的过程中，我们发现枢纽型组织有以下几个功能性特征：

（1）相关政策汇集与散发中心。佛山市妇联是政策型的枢纽。由于妇联的特殊性，具有独特的政治优势，使之能参与相关的法律与政策的制定，因此，妇联对相关的法律与政策相对于其他的社会组织来说也更为熟悉，从而使得"妇工"队伍能够比较熟练地运用法律与政策开展工作，并对其他社会组织进行引导、服务和管理。

（2）相关信息的汇集与散发中心。来自佛山市妇女、儿童、家庭的相关信息汇集到佛山市妇联，妇联工作人员对这些繁杂的信息进行分类加工，进行逻辑化与结构化，然后将这些分类与处理好的信息散发到政府相关部门、立法与司法机构和其他枢纽型社会组织。同时，来自政府相关部门的相关信息与来自立法与司法机构的相关信息也汇集到妇联，妇联则通过供咨询、讲座、培训、散发传单、举办各种活动等形式，将信息传递到佛山市妇女、儿童与家庭，并力争让传播对象了解与理解，并最终能加以运用。

（3）相关资源汇集与分配中心。由于历史与现实的原因，相对其他妇女组织，佛山市妇联具有资源优势，特别是相对于新生的、力量弱小的社会组织而言，妇联可以通过提供孵育支持、人才培养、资金募集、制度建设等策略将其他的社会组织团结在自己的周围。例如，由于历史与现实的原因，佛山市妇联本身就是一个大品牌，相对其他的社会组织，特别是相对新出现的社会组织，具有难以比拟的公信力。这种大品牌具有极强的凝聚力，可以吸引其他社会组织，特别是新生的、力量弱小组织的加盟。例如，妇联主持的许多项目中，有些是妇联自己开发的，有些则是政府转移与让渡的。这些项目有极强的针对性与渗透性。新生的社会组织与力量弱小的社会组织手中的项目少，自己开发新项目有一定的难度，而佛山市妇联可以通过标化与制定化的管理，将手中的项目"分包"给这些社会组织。

（4）相关服务的提供中心。近年来，佛山市妇联强化了自己服务的功能，使自己成了相关服务的提供中心，这些服务主要包括咨询、讲座、培训、心理介入、扶贫济困、救危扶难、权益维护、提供法律与政策性援助，等等。

（5）针对妇女、儿童与家庭活动的制动中心。佛山妇联通过详细的调查研究，充分了解服务对象的需求，并对纷繁的需求进行分类，有针对地展开各种活动，解决不同问题，以满足服务对象的需要。随着佛山市妇联各项活动的启动，佛山市政府的相关部门、各区镇的妇联组织等亦进入激活状态，它们或参与、或配合、或协调，在佛山市妇联的指导下自主地展开相应的活动。

（6）"妇工"队伍学习社会工作理论与方法，参与具体实务，是社会工作理论与方法本土化的参与者、推动者与创新者。

二、学习型"妇工"队伍的建设

为了满足服务对象的需要，顺应形势的发展，佛山市妇联一直努力建设一支学习型"妇工"队伍。

第一，优化学习环境。佛山市妇联成立了学习型党组织领导小组，由党组书记担任组长，领导带学促学，营造良好学习氛围。通过集中学习与个人自学相结合的方式开展了一系列学习活动，调动起干部的学习热情。建立了妇联图书阅览室，购置了一批内容涉及经济、政治、历史、文化、科技、社会和国际等方面知识书籍供干部职工阅读学习；为分管领导、业务科室和工作团队订阅《中国社会工作》杂志，同时要求党员干部制定个人学习计划，撰写心得文章。佛山市妇联高度重视"书记项目"——"培养本土社会工作专才，提高妇联服务社会能力"的建设，通过组织多种形式的学习、研讨、实践，提升妇联干部社会工作能力水平与专业素养，打造敬业、热情、服务意识强、专业水平高的妇联专属社会工作人才队伍，全面提升妇联服务社会的能力。

第二，认真落实集中学习制度。佛山市妇联根据机关党委制定的学习计划，分步开展不同主题的学习实践活动。按照佛山市委有关要求，有序落实好本单位党委中心组学习、党员学习、纪律教育月等常规学习制度。充分利用现代远程教育平台、宣传教育视频等资源，组织党员干部开展学习讨论。每个月召集中心组成员召开研讨交流例会，通报工作及学习落实情况，交流业务工作经验，探讨热点话题，传达上级有关精神。

第三，建立个人自学制度，激励干部职工自我提升。佛山市妇联领导班子深刻意识到妇联自身队伍社会工作的能力与水平如何，对妇联工作的转型发展起着举足轻重的作用。为此，自2008年起推动妇联干部参加全国社会工作者职业水平考试，还制定了《关于鼓励干部职工在职学习（培训）的奖励办法（试行）》，对自主参加学历晋升学习考试及有关专业技术资格考试的同志进行奖励。在领导干部的带动下，近年市妇联系统工作人员报考全国社会工作者职业水平考试热情高涨，尤其是市妇联机关。工作人员下班后抱书学习、互相交流的情景比比皆是，领导与基层干部也经常讨论专业社工理论和方法在实际工作中的应用问题，学习研讨氛围浓郁。截至2015年5月，通过集中学习与自学相结合，佛山市妇联机关在职人员中具备社会工作师资格的共13人、助理社会工作师资格的8人，其中中层干部100%考取了社工师资格。

第四，"走出去"与"请进来"。这一点在本书第一章第二节已经做了比较详细的陈述，这里不再重复。

第五，重视编印学习资料，营造搭建内部交流平台。重视工作调研，每年委托佛山市妇女发展研究中心围绕妇联社会服务工作开展课题立项，出版了以佛山市妇联为主要考察对象的《组织行为动力、模式、类型与效益研究》教材。每年编印"维权个案汇编"和"小组工作案例"供内部学习交流，每月编制一期"维权园地"和"家庭服务中心工作简报"，通报妇联系统社会工作信息，刊登社工心语，营造共同学习进步氛围。

在日常工作中，定期举行工作分享会，分层、分类组织一线工作人员交流运用社会工作方法开展个案工作、小组工作和社区工作的实践，汇编典型个案供学习之用。

充分应用信息化技术手段，如微博、网站、QQ群、微信等新媒体，丰富了党员学习路径和资料，加强互动交流，提高学习效率。

第六，实训活动。组织机关党员干部到妇联系统的维权工作站、家庭服务中心、家庭教育指导中心等各个服务窗口参与一线社会服务工作，动态了解社情民意，提升妇联党员干部的理论水平和对发展形势的敏感度、判断力。

通过多年社会工作专业知识和技能的学习，佛山市妇联系统工作人员学会了运用平等、尊重、民主、诚信、助人、自助的理念去开展群众工作，在维权服务、婚姻家庭关系调适、家庭教育、妇女素质提升等方面，能够根据服务对象的处境，开展预防性、发展性及补救性的社会服务，既在满足妇女儿童及家庭日益多元化的服务需求方面发挥了作用，也为妇联参与社会治理增创了新优势。

第二节　社工队伍

如果说"妇工"是社会工作理论与方法本土化的促进者、引领者，那么，社工就是社会工作理论与方法本土化的基本与核心力量。佛山市妇联为保证"妇工＋社工＋志愿者"机制运作顺畅，着力建设一支本土的社工队伍。

一、社工在"妇工＋社工＋志愿者"运作机制中的作用

在国际上，通常称专业从事社会工作的人才为社会工作者，简称社工。在"妇工＋社工＋志愿者"运作机制中，社工起着核心作用。

首先，社工掌握了社会工作的理论知识，系统学习过社会学、心理学、行为学等专业课程。

其次，社工系统地学习过社会工作的各种方法，了解各种方法的优点与缺点，了解各种方法适用的对象与情景。

最后，经过长期专业化的学习与培训，绝大多数社工已经形成了职业化的人性组合形态、心理结构和行为模式，向服务对象提供专业化服务已经成了他们内在的需要。

以上三点，使得社工在实际的工作中能够充分运用社会工作理论与方法，专心、细心、耐心为服务对象提供专业化的、贴心的服务。

二、本土社工队伍的建设

虽然社会工作者在"妇工＋社工＋志愿者"运作机制中起了核心作用。就目前的情况来看，社会工作仍处于起步阶段，专业社工配置人数有限，社会工作者缺乏实践经验。要使"妇工＋社工＋志愿者"运作机制充分发挥作用，建设一支强而有力的社工队伍就十分必要。

近年来佛山市妇联结合履行职能所需，注重在实际工作中培养一支多层次、分布广、符合本土社会工作服务需要的社工人才队伍。

（一）按照职业化、专业化的要求打造本土社工队伍

第一，佛山市妇联通过社会公开招考遴选高素质社工人才，保证市维权工作站配

备4人，区站配备2人，镇（街道）站配备1人，全部为大专以上学历。目前37名工作人员中，具有社工资格的有15名，其中社工师8名、助理社工师7名。

第二，抓教育培训建专业形象，以"提高专业理念，提供专业服务"为重点，重视对现有妇女工作者和社会工作人才队伍进行系统在岗培训，通过"封闭式"、"体验式"、"专题式"等多种形式进行专业化培养，强化专业技能和知识提升。佛山市妇联仅在2012年，就举办社会工作实务培训、社会工作督导培训、社会工作资格证考前培训和家庭服务中心岗位业务培训班等共10期，培训社会工作人才约1000人次。

佛山妇联鼓励符合条件的工作人员积极参加国家社会工作师、心理咨询师等职业资格考试。目前，全佛山市妇联系统考取社会工作职业资格者共75人（不含顺德区），其中初级社工师36人、中级社工师39人。在全市同类组织中率先培育了一支职业化、专业化的社工人才队伍。

第三，建立督导制度，聘请专业资深社工、心理专家为一线社工进行行政业务督导和情感支持。佛山市妇联每两个月为市工作站的工作人员开展一次小组督导，每季度组织市、区、镇（街道）三级工作站的工作人员进行一次专题培训，提供业务指引和情感支持。

（二）建设实践基地

社会工作者运用社会工作方法需要实践基地。佛山市妇联因地制宜，结合本土原则，将市、区、镇（街）三级维权工作站、佛山市家庭教育指导中心、"妇女之家"、家庭服务中心及外来女工流动学校建设成为社工的社工的实践基地，为社会工作队伍建设提供了广阔锻炼成长的舞台。

第三节　志愿者队伍

妇联面向妇女儿童家庭服务，工作领域广泛，但是，妇联的资源又十分有限，需要借助社会力量开展妇女儿童工作，因此，建立一支志愿者队伍显得十分重要。长期以来的实践证明：志愿者队伍在市妇联开展服务的过程中发挥了不可或缺的作用。就社会工作理论与方法本土化而言，志愿者队伍是不可或缺的支撑性力量。

一、志愿者队伍的建设

经过长期不懈的努力，佛山市妇联建立了一支庞大的志愿者队伍，这支队伍包括法援志愿者、热线志愿者、家教志愿者、心理咨询志愿者和户外志愿者，从而形成了一个完整的志愿者支撑体系，推动佛山市各级妇联运转。

其中，最早建立的是佛山市妇联法律援助志愿者队伍，这支队伍于2003年3月8日成立，是由佛山市司法局一批具有高度责任心和专业知识的法援律师志愿者组成，以团队的形式开展志愿服务，至今已有10多年的工作经验。

2005年，佛山市妇联建立热线组志愿者队伍，随后，又建立了家教组志愿者队伍和心理咨询组志愿者队伍与户外组志愿者队伍，并不断加强志愿者队伍建设。

总体来说，佛山市妇联在志愿者队伍建设方面做了以下几个方面的工作：

（一）完善管理，规范运作

2010年，佛山市妇联制定了《佛山市妇联系统星级志愿者晋升办法（试行）》，举办了第一期心理咨询志愿者培训班。

2012年，为了进一步加强志愿者队伍的建设，提高志愿服务效能，佛山市妇联根据志愿者队伍发展的实际需要，在广泛收集各基层妇联意见的基础上，对原有的志愿者队伍章程、晋升管理办法、志愿者管理细则和服务守则进行了修订。修订后的晋升办法增加了星级志愿者团队晋升的内容，对组织机构、晋升原则、晋升条件、服务类别、服务时数的统计等方面进行了补充和完善。

（二）巩固品牌，突出专业

佛山市妇联充分发挥志愿者整合社会资源的优势，挖掘和调动志愿者的积极性，因地制宜，积极打造志愿服务品牌，开展内容丰富、形式新颖的特色志愿服务。2012年10月15日，佛山市妇联与广东凯坤律师事务所签署了志愿服务合作协议，通过"回复市民邮件解答法律咨询、定期预约当面交流、举办法律讲座、个案跟踪服务、举办法律讲座"等形式进行免费公益合作，进一步提升佛山市妇联妇女儿童权益维护工作的质量和专业水平，为佛山市妇联推进平安家庭创建活动增添了重要的社会支持力量。

（三）加强培训，提升技能

志愿者为妇女儿童提供服务，不仅要有爱心和时间，还必须具备一定的专业能力和技术水平。佛山市妇联一直都非常注重为志愿者提供学习提高的机会，定期开展有针对性、技能性的培训，不断提高志愿者专业服务的水平。培训的形式有讲座、模拟演练、小组讨论、户外拓展训练、外出参观学习等。

2012年3月组织了法援志愿者十周年座谈活动及外出交流活动。每季度组织热线组志愿者召开分享交流会，例如，2012年5月和10月份，分别组织了热线组、家教组、心理咨询组志愿者外出交流活动，志愿者们分享了志愿服务感受，从中加深了彼此的了解和沟通，也对服务中遇到的问题互相讨论和交流。

2013年佛山市妇联举办了两期调解技能培训班，分别组织了热线组、法律组、心理咨询组和家教组志愿者外出交流活动。除了邀请名师开讲，佛山市维权工作站的工作人员也为热线志愿者讲解电话热线接听聆听技巧，进行个案督导等。2013年，全市共举办志愿者培训32次，参加培训的志愿者291人次，培训总时间为1114小时。

（四）表彰先进，营造氛围

佛山市妇联每年评选一批优秀志愿者进行表彰。自2010年起，佛山市妇联每年根据公平公开透明、志愿服务时间和业绩相结合的原则，开展星级志愿者晋升评定工作，并进行表彰和宣传。2010年，共117名星级志愿者受到表彰；2011年，共66名星级志愿者受到表彰；2012年，共68名星级志愿者受到表彰。2013年，共有30名志愿者个人和31支团队得到晋升和表彰。

佛山市妇联非常重视志愿服务工作的宣传，通过网络和媒体报道，弘扬志愿精神，提升志愿服务的影响和志愿者的荣誉感。在佛山市妇联网站开辟了《志愿服务天地》栏目，设置了"队伍简介"、"服务项目"、"服务剪影"、"志愿者风采"、"活动记录"、"心理咨询志愿者简介"、"网上报名"等栏目。从2011年起，佛山市妇联每年在国际志愿者日期间连续三天在《珠江时报》大篇幅宣传星级志愿者事迹，营造全社会共同参与志愿服务的良好氛围。

经过不断努力，佛山市妇联逐步建立了一支庞大的志愿者队伍。据统计，到2013年年底，全佛山市妇联系统在册登记志愿者人数为2322人，其中市直178人、禅城区331人、南海区1235人、高明区291人、三水区287人。在年龄分布方面：45岁以下1610人、46至55岁433人、56岁以上279人。在文化结构方面：研究生63人、大学本科与专科1239人、高中及以下1017人。在专业状况方面：律师125人、心理咨询师47人、教师263人、医生108人、社工22人、其他1757人。

二、志愿者队伍的作用

据统计，佛山市妇联2011年共开展志愿者服务活动856次，参加人数2544人次，总服务时间8161小时；共举办市、区、镇妇联志愿者培训75次，参加培训2116人次。2012年在市级妇联注册志愿者开展服务活动408次，参加人数415人次，服务总时间1498小时；共举办培训9次，参加培训109人次，培训总时间818小时。2013年，佛山市妇联系统共开展志愿服务638次，参加服务的志愿者1100人次，服务总时间为5156小时，受益群众73553人次。几年来，佛山市妇联共开展服务2815次，参加服务的志愿者17351人次，服务总时间为22625小时；共举办培训242次，参加培训的志愿者10736人次，培训总时间为8820小时。

"妇工＋社工＋志愿者"运作机制，扩大了专业资源的利用，降低了社会服务的运行成本，保证了社会服务的质量和持久性。佛山市妇联系统的志愿者队伍所发挥的作用主要体现在以下六个方面：

（一）提供法律咨询服务

维护妇女的合法权益是妇联的基本职责，法律咨询服务也就成为妇联最基本的服务，同时也是妇女群众最需要的服务。志愿者通过坐班咨询、送法律课到基层、提供法律援助服务、户外普法宣传、在线咨询等多种形式，将法律知识和依法维权的理念传递给广大群众,使得群众依法维权意识逐年增强。值得一提的是佛山市妇联法律援助志愿者队伍已服务群众11年。根据2013年的数据统计,这支队伍共提供法律咨询服务2460宗,法律援助个案24宗,服务3340小时,他们与妇联风雨相伴,共同成长、不断壮大,他们当中的有些同志已经从最基层的司法工作者走上了领导干部岗位,但至今仍坚持以一名志愿者的身份服务妇女儿童和家庭,为和谐社会、法制社会的建设添砖加瓦。由于在妇女儿童事业上所做出的成绩突出,佛山市司法局荣获全国妇联颁发的"全国维护妇女儿童先进集体"荣誉称号。

(二) 提供家事调解服务

社会转型时期,家庭矛盾呈现多发趋势,涉及妇女儿童的家庭纠纷民事案件有所增长。为了拓宽矛盾纠纷解决渠道,佛山市妇联发挥律师志愿者、心理咨询志愿者、家庭教育志愿者以及其他具有丰富经验的志愿者的专业优势,邀请他们加入调解员队伍,积极开展婚姻家庭纠纷调解工作,协助当事人申请法律援助,结合调解工作,开展相关法律法规及政策的咨询和宣传教育工作,引入婚姻辅导、心理疏导及家庭教育辅导等多元化解决纠纷机制。通过调解工作能够化解当事人的激烈矛盾,打开双方心结,使群众能理性、平和地解决利益纠纷,从而更有效维护妇女儿童的合法权益。截至2013年,全市共受理调解个案共297宗,最终达成书面调解协议的共62宗,达成口头协议的有80宗,群众对调解结果均表示满意。

(三) 提供心理辅导服务

经济的快速发展,每个人或多或少都面临着来自工作、生活和家庭方面的压力,越来越多的人在寻求舒缓压力的途径,佛山市妇联开拓的心理咨询和婚姻辅导志愿服务,帮助个人和家庭挖掘潜能和恢复社会功能,受到群众的好评。近三年,全市共提供1362宗心理咨询和婚姻辅导服务,受益1811人。例如,一个重组家庭,夫妻因工作、子女问题冲突不断升级,双方都想经营好婚姻,但苦于无方,他们曾到当地居委会、信访部门求助,始终无法解决问题症结。后经市维权工作站心理专家志愿者两次辅导,帮助夫妻双方认识到他们在第一次婚姻中遭受的创伤都未疗愈,并带到新组的家庭中才产生新的矛盾冲突。通过心理咨询双方均感释怀,并开始理解和信任对方,婚姻开始往良好的方向发展。

(四) 提供家庭教育服务

佛山市妇联家庭教育志愿者服务组主要由佛山市家庭教育讲师团成员、佛山市家庭教育研究会成员、高校心理学教授、心理辅导专业人员、中小学老师、妇幼保健专家等家庭教育专业人士组成。他们进入"家长学校"、社区进行家庭教育等方面知识宣讲,为广大群众提供的服务包括家庭教育、青少年问题咨询、儿童及家庭心理、亲子沟通辅导等服务。近三年,全市共提供家庭教育辅导614宗,受益人数1573人。例如,姚女士因为孩子无心向学来求助,家教志愿者经过三次的咨询,帮助姚女士认识到孩子的学习问题可能是来自母亲压力,协助她调整自己并积极挖掘孩子的兴趣爱好,当孩子爱好武术的兴趣得到她的理解和支持后，家庭成员间的关系得到舒缓，孩子对学习的反感度也在逐渐减小。

（五）提供维权热线咨询服务

佛山市妇联热线志愿服务小组成立于2005年年底，逢周一至周五在市妇联维权工作站接听维权热线，倾听妇女心声，收集社情民意，为群众提供国家政策、法律法规、婚姻家庭等方面的咨询和指导。2013年，热线组共接听电话119个，为化解群众矛盾和维护妇女的合法权益发挥了积极的作用。

（六）通过"幸福沙龙"家庭生活大讲堂，向群体提供综合性服务

佛山市妇联根据日常接访收集到的信息，如夫妻关系不和谐、婆媳之间不知如何处理好双方关系、面对孩子的叛逆只能干着急、权益受损却不晓得怎样维权等案例，市民希望有一个学习的渠道，促进自我成长。佛山市妇联根据群众需求，从2011年3月开始，开设"幸福沙龙"家庭生活教育大讲堂，逢周六上午，在市儿童活动中心七楼妇联课室举行。按照"妇联策划、项目运作、志愿者支持、群众自愿参与"的原则，以固定场地、固定时间、不固定讲师的模式，由妇女儿童服务志愿者中有专长的人士，或省、市热心的名优专家、学者主讲，讲堂内容涉及家庭关系调适、亲子教育、妇女素质教育、人际环境适应、法律知识、心理健康、保健养生、家居生活等专题。时间为2小时，包含主讲人与听众互动的时间。至2015年，共开展了82期讲座，并到各区开展幸福沙龙下基层活动38场，受益群众达17576人次。

三、存在的问题与对策建议

虽然佛山市妇联系统已经建设了一支庞大而完善的志愿者队伍，但是，在实际的运作过程依然出现了不少的问题，其中主要的有以下三个方面：

一是志愿服务的领域有待拓宽。妇女在家庭中扮演着重要的角色，求助妇女反映的问题往往牵涉整个家庭。近年来，妇女群众的需求越来越多样化，问题也更加错综复杂，涉及生活、工作和学习等方方面面，但目前的志愿服务领域还比较狭窄，需要进一步拓宽。对妇女群众的需求了解有待细化，特别要关注特殊困难妇女如单亲母亲、失业妇女、受虐妇女、进城打工妹等群体在家庭方面的特殊需求。

二是志愿者队伍的管理仍需完善。志愿服务工作在市、区级妇联较为扎实，而镇街一级相对薄弱，三级服务网络的建立、管理和工作交流还有待加强。另外，虽然制定了志愿服务的章程、工作守则和管理细则，从组织管理、服务形式、服务活动的实施、时间登记、招募和退出管理、培训、奖励等方面作了详细的规定，但在实际工作中有些环节未能很好地落实，对志愿者服务技能的培训也要不断改进。

三是对志愿服务的宣传力度有待加强。社会公众对团委的志愿服务工作较为熟悉，而对妇联志愿服务的性质、服务的形式和取得的成效了解不多。妇联开展志愿服务十年来，形成了一定的规模，涌现了一批有爱心勤奉献的专业化服务的志愿者，取得了

有目共睹的成绩。今后仍需加强宣传,提高公众的知晓度,吸引更多的专业人士为妇女儿童服务。

针对以上几个问题,本书提出以下三个方面的建议:

一是深入基层调研,掌握妇女群众的实际需求。定期组织调研活动,及时收集服务信息,了解基层妇女群众的需求,针对性改善志愿者队伍结构,开展形式多样的志愿服务活动,拓宽志愿服务领域。服务的形式可根据实际情况灵活地分为临时服务、预约服务、集中服务和专项服务等,根据实际情况推出重点服务项目,塑造志愿服务品牌。

二是健全三级服务网络,规范队伍管理。在各级妇联原有的志愿者队伍的基础上,以妇联三级维权工作站、妇女之家和家庭服务中心为依托,促成已组建但未正式开展志愿服务工作的站点尽快落实相关措施,根据提供服务的功能和规模,细分成服务小分队,并展开志愿服务,从而健全市、区、镇(街)三级志愿服务网络。定期组织业务培训和工作交流,促进三级妇联做好志愿者队伍的管理工作,充分发挥志愿者队伍的作用。继续完善各项管理和培训制度,积极培养志愿者领袖,充分发挥他们的组织、管理、指导、协调能力和团队合作精神,根据志愿者个人的特长合理安排人员参加活动,提高志愿者的参与率。制定年度培训计划,根据开展服务的实际需要,有系统有步骤地进行,注重培训的实效性。

三是加强宣传,形成良好的社会氛围。要充分发挥各大媒体的作用,积极宣传志愿服务的深刻意义,让广大市民自觉参加妇联的志愿服务,持之以恒地开展志愿服务,在实现自我价值的同时,推进和谐社会的建设和发展。大力开展星级志愿者晋升活动,提高服务的质量,加强星级志愿者个人和团队的宣传力度,树立典型,带动更多的人投身于妇女儿童事业,形成以参加志愿服务为荣的良好氛围。

第四节 科学研究队伍

任何组织只有深入地调查研究,才能透彻地了解其服务对象的需要,从而提出正确的服务战略与策略,为组织具体的行为提供指导。经过长期的努力,佛山市妇联已经拥有三支科研队伍,或称三个科研体系:家庭教育研究会、"佛山妇女发展研究中心"与佛山市家庭服务中心咨询委员会。这三支队伍已经成了社会工作理论与方法本土化的重要支撑力量:这三支科研队伍不仅进行调查研究,提供调查研究成果,提出对策与建议,而且,其中不少成员还直接参与到社会工作理论与方法运用的实践中去。关于佛山市家庭服务中心咨询委员会,在本书的第二章与第四节的第一部分及其他部分已经有了比较详细的陈述,这里就不再重复。

一、家庭教育研究会

（一）家庭教育研究会的概况

佛山市家庭教育研究会，英文译名：Family Education Research Institute of Foshan，缩写为：FERIOF。

根据《佛山市家庭教育研究会章程（2014年6月）》，佛山市家庭教育研究会的性质是由从事儿童教育、家庭建设、优生优育优教等工作者、专家和热心人士自愿组成的学术性和非营利性的社会团体。其宗旨：遵守宪法、法律、法规和国家政策，遵守社会道德风尚；有组织地开展家庭教育的调查和理论研究，提高家长的素质和家庭教育水平，为培养德、智、体、美全面发展的有理想、有文化、有纪律、有道德的青少年作出贡献。

佛山市家庭教育研究会接受业务主管单位佛山市妇女联合会和佛山市民政局的业务指导和监督管理，办公室设在广东省佛山市普澜2街17号（佛山市儿童活动中心）。

佛山市家庭教育研究会业务范围：

（1）调查研究佛山市家庭教育的情况和问题，开展家庭教育的理论研究和学术活动，总结推广家庭教育的经验。

（2）采取各种形式，向社会和家长宣传普及现代家庭教育的科学知识和方法，提高家长的素质。

（3）培训家庭教育工作的骨干，提高家庭教育师资水平。

（4）掌握社会教育、学校教育信息，配合教育、卫生、民政、计生等部门办好系列家长学校，依托社区以及民间社团组织开展家庭教育工作。

（5）开展有偿家教服务，拓宽家教工作面。

（6）加强与省、市同行交流，探讨家庭教育问题。

（二）家庭教育研究会的主要活动与成就

家庭教育研究会自成立以来，主要的活动与成就如下：

1. 坚持规范管理

长期以来，家庭教育研究会根据佛山市社工委、民政局关于社会组织管理的有关要求，依时按质完成年检、税务登记证换证工作。较好地执行了有关会议制度，进一步健全了会员咨询、家教案例跟踪、咨询回访、讲师授课、会员参与社会服务情况统计等制度，加强了研究会年度工作计划的落实，提高了理事会的领导力及执行力。2014年，家庭教育研究会根据实际情况的变化，修改了自己的章程，使自己能更好地向社会提供服务。

2. 不断壮大研究队伍

自家庭教育研究会成立以来，不断壮大自己的研究队伍。例如，2011—2014年，通过基层推荐、老会员引荐等形式，招募了20名新会员。这些新会员主要来自科研院校、在职或退休的学校校长、教师以及教育机构资深教师等。

3. 注重培训交流，不断提升会员开展家庭教育调研和指导服务的水平

培养一支观念新、知识新、有责任心、素质高的家庭教育工作队伍，是做好家庭教育工作的重要手段。多年来，佛山市妇联和教育部门多方争取资源，每年都采取"请进来"和"走出去"的做法，为佛山市教育研究会会员争取培训交流的机会。一是参加佛山市妇联或教育局牵头举办的培训班，邀请全国、省、市知名家庭教育专家授课，对全市家庭教育工作者进行培训。二是积极派会员参加广东省和全国组织的家庭教育培训班，使他们能够及时了解当前家庭教育的发展状况、获取新的信息。三是参加佛山市妇联组织的交流座谈会，分享会员的经验和收获。近年，佛山市妇联每年采取不同形式组织家教工作者开展交流分享活动。佛山教育研究会先后共组织67人次参与了在佛山、恩平、惠州和肇庆举行的分享交流活动。2013年12月，佛山市妇联组织教育研究会20多名会员到东莞参观学习该市妇联开展家庭教育的好经验、好做法，并参观了"家庭教育一条街"。

通过一系列的专题培训与学习交流活动，会员们不仅专业知识水平得到提升，同时也进一步加强了会员与主管单位（市妇联）的领导及工作人员的沟通，增进了会员之间的交流与了解，提高了会员服务家长服务儿童的积极性。

由于成绩突出，丘智慧、梁池辉获"广东省家庭教育金牌讲师"称号；张箭明校长评选为第一届"佛山好人"；22名会员被市妇联授予"妇女儿童服务星级志愿者"，其中，张箭明被授予三星级志愿者，郭淑斌等9位会员被授予二星级志愿者，郑晓雯等12名会员被授予一星级志愿者。

4. 积极探索实践，会员开展家庭教育活动成效显著

（1）申请建立了中国家庭教育学会（佛山）培训基地。为进一步提升佛山市家庭教育工作水平，2011年9月，佛山市家庭教育研究会申办"中国家庭教育学会佛山培训基地"，获得全国妇联儿童部和中国教育学会批准并挂牌。

（2）重视理论研究。家庭教育理论研究一直是家庭教育研究会的重点工作。2004年，在佛山市妇联的指导、支持下，家庭教育研究会编辑出版《家庭教育探索》和《家庭心理辅导丛书》。2005年，编印了《佛山市家庭教育课程汇编》，开展了"双合格"家庭教育研究论文、优秀社科理论研究文章征集活动，共征集论文63篇。2006年，受佛山市妇联的委托，家庭教育研究会开展"佛山市'合格人才、合格家长'家庭教育专项调查。2011—2013年间共收到家庭教育论文600篇，评选出优秀论文81篇，汇编了三辑《佛山市优秀家庭教育论文集》，有效促进了佛山市家庭教育理论研究的发展。

2011—2014年，家庭教育研究会部分会员围绕落实中共中央提出的未成年人思想道德建设的主要任务和佛山市推进家庭教育工作五年规划（2011—2015年），针对新形势下家庭教育面临的新情况、新特点、新问题，配合佛山市妇联开展了"父亲参与家庭教育的角色功能及现状分析"、"我市儿童隔代教育状况"、"外来务工人员子女意外伤害调研"等专题社会调研活动，撰写调查报告，并针对调研所发现的突出家庭教育问题，提出了意见和对策。这些调研报告发布后，引起了社会对家庭教育状况的广泛

（3）参与示范性家长学校评选。2006年，佛山市妇联与教育部门和关工委联合开展市级家长学校示范校评选工作，促进家长学校建设，家庭教育研究会会员积极参与其中。2011年和2013年，为规范佛山市家长学校的建设，通过总结经验，以点带面，推动佛山市的家庭教育工作上新台阶，佛山市妇联联合市教育局开展示范性家长学校的评选。家庭教育研究会会员吴钟秀、丘智慧等全程参与了评估工作，为示范性家长学校今后的发展提出了很好的建议，为规范佛山市家长学校管理打下良好基础。

（4）实践活动丰富，受益家长众多。

一是参加各类宣传普及活动。2005年，以家庭教育进社区为着力点，大力传播家庭教育的科学理念和方法，促进未成年人健康成长。与佛山市委宣传部、市教育局等部门联合开展"争做合格父母、培养合格人才"家庭教育实践活动和专题调研活动。佛山市和各区妇联组织家庭教育讲师团，围绕"教育就是培养习惯"为主题，举办7场家教巡回报告会，受益的家长达5000多人。举办了"现代教育心理与技巧"、"如何抓好0~3岁宝宝成长的黄金期"家庭教育讲座、"我该用什么方式爱你"亲子教育研讨会，帮助家长更新育儿观念。

2005年，佛山市妇联成立了市家庭教育讲师团，家庭研究研究会会员是其主力成员，积极参与送课到学校、社区，推广普及家教知识。组织近3500名家长参加了全国"双合格"家庭教育知识竞赛活动。南海区妇联、佛山市第六小学和颜农秋同志分别被评为第一届全国"双合格"家庭教育先进单位、优秀家长学校、先进工作者。

2006年，家庭教育研究会开展家庭教育咨询、辅导服务，全年接访达413人次。

2011年以来，家庭教育研究会会员积极响应佛山市妇联和教育局的号召，不辞辛苦，深入基层社区（村）、学校，开展各类家庭教育知识宣传普及活动。据不完全统计，在"家庭教育大讲堂进社区（村）、进民办学校"、"幸福沙龙"、"名师讲堂"等活动中，家庭教育研究会27名家庭教育讲师会员先后举办讲座691场，受益家长达近20万人次。

二是开展个案咨询辅导服务。2011年来，家庭教育研究会有40多名会员，充分发挥志愿精神，在佛山市家庭教育指导中心做志愿者。他们每周六轮流值班，为来电、来访群众服务进行咨询辅导服务。他们以一对一的跟踪服务方式，既保证咨询辅导质量，也提高了个案处理成功率。同时，还定期对已处理案例进行跟踪和回访登记。这种细致周到的服务形式受到了家长的欢迎。据统计，3年来共接访个案345宗，950人次。这些会员利用社区、学校、家教指导中心等平台，每年"三八"节、"科普周"、"为民服务日"、"家庭文化节"等参加户外咨询活动，发放家教宣传册，为广大家长提供义务咨询，释疑解难，深受群众欢迎。

三是参加佛山市妇联家庭教育重点项目的研发和实施。2011年以来，佛山市妇联为增强家庭教育指导服务的针对性，满足家长日益增长的个性化需求，不断探索、逐步将以讲座为主的家庭教育活动进行深化，改为以项目的形式分类实施，同时继续开发家庭教育等妇女儿童服务项目。家庭教育研究会会员主动作为，勇于实践，目前已经成为佛山市妇联家庭教育重点项目的主力军。

二、佛山妇女发展研究中心

佛山市妇联长期与佛山、广州等地的高校保持密切的合作关系，以课题、项目的形式委托高校对相关问题进行调查研究，并提出相应的对策。例如，2005年，依托佛山科技学院心理研究中心，在全市开展家庭暴力情况的社会调查，调查采取问卷调查、访谈、小型座谈会、信访数据分析和典型案例分析等方法进行，涉及全市近万个家庭，为佛山市开展预防和制止家庭暴力，开展针对婚姻家庭问题的社会服务，为促进平安和谐家庭建设提供了理论依据。依托佛山科技学院的科研力量，研究农村出嫁女权益问题，主动参与解决农村出嫁女权益的相关工作，调查、协调出嫁女权益问题，积极向同级政府和有关部门提出建议，认真履行维护妇女合法权益的职责。

2008年，佛山市妇联联合佛山科学技术学院等高校成立了"佛山妇女发展研究中心"，从该年起，每年组织一批专家学者对佛山妇女儿童问题进行系统的调查研究，内容涉及生育保险、学前教育、婚检产检、困难妇女就业、家庭暴力、单亲特困母亲家庭救助，等等，从而进一步摸清了佛山妇女儿童存在的新问题、新现象，并寻找应对策略，采取具体的应对行动。

2009年，针对佛山市实施妇女儿童发展的重点难点热点问题，开展21个课题的研究，有13个课题纳入"2009年市哲学社会科学成果研究课题"，其中包括"儿童权益保护"、"妇女病普查普治情况"、"外来女工生存和发展状况"、"社区妇女工作的作用"等。课题的研究报告引起了社会的广泛关注并获奖。"佛山市中小学生人口与青春期性健康教育调研报告"项目结题后，佛山市妇联召开新闻发布会，并在佛山电视台《飞鸿茶居》开展以"我心目中的初恋"为主题的访谈节目，推动社会关注青春期性健康教育问题。

2010年，佛山市妇女发展研究中心将2009年已结项的17个课题汇编成课题集，为佛山市公共政策的决策者和执行者、妇女问题研究者、妇女工作者和有兴趣的人士提供有益的参考。2010年立项课题共14项，内容涉及家政服务需求、妇女维权服务状况、小额贷款对佛山市女性创业的促进作用等方面，并着重对不同女性群体状况进行分析，首次以父亲为切入点，探讨父亲角色在家庭教育中的影响力。同时，佛山市妇联重视研究成果的有效转化，充分利用新闻媒体，加强成果的宣传，引导社会大众关注妇女儿童工作，如"佛山市妇女病普查普治现状及对策建议"、"佛山外来女工生存和思想状况调查"、"佛山失地妇女情况调查分析"、"佛山市未成年人保护的调查"、"论'以工作为中心'文化对现代家庭的冲击"等课题在《佛山日报》等媒体上大版面宣传，引起了政府部门、市民的强烈关注和共鸣。

2011年，妇女发展研究中心进行了"佛山市城乡统筹过程中城乡女性享有公共资源状况调查"、"佛山市农村女性经济互助现状及调查"等7个课题的研究，其中3个课题获纳入佛山市哲学社会科学规划"立项不资助"项目。同时，充分利用媒体上对2010年已结题的4个重点课题进行专题报道，转化课题研究成果。2014年，佛山市妇女发展研究中心课题的成果《佛山市基层妇女组织制度创新——以"妇女之家"的建设为中心》获省妇联优秀论文一等奖。

第五节 社会支持体系

妇联自其成立起就是一种枢纽型组织。其核心作用根据中国妇联第九次代表大会通过的《全国妇女联合会章程》可定义为：妇联是全国各族各界妇女在中国共产党领导下为争取进一步解放而联合起来的社会群体团体，是党和政府联系妇女群众的桥梁和纽带，是国家政权的重要社会支柱。

在上述这段短短的话中，提到了四个核心概念：社会群众团体、桥梁、纽带、支柱。桥梁、纽带、支柱是对妇联所发挥作用的形式与重要性的描述。桥梁起着连接与贯通的作用，它能将两个或多个互相分离的组织或个体连接成一个整体，达到资源、信息、人员、服务互相交流的作用。因此，桥梁是枢纽的另一种表述。纽带，即连接之物，与桥梁同意。支柱是指妇联对国家政权的支撑作用，没有这根支柱，国家政权就会失去平衡，就会失去稳定性。

当今社会是一个高度组织化的社会，社会是由各种类型组织所构成的一个巨大的网络，妇女组织，尤其是妇联在这个网络之中处于十分重要的地位。通过妇联，小可以联接到家庭，大可以联接到国家。作为枢纽型组织的妇联，在这个过程中起了承上启下、左联右结、沟通信息、提供平台、提供品牌、提供项目与服务等枢纽性作用。佛山妇联通过详细的调查研究，充分了解服务对象的需求，并对纷繁的需求进行分类，有针对性地展开各种活动，解决各种问题，以满足服务对象的需要。随着佛山市妇联各项活动的启动，佛山市政府的相关部门、各区镇的妇联组织等亦进入激活状态，它们或参与、或配合、或协调，在佛山市妇联的指导下自主地展开相应的活动。

但是，作为高度开放的组织，妇联要顺畅地展开自己的工作，还要充分发挥其社会支持体系的作用。

一、社会支持体系的定义与结构

妇联的社会支持体系是指妇联顺利展开工作、履行自己的职能、完成自己的具体任务所依赖的社会网络结构体系。这个网络结构体系由基层政府、社区、社区干警、村社、家庭、亲戚、朋友、同事等构成。这个社会网络结构体系的各要素本身又是一个网络体。因此，这个社会网络结构体系的任何一个要素的激活或灭活都会引起其他要素的相应反应并采取一定行为。

基层政府，与行政权力有关，是纵向行政权力体系中最基础的部分。基层政府的稳定，关系到整个政治的稳定；基层政府的积极作为，关系到整个社会正常有效的运行。妇联的许多工作与基层政府的工作互相交叉与重叠。

社区，在中国目前是指城镇中的区划，它以人口或面积为划分标准。对于妇联而言，社区是其工作的对象，但更是其工作的支持者。社区是妇联与家庭、妇女、儿童的联系桥梁。相对而言，社区的工作人员对本社区拥有信息、资源、交通等多方面的优势。如果一个社区变得成熟，人与人交往比较密切，这个社区就会形成一个强大的心理场，从而获得三种力量：社区压力、从众行为与亲和力。对于妇联而言，这三种力量是工作顺利展开的法宝。

社区干警是最基层的强制力。在中国基层，这种强制混杂着情感因素（在其他国家也不能例外），社区干警们天天与本社区的人员打交道，对本社区承担着相应的责任与义务。因此，社区干警实际上具体有两种力量：强制力与亲和力。当妇联在工作中需要强制力介入时，第一时间能想到的便是社区干警。

村社，相对城镇的社区而言，它天然就是一个"熟人社会"，是一个由熟人构成的网络结构。因此，村社天然地拥有三种力量：村社压力、从众行为与亲和力。

家庭是社会最基本的细胞，是一个微型的组织，进一步说，是一个微型的社会，其本身也一个网络结构。家庭集爱、责任、义务、强制力、从众行为、家庭压力、亲和力于一体。作为一个整体，它是妇联工作的对象。当妇联的工作对象是家庭的某个成员时，家庭不仅是妇联的工作对象，更是妇联工作的支持者。众多的家庭成员形成的合力可以有效地打破某种死结，使妇联工作"事半功倍"。

亲戚，是以血缘为纽带所构成的一个群体。血缘很奇妙，人们对具体血缘关系的人有一种特别的情感，很容易让人产生信任和依赖。一般来说，人们不愿意得罪亲戚，更不愿意失去亲戚。在传统的农村地区，亲戚是一个赖以生存的支持系统。妇联在遇到困难的问题时，把服务对象的亲戚作为突破口就是一个很好的选择。

朋友是一种情缘关系。这种情缘与爱情有区别。一般来说，朋友关系建立在相似的基础之上，如相似的爱好、相似的地位、相似的处境、相似的家庭背景、相似的价值观，等等。有时朋友对一个人的影响远远超过自己的亲人与亲戚。

同事是一种业缘关系。当今社会是一个高度组织化的社会，一个必须在某种组织从事某项工作才能生存与发展。一个人在一个组织中的上级、同级、下级都是自己的同事。一个组织就是一个心理场，这个心理场会产生从众行为与组织压力。组织压力会迫使人们采取某种行为。

二、社会支持体系的作用

关于社会支持体系在妇联工作过程的作用，我们可以通过下面一个案例加以说明。

以人为本，彰显"娘家"本色
（引自佛山市南海区大沥镇妇联妇女儿童权益维护工作站实录）

案由：

阿萍，女，50岁，初中文化程度，离异，现住大沥沥中邓西村。2011年5—8月，阿萍致电工作站求助，由此牵引出一系列的维权事件。当时，阿萍称自己与一男子莫某有感情纠纷，求助无门之下大闹沥兴社区的牙科诊所，希望能够得到帮助。由于阿萍的闹剧，沥兴社区的工作人员会同沥中社区的工作人员介入此事，希望通过妇联的力量帮助阿萍解决此事。

个案调处情况：

1. 紧密追踪，步步深入，抽丝剥茧

2011年5月15日下午4时左右，沥中社区工作人员接到她的电话求助，当时她请求我们救援，因为她已经被莫某纠缠了一个多月，而且莫某有时甚至会对其儿子拳脚相向，报警多次，但每次都因为心软而不了了之。

2011年6月17日，阿萍于沥兴社区的拱北街牙医诊所处与牙医争执，希望沥中社区的工作人员可以到场进行协助调解。社区工作人员到场后了解到，阿萍因为男方的出轨而造成自身的财产损失，感到十分气愤，而且又从旁人口中得知男方的出轨是有人怂恿的，分别是牙医、卖衣服的佩佩和肖姨。经过了解，牙医对于此事根本就是丈二和尚摸不着头脑。经过工作人员劝说，牙医答应让步共同劝说阿萍离开。而当时阿萍的精神状态十分差，难以沟通，后经她的家人确认，阿萍原来是抑郁症患者，需要长期服药，由于阿萍钻牛角尖才导致这次事件的后续发展。我站工作人员就此事耐心地劝导阿萍，让她先离开诊所，引导她从另一角度思考这个问题，希望阿萍能够打开心结，愉快生活。在我站工作人员耐心劝导下，阿萍最终还是离开了诊所。

从2011年5月至8月，我站工作人员一直都跟踪阿萍的案件，走访阿萍口中提及的涉事人员，本着以人为本的原则，希望可以尽快理清事情，让阿萍放下心事，尽快进入正常生活。最后，经过多次努力走访，我站工作人员了解到，阿萍是抑郁症患者，需要长期吃药，但由于男女关系的纠纷，导致阿萍的病情难以控制，反复发病。因为病情得不到很好的控制，所以阿萍经常会胡思乱想，把想象中的事情当成是现实发生的，从而牵扯出一系列的事情。

2. 委婉深入，指导亲友，化解情感阴影

我站工作人员本着以人为本的原则，以关爱妇女、维护权益为己任，深入跟踪了解阿萍事件，但由于阿萍病情反复，我站工作人员只能采取"曲线救国"的方式，接触阿萍亲友，了解阿萍的精神状态及心理状况。

2011年7月5日，因想了解阿萍的情况，也希望可以与阿萍的家人有良好的沟通，我站工作人员联系上了阿萍的妹妹，并与她详谈了阿萍的情况，希望可以引起她们的重视。阿萍有六兄弟姐妹，父母还健在，但是都已是七八十岁的老人。阿萍有一个儿子已经20岁，但是因为从小就在一个没有温暖的家庭中长大，他比较怕事，也不懂得处理这样的困难。而阿萍的妹妹在发生事情的时候也在场，对情况比较了解，于是，我站工作人员联系了她的妹妹，希望她可以联合兄弟姐妹一起去解决阿萍的问题，如果需要入院的话，我站可以帮助她们申请。阿萍的妹妹非常感谢维权工作站对她们的关心，她也知道姐姐患有抑郁症，不能受刺激，只能靠亲友的关心开导才能走出阴影。于是她答应尝试做好阿萍的思想工作，以解决当前的困难。

8月15日，我站工作人员碰上其子陈某到社区办事，抱着关心了解情况的态度，与其子谈了几分钟，从中了解阿萍现在的情况。从他口中得知，阿萍这段时间的情绪稳定，也有按时吃药。同时，我站工作人员也让他了解发生在他母亲身上的一些事情，希望他可以耐心照顾母亲,增强沟通,让母亲早日走出感情阴影。

3. 耐心倾听,悉心指导,平静落幕

8月17日,阿萍打电话来社区与我站工作人员详谈,电话中她希望我们不要将她的事情过多地告诉她儿子,因为她不想儿子担心,而且现在她的男朋友已经回来,她也原谅了那个男子,如无意外她不会与这个男子结婚,但他们还会一起共同生活下去,并衷心感谢我站工作人员一直以来的帮助与关怀。由于她的态度与选择,我们只能祝福她,希望她日后生活得更好。

结案情况:

阿萍的事情断断续续的经历了数月之久,我站工作人员一直秉承着"娘家人"的工作原则,耐心的倾听指导,经过多次走访,了解事情的来龙去脉。本着以人为本的信念,跟踪事情的动态,关心阿萍的精神状态与心理状况,最终阿萍的男友回到了阿萍身边,阿萍选择原谅,结束了纷扰数月的事情。

反思及建议:

1. 关爱妇女,不因其"小"而不为

俗话说:"清官难断家务事。"婚姻、家庭、邻里纠纷、感情纠葛等司空见惯,而且被不少人认为是"小事",但就是这些"小事",处理起来稍有差错或方法不当则可能引发过激行为,甚至要付出生命的代价。因此,我们在处理此案例的纠纷时,不因其"小"、"繁琐"而掉以轻心。尽管涉及本案例的当事人人数众多、因感情问题而衍生的复杂关系难以厘清,但我站的调解人员仍然耐心倾听,悉心指导,为阿萍寻找解决之道,希望阿萍的亲友能多点关心,让阿萍走出感情的阴霾。

2. 运用社会工作方法,提高个案调解效率

在此案例中,我们的调解工作人员对阿萍适当地运用了"心理缓和法"和"心理疏导法"等调解方法,如当阿萍激动闹事时,给她倒上一杯茶,握住她的手,耐心、认真地倾听她的诉求,引导她理清事情的经过;当她激动地责骂涉事人员及其男友时,我们以"心理疏导"的手法劝其释放内心的愤怒,让其走出自己设置的心理障碍等,提高调解的成功率。

3. 引导亲友,积极疏导,形成合力作用

在调解此案例中,我站工作人员从阿萍的亲友着手,引导其亲友劝解阿萍走出阴霾,充分发挥亲友们爱的力量,形成暖流温暖阿萍,稳定阿萍的精神状态,使阿萍过上正常人的生活,给我们的妇女同胞带去切实的帮助。

点评:上述个案由案由、个案调处情况、结案情况、反思及建议四个部分构成。在该案例中,维权工作站的工作人员起了主导作用,社区工作人员参与其中,家庭成员、亲人(亲戚)、朋友等,在调处问题的过程中起了十分重要的作用,他们一起参与到问题的化解过程之中。在该案例中,虽然没有基层政府和社区干警直接介入,但它们在间接地起着作用。而且读者可发现,本书后面各章节所陈述的多个案中,在妇联或当事人的要求下,基层政府和社区干警直接介入在个案的调处过程中发挥着不可替代的作用。

下篇 社会工作理论与方法本土化的领域与成效

社会工作理论与方法本土化的最终目的是解决本土的问题。这些本土问题就是社会工作理论与方法本土化的领域。从对佛山市妇联的考察来看，这些领域可以分为五个方面：

第一，维护妇女权益，其中包括维护妇女免受暴力伤害的权益、维护妇女的财产权与子女的抚养权和维护妇女的公平就业权。

第二，单亲母亲家庭功能的代偿，其中包括经济功能代偿、心理与情感功能代偿、社会支持功能代偿。

第三，介入儿童成长，其中包括儿童权益维护、儿童行为引导、儿童行为问题矫正、提供家庭教育指导。

第四，家庭内部关系调适，其包括夫妻关系调适、亲子关系调适、祖孙关系与婆媳关系的调适。

第五，职业女性心理问题疏解与外来女工及其子女的社会融入。

第四章 维护妇女权益

妇女权益的内容涉及社会、经济、政治、文化等领域,覆盖面比较广,其主要内容有以下几点:第一,人身权益;第二,财产权益;第三,子女的抚养权、探望权;第四,就业的权益。维护妇女的合法权益是妇联的基本职能。佛山市妇联在这方面做了大量工作,将社会工作理论与方法以及妇联实际工作结合起来,积极化解群众矛盾,解决群众问题,积累了丰富的社会工作实践经验,形成有效的妇女儿童合法权益维护机制。

第一节 妇联维护妇女权益的机制及其特点

佛山市妇联维护妇女权益的机制由三个方面构成:项目运行机制、社会工作理论与方法嵌入机制,以及部门协调推进机制。这些机制均有相应的理论与运行特点。

一、妇联维护妇女权益的机制

(一)项目运行机制

佛山市各级妇联依托妇女儿童权益维护工作站,展开维护妇女权益的工作,并形成了项目运行机制。每年,佛山市各级妇联都会深入调查研究,了解妇女权益维护方面所存在的突出问题,对问题产生的原因进行分析,并提出解决的对策。在此基础上,进行专门立项,各级各区妇联根据立项展开妇女维权工作。

佛山市妇联系统每年有许多立项,其中大部分是有关维护妇女权益的立项,下面列举三个项目,以供读者参考与借鉴。

项目之一:"遏制家庭暴力 创建和谐家庭"

1. 实施单位:佛山市顺德区龙江镇妇联妇女儿童权益维护工作站。
2. 实施时间:2006年10月—2007年10月。
3. 服务对象:顺德区龙江镇居民。
4. 实施内容:
(1)成立镇反家庭暴力工作领导小组和村(社区)反家庭暴力工作小组,设立反家庭暴力热线电话和村（社区）家庭暴力投诉点，形成妇联、公安、司法等多部门联动的工作机制。

（2）积极进行反家庭暴力的法制宣传。利用"国际消除对妇女的暴力日"，开展反家庭暴力宣传活动，呼吁全社会关注家庭暴力问题，预防和制止家庭暴力的发生；举行"维护社会稳定，创建平安和谐家庭"法律知识竞赛，宣传反家庭暴力、婚姻法、继承法、妇女权益保障法、未成年人保护法、公民道德建设等相关知识，进一步提高基层单位人员的法制意识及学习法律法规知识的积极性；家庭暴力投诉点工作人员认真跟踪个案，积极做好调解工作；召开村、社区反家庭暴力工作总结表彰大会，会议认真总结反家庭暴力工作的开展情况、提出了改进工作的意见，并表彰反家庭暴力工作先进单位及个人。

5. 实施成效：经过一年的实践，"遏制家庭暴力 创建和谐家庭"特色维权服务项目取得了喜人的成绩。设立家庭暴力投诉点是龙江镇反家庭暴力工作的突破，在一年的实践期内共开展5次普法宣传教育活动，吸引15000余人参加，从整体上提升了辖区内居民，特别是维权工作人员的法律水平。家庭暴力投诉点通过介入协调，实实在在为辖区妇女群众解决家庭暴力问题，维护了她们的权益，为遏制家庭暴力做出了很大贡献。此项工作的开展，在辖区内形成了反对家庭暴力的联动机制，加强了群众的法律意识，有效遏制了家庭暴力蔓延，为和谐社会的建设贡献了力量。

项目之二："关爱外来女工，构建和谐杨和"

1. 实施单位：佛山市高明区杨和镇妇联妇女儿童权益维护工作站。
2. 实施时间：2010年。
3. 服务对象：杨和镇外来女工。
4. 目的：进一步提升广大外来女工的法律素质和依法维权的能力，为构建和谐社会做出积极贡献。
5. 实施内容：一是利用"三八"妇女节、母亲节等节日对患上重大疾病及特殊困难的外来女工家庭开展慰问，给予鼓励与支持。二是以外来女工流动学校为载体，开展形式多样的讲座、法律咨询、培训活动，让这些外来女工增加文娱活动的乐趣、健康知识、法律知识、情绪调节的能力、婚姻家庭沟通相处融洽的妙招等。三是深入村居、企业开展妇科检查，让她们享受与常住人口同样的服务。四是开展女工代表团培训拓展活动，加强她们之间的沟通交流，增强女工们互信互助意识，共同营造一个高效、快乐、协作的工作氛围，打造一个团结互信的团队。

项目之三："关注农村妇女"

1. 实施单位：佛山市高明区妇联妇女儿童权益维护工作站。
2. 实施时间：2011年4月—2012年4月。
3. 服务对象：高明区更合镇农村妇女。
4. 目的：提高农村妇女素质与社会适应能力。

5. 实施内容：一是送知识，在更合镇大幕村、良村、白石村和杨和镇沙水村等4个村庄举办婚姻家庭、卫生保健、家庭教育讲座和农技知识培训4场次，共计400多名农村妇女参加；二是送文化，在更合镇大洞村开展"送戏下乡"活动，深受群众的欢迎，吸引了400多人争相观看；三是送娱乐，分别在更合镇白石村、杨和镇河东村组织农村留守妇女开展学法趣味游园会2场次，有500多名妇女参与；四是送健康，组织区妇幼保健院、计生服务站免费为300多名农村留守妇女进行"两癌"筛查，有效地保障了农村留守妇女的生命健康。通过一系列的活动，提高了农村留守妇女综合素质和劳动技能，丰富农村人民群众的文化生活，活跃农村留守妇女的心身健康，引领她们在参与新一轮社会主义"和谐农村"建设中发挥生力军作用。

为了保证资料的真实性，本文作者没有对上述资料重整理与逻辑化。"项目之一"对实施的方法与实效分别进行了陈述与分析。"项目之二"、"项目之三"的实施方法与成效则包含在"实施内容"之中。从对上述三个项目实施情况来看，项目达到了预期的目的，取得了相应的成效。

（二）社会工作理论与方法嵌入机制

自2005年起，佛山市各级妇联在日常工作中引入社会工作方法，经过多年探索实践，形成了社会工作理论与方法嵌入机制。

佛山市妇联社会工作理论与方法嵌入机制包括两个组织部分：

第一，将社会工作理论与方法嵌入项目工作，使社会工作成为各个项目的有机组成部分。在项目进行的过程中，佛山市各级妇联的工作人员使用个案、小组与社区社会工作手法为有需要的妇女提供贴心服务，帮助服务对象提升解决实际问题的能力，恢复与加强其社会功能。

第二，将社会工作理论与方法网络嵌入传统的工作理论与方法网络之中，使两者形成有机的整体，形成有机的新的工作方法网络。

为了具体说明这种嵌入机制，我们举一个案例：

"以法守家，和谐兴家，守法教育进万家"

1. 立项单位：佛山市三水区妇联妇女儿童权益维护站。
2. 项目目标：引导和帮助婚姻家庭中家庭成员学法、懂法、守法、用法，以法守家，和谐兴家，促进婚姻家庭成员守法经营家庭，学习处理好婚姻家庭关系、改善家庭教育的方式方法，更好地推动了和谐文明家庭的建设。
3. 实施时间：2010年1月—2010年12月。
4. 服务对象：三水区村（居）妇女群众、工业外来女工。
5. 实施内容：

（1）开展"送法进万家"活动，深入广泛宣传《婚姻法》《禁毒法》等法律法规，极大地激发群众学法、懂法、守法、用法的积极性和热情。举办《婚姻法》专题教育讲座，让妇女群众深刻认识和理解婚姻法。

（2）普及科学教子理念，开展家庭教育讲座，普及家庭教育知识，以互动的方式拓展家庭教育亲子活动，提升家庭教育建设。

（3）运用社会工作手法，邀请心理咨询师安彦老师为新婚夫妇开展主题为"把真爱进行到底，让婚姻幸福美满"的小组活动，让20对新婚夫妇解读婚姻，认识婚姻，学会处理婚姻危机。

（4）突出服务特色，送理财课程进万家，帮助社区居民、外来务工人员树立正确的家庭理财观念。

6. 实施成效：

项目通过一年多来的努力探索，共为村（居）妇女群众、工业园外来女工举办户外宣传活动3场、法律知识讲座1场、开展家庭教育讲座8场、亲子活动2场、家庭理财讲座2场、工作坊活动1场，群众反响热烈。

通过形式多样的守法教育活动，更好地引导和帮助婚姻家庭中的家庭成员学法、懂法、守法、用法，以法守家，和谐兴家。更多的家庭成员懂得了守法经营婚姻家庭，学会了处理好婚姻家庭关系、改善家庭教育的方式方法，更好地推动了和谐文明家庭的建设。

从对这个项目的分析来看，我们可总结出以下经验：第一，佛山三水区妇联将社会工作理论与方法有机地嵌入了"以法守家，和谐兴家，守法教育进万家"这个项目之中，使之成为该项目的有机组成部分；第二，该项目体现的妇联传统的工作方法主要有宣传、讲座、送课、论坛、发动群众等，这些工作方法形成一个工作方法网络，能在"面"上起到比较好的作用，但在"点"的着力往往不够，从而在传统工作方法网络与服务对象需要之间形成了一个"结构洞"，而个案法、小组工作法与社区工作法的嵌入则有机地填补了这个"结构洞"。

（三）部门协调推进机制

无论是项目运行，还是社会工作理论及方法嵌入，都离不开各个部门互相协调，共同推进。从对佛山市妇联维护妇女儿童权益过程来看，这里的"部门协调推进"有以下几个层面的含义：第一，各级妇联内部各个部门之间互相协调、互相合作，共同推进维权项目的运行，共同解决维权过程中所遇到的困难与问题，共同推进社会工作理论及方法的运用。第二，全市妇联系统内部各个层级的互相协调、互相合作、共同推进。第三，各级妇联与其他部门的互相协调、互相合作、共同推进行。例如，各级妇联在进行个案调处时，就需要执法（如民警等）、民政、行政（如居委会、村委会等）、工会等部门的配合，共同推进问题的解决。第四，各级妇联与其他社会组织之间互相协调、互相合作、共同推进。

二、妇联维护妇女权益机制的特点

根据上文的陈述与分析，佛山市妇联维护妇女权益的机制有以下几个方面的特点：

第一，实体化。各级妇女儿童权益维护工作站是一个个维权实体，有专门的办公地点，专职的工作人员和相关的设备。

第二，专业化。由于佛山市建立了社会工作理论与方法嵌入机制，使维权工作具有专业化。传统工作理论、方法与社会工作理论、方法各有优势与不足，佛山市各级妇联对此有充分的认识，并在实际的工作中将两者有机地结合起来，使自己的服务工作既有广度，又有深度。佛山市妇联运用社会工作方法中的个案法，以点带面，帮助妇女维护自己合法的权益，在这个过程中积累了不少典型案例。这些案例充分体现了妇联工作专业化水平，这一点本书后面相关案例点评会做出说明。

第三，维护本地妇女权益与维护外来女工权益并重，并同步进行；维护城镇妇女权益与维护农村妇女权益并重，并同步进行。从佛山市各级的妇联立项来看，有些项目是针对外来女工的，有些项目则是针对农村妇女的，但多数项目不指向特定的女性群体。

第二节　维护妇女免受暴力伤害的权益

这是一种普遍性的权益。对妇女身心伤害可能来源可以归为两种：一种是家庭暴力，另一种是家庭之外的暴力。针对这两种暴力，佛山市妇联积极介入，形成了一套完整的应对机制。

一、家庭暴力与家庭外暴力

所谓家庭暴力主要是指家庭成员之间的暴力行为，包括各种形式的身体伤害、人格凌辱、精神摧残、性虐待等。

2010年，专家对佛山市家庭暴力情况进行了比较系统的调查，根据统计数据及结果，被调查人群中"经常发生"家庭暴力的比例在3.75%～4.47%之间；"偶尔发生"家庭暴力的比例在6.7%～15.65%之间；"没有发生"过家庭暴力的比例在68.1%～92.1%之间。这组数据说明，被调查者中最少有3.75%的人经常遭遇家庭暴力（参见耿爱先《佛山市流动人口家庭暴力状况的调查研究》，载于佛山市妇女联合会《女性·和谐·发展——二〇一〇年佛山市妇女发展研究中心课题集》）。

家庭暴力产生的原因多种多样，既包括夫妻间的情感问题、心理问题，也包括家庭经济方面的问题以及家庭琐事、子女教育等方面的问题。可以说，其中任何一种因素都可能成为家庭暴力的导火索。从总体上来看，家庭暴力的产生绝不是单一诱因可以导致的，它是一个系统性问题。（参见耿爱先《佛山市流动人口家庭暴力状况的调查研究》，载于佛山市妇女联合会《女性·和谐·发展——二〇一〇年佛山市妇女发展研究中心课题集》）在家庭暴力发生的过程中，妇女往往是受暴方，心理与身体都受到严重的创伤。

妇女除了遭受家庭暴力的侵害，还时常遭受家庭之外的暴力侵害。家庭之外的暴力可能来自邻居、同事、上级或组织（企业）。日常的矛盾、利益的纠纷、力量的不对称等，都可能诱发这种暴力。

二、个案工作法的运用

针对妇女遭受的家庭暴力与家庭之外的暴力，佛山市妇联积极应对，并形成了相应的应对机制。这一机制就是：以各级妇联妇女儿童权益维护工作站为主要平台，以项目为载体，以法律宣传、咨询、社会工作方法的个案法为手段，形式维权工作机制。其中，法律宣传与咨询起"面"的作用，而社会工作方法的个案法则起"点"的作用。前者着眼于广度，后者着眼于深度。佛山市各级妇联通过个案工作法，维护妇女免受暴力侵害的权力，向相关人员宣传反对暴力的法律知识，提供相关咨询，争取实现"以点带面"的效果。下面提供两个具体的个案，以说明个案工作法的流程与特征。

个案之一：向家庭暴力说"不"
（引自佛山市禅城区妇联妇女儿童权益维护工作站实录）

案由：

2011年5月13日上午，31岁的肇庆籍女子李女士来到禅城区妇联维权工作站求助，投诉丈夫对自己多次实施家庭暴力，并提出离婚要求和争取1岁儿子的抚养权。三年前，刚刚失恋的李女士在一家发廊认识了现任丈夫陶某，陶某是那儿的发型师，外表高大俊朗，能言善道，很快赢得了李女士的芳心。双方交往没多久就登记结婚了。结婚之后，李女士才充分了解陶某的为人。他爱慕虚荣，贪图享受，经常向李女士要钱。李女士曾经给他几万元做生意，最后也打了水漂。此外，还经常在外面风流快活，拈花惹草，玩到三更半夜才回家甚至夜不归宿。李女士说，陶某会为了钱与富婆上床。更可怕的是，他性格暴躁，有大男子主义，经常因为家庭琐事对李女士拳打脚踢。李女士说，陶某的父亲也有暴力习惯，陶某就是被父亲打大的，陶某的母亲也经常被陶某的父亲暴打。在陶某的原生家庭里，妻子要顺从丈夫，唯丈夫是从，丈夫打妻子是天经地义的。李女士虽然只有初中文凭，但经过多年的努力，现在是一家公司的中层管理人员，收入颇丰，公司还给她配备了一辆小车。事业上可称得上是女强人的李女士在家庭中也不甘示弱，陶某每每到外面花天酒地时，她就到处打电话找他。李女士说，自己愤怒的时候似乎会失去理智，在电话里向陶某说脏话，骂他是"鸭（妓男）"。但放下电话，冷静下来之后，她便不记得自己愤怒之下的言辞。陶某的心思比她细密，他会把她骂人的话录下来，并借以威胁她，并称她"有精神病"。李女士觉得，陶某当年很可能是看上自己的钱才结婚的，甚至在李女士怀孕7个月的时候，陶某也其对大打出手。李女士身材瘦小再加上身怀六甲，根本招架不了，唯有死死护住腹部并苦苦哀求他停手。每次实施完家庭暴力之后，陶某就像没这回事一样，不仅不悔改认错，甚至还会威胁李女士，如果她离婚就杀了她全家。李女士觉得他就是一个恶魔，而且很可能说到做到。之前有几次，李女士被打之后离家出走，但过不了几天，心情平复之后，自己又回到那个家，等待她的便是陶某的热嘲冷讽"打了你，最后你

第四章 维护妇女权益

还不是乖乖地回来，你真贱！"2011年5月13日凌晨1点，因为是否要开空调的问题双方再次发生口角，陶某顺手拿起皮带就抽打下去，李女士跪地求饶："我错了，我以后再也不敢了"，可即使这样也无济于事，最后陶某打累了，倒在床上呼呼大睡，其暴力行为才得以停止。这一次，李女士下定了决心，要离开这个魔鬼。两人的儿子还不满一岁，由李女士的妈妈在自己的老家照顾。李女士说，儿子是自己的命根，她不能让儿子在暴力环境中长大，她要争取抚养权。

个案调处情况：

工作人员耐心听完李女士的叙述后，与她一起分析婚姻问题的根源。李女士与陶某在相互了解不深的情况下匆匆结合，一开始，吸引她的是陶某的外表，而陶某则看上了她的钱，双方各有所需，没有什么感情基础。婚后，丈夫的背叛令事业成功的李女士倍感挫折失败，情绪失控，屡屡用语言激怒对方。在暴力下长大的陶某为了证明自己的能力，自然而然地就使用暴力去征服自己的妻子。对于维持婚姻的可能性，李女士表示陶某不可能改变，自己离婚的心意已决。工作人员帮助她坚定了与暴力作斗争的信心和勇气。当时可见李女士左上臂、左大腿有明显的瘀伤，工作人员详细记录了谈话内容，并为其拍下伤势照片作为证据保留。在工作人员的建议下，当天下午，李女士持区妇联开具的介绍信，到禅城区家庭暴力伤情鉴定中心做了伤情鉴定。2011年5月20日，李女士应约再次来到区妇联维权工作站，值班的律师志愿者详细解答了关于诉讼离婚、抚养权等法律问题。

结案情况：

2011年5月底，工作人员联系李女士，告知家庭暴力伤情鉴定结果是"轻微伤"，同时了解到李女士正在着手准备离婚。工作人员鼓励她直面现实，坚持不懈达成心中所愿。

反思及建议：

我国《婚姻法》明确规定"禁止家庭暴力"，遇到家庭暴力，女性应拿起法律武器维护自己的合法利益。受"清官难断家务事"、"家丑不可外扬"等错误观念的影响，不少女性在受到侵害时，往往选择忍气吞声，但忍让只会导致暴力的变本加厉。许多施暴者都有一种严重的控制欲望，潜含的信念是：我有权力和能力影响我想影响的任何人和事。他们用暴力伤害着别人也伤害着自己，以证明自己的存在。面对家庭暴力，妇女首先要学会爱自己，与配偶进行建设性沟通，避免正面冲突。如果一旦发生家庭暴力，那么就要重视第一次暴力事件，决不示弱，不给对方肆无忌惮施暴的机会。最后，要勇敢说出自己的经历，诉说和心理支持很重要，只有讨论引起暴力的原因，才能找到有效的应对办法。

点评：上述个案由案由、个案调处情况、结案情况、反思及建议四个部分构成。在这个案例中，维权工作站的工作人员要充分利用移情法，一方面要站在李女士的角度与立场来深入了解李女士心理活动与心理结构；另一方面又要从李女士的角度与立场跳出来，站在陶某角度与立场来思考问题，从而找出双方矛盾冲突进而发生家庭暴力的真正原因，与案主共同寻找维权之道。该个案的"反思及建议"部分分析十分深刻，对妇女免受家庭暴力侵害具有十分重要的参考价值。

个案之二：精心调处　确保六旬老人合法权益
（引自佛山市高明区更合镇妇联妇女儿童权益维护工作站实录）

案由：

2010年5月18日，阿霞致电我站反映，家婆麦老太今年65岁，某村人。在2010年5月16日上午11时左右，本村村民阿建等人在她家的养鸡场拜祖，燃放鞭炮，因为担心鸡出现群哄，引起大规模的死亡，麦老太上前阻止，双方发生争执，阿建等人对她进行殴打，导致麦老太当场晕厥。目睹这件事的只有麦老太两个小孙子（一个4岁，另一个只有2岁），两人受惊吓而大声哭喊。麦老太清醒后致电在高明工作的儿子阿刚，阿刚闻讯后马上报警求助，并立即赶回村中。派出所的民警到场处理，并提议由阿刚先送母亲到镇医院求治，以救人为重。事情过去两天（5月15、16日双休日），麦老太和只有2岁的小孩因受惊过度，病倒发高烧。阿刚看到打人者没有被派出所拘留，儿子和母亲又都病倒，他很生气，于是致电派出所追问处理情况。派出所方面答复称案件还在调查阶段，阿刚对此答复不满意，他的妻子阿霞在村中人的指点下致电我站求助。

个案调处情况：

接电后，我站马上联系镇派出所负责此案的民警，镇派出所治安股的民警答复，由于案件还在处理阶级，具体的案情不便透露。我站联系平村村委书记麦叔，麦叔表示，5月17日早上已有两名民警到村委会找出打人的相关人员并进行了调查，涉案的几位当事人想通过派出所进行调解。我站把派出所方面的情况及村书记的话转达给阿刚，阿刚对派出所方面的答复不满意，他认为母亲被打，住院的费用由自己垫付，打人者没有被拘留。他希望通过我站与派出所方面再沟通，尽快处理打人者，还他母亲公道。

5月19日早上，工作人员致电镇派出所，派出所负责处理该案的民警表示，办案也要遵守办案程序，不是当事人要求马上处理就可以立即办到的。我站提出能不能要求涉案的当事人先垫付医药费，如果涉案人员中有不愿意垫付药费的，则应当对他们进行治安拘留，派出所方面表示可以。我站把派出所方面的情况告知阿刚，阿刚表示母亲在更合住了几天院，情况不好，他想把母亲转到区一级人民医院治疗，并作进一步的检查。我站遂联系镇医院，负责救治麦老太的乐医生把麦老太的情况作了详细的汇报：麦老太身上多处软组织受伤，腰间皮肤有部分红淤，伤势不算严重，此外，麦老太血压偏高，但医院没有做脑部扫描的仪器，医院方面尊重病人的决定，病人及家属要求转院，医院方面会尽量配合。之后，阿刚亲自到镇派出所了解情况，但由于派出所民警开会，他在派出所干等两个多小时还没有民警下来处理，他便再次致电我站寻求帮助。我们致电镇派出所治安股，他们由于有重要会议，可能要到11时30分左右，会议才结束。我站把派出所的情况转达阿刚。11时30分，我站马上联系派出所，得知他们的会议结束，于是我站立即致电阿刚，让他到二楼找到负责处理该案件的民警。

结案情况：

6月10日，我们致电镇派出所治安股主任，他答复案件已经处理，双方达成调解协议，由涉案的三人赔偿麦老太医药费和鸡舍的损失共计15000元。

7月15日，区维权工作站长来电，阿刚不服派出所的判决，到区公安局咨询相关处理情况。我站再与镇派出所办公室主任联系，他表示由于麦老太的伤势经法医鉴定不构成轻微伤，涉案的当事人阿建认为赔偿15000元过多，只愿意赔偿10000元。阿刚则认为真正打人者没有治安拘留，治安处理书上也没有阿建的名字，所以拒绝在送达通知书上签名。双方对处理结果均不满意。派出所方面就向双方解释他们自己的权益和义务。如果他们不服判决书，可以向上一级公安机关申诉。我站向程部长汇报该个案的情况，后经逐级工作，区公安局把案件发回我镇派出所重新作认定处理。镇派出所按照有关规定及治安处理条例，做出拘留涉案当事人5天的决定，并赔偿麦老太药费和鸡场的损失。程部长亲自向阿刚解释他们应有的权益和义务，如果对新的判决书不服的，他可以依照相关的法律规定，再次向上一级公安机关进行申诉，阿刚则表示清楚明白。

反思及建议：

（1）案件处理中，部门之间的协调理解是十分重要的。我镇维权工作站为维护妇女的合法权益，凡事争取主动。在今年接访的多宗家庭暴力个案中，当有受到暴力的妇女求助时，我站在第一时间提醒受害人报警求助，以争取保留证据，为日后追讨赔偿作保证。

（2）在案件处理过程中，需多方联动，以保障妇女利益为前提。阿刚认为镇级医院医疗设备差，我们马上联系镇主治医生及派出所为麦老太争取到最佳的治疗环境，让她早日康复。

（3）领导重视也是案件得以顺利解决的关键。由于双方当事人都对第一次调处不服，麦老太的家人遂到区维权工作站再次求助。接到麦老太家人的求助后，区维权工作站马上联系我站了解情况，并向区公安局纪检监察科提出重新判决。区公安局把案件退回镇派出所重新认定处理。区维权工作站向阿刚及家人详细解释他们应有的义务和权利。他们表示对处理结果满意。

（4）做好资料的保存和处理，及时做好每次的跟踪过程记录和处理意见反馈，为今后的工作提供有力的事实依据。

点评： 上述个案由案由、个案调处情况、结案情况、反思及建议四个部分构成。对妇女的身心伤害有来自家庭内部的，也有来自家庭外部的。对于来自家庭外部的暴力，佛山市各级妇联也应积极介入，尽心尽力维权。本案的受暴者是一个65岁的老年妇女，由于各种复杂的原因与关系，麦老太及家人与施暴方力量对比存在着一定的不平衡，从而有可能影响维权的过程，使案件的处理不利受暴方，为社会的不安定埋下隐患。当地妇联的介入有助于双方力量对比的平衡，进而有利案件公平公正的处理，维护麦老太的合法权益，给社会起到良好的示范与警戒作用。

第三节 维护妇女的财产权与子女的抚养权

一、维护妇女的财产权

据调查,在佛山,夫妻离婚原因呈现多样化,其中有婚外情、感情破裂、家庭暴力、丈夫恶习、歧视虐待、家庭琐事、性格差异、经济窘迫等。(参见李晓春博士《佛山市离婚妇女权益保障研究》,载于佛山市妇女联合会《女性·和谐·发展——二〇一〇年佛山市妇女发展研究中心课题集》)当家庭矛盾激化,婚姻面临解体时,夫妻之间就会展开财产权利的争夺,而妇女在这个过程中常处于劣势。

调查显示,佛山地区妇女在离婚时最易受侵害的是夫妻共同财产获得权,占被调查者的48.6%。其中的原因是,多数家庭以男性为主在外经营,这在低学历离婚妇女中尤为明显,其主要家庭经济来源靠丈夫的高达62.5%,靠双方共同获得经济来源的占33.5%,而主要靠女性获得经济来源的仅占4%。可见,佛山低学历女性在自强自立方面并没有足够的优势。因此,也决定了女性对丈夫的经营收入缺乏清晰的账目,为男方在离婚前转移隐匿财产提供了方便,从而致使离婚女性在分割夫妻共同财产时处于劣势。离婚妇女不仅在生产经营性资料和经营权的争夺中难以获胜,而且在主张共同财产时也往往得不到支持。同时,调查显示,有42.9%的被调查者认为居住权常常得不到保障。由于传统观念或经济来源差异,单位分房或自己买房多以男方为主,妇女离婚时难以得到应有的共同财产份额,从而造成离婚妇女在住房上的困难。被调查者中,有独立住房的单身母亲家庭仅占26%,有28%的离婚妇女无住房,有46%的离婚妇女临时租房或住父母及亲属家。(参见李晓春博士《佛山市离婚妇女权益保障研究》,载于佛山市妇女联合会《女性·和谐·发展——二〇一〇年佛山市妇女发展研究中心课题集》)

另外,子女抚养权、集体分红权、土地承包经营权、子女探视权等易受伤害的比例则依次占41.4%、31.5%、22.9%和15.7%(参见李晓春博士《佛山市离婚妇女权益保障研究》,载于佛山市妇女联合会《女性·和谐·发展——二〇一〇年佛山市妇女发展研究中心课题集》)。

面对这种情况,佛山市各级妇联积极介入,除了进行相关法律知识的宣传,提供维权咨询外,还充分运用个案工作法,努力为妇女争取合理、合法的财产权。下面是其中几个比较典型的案例,这些案例说明了维护妇女财产权的复杂性与艰难性。

个案之一:离婚夫妇 用维权获得补偿
(引自佛山市三水区大塘镇妇联妇女儿童权益维护工作站实录)

案由:

2010年12月22日下午,天气寒冷,并下着蒙蒙细雨,一个年约30岁、身穿紫色

第四章 维护妇女权益

棉大衣的女青年来到大塘镇妇联维权工作站反映情况。原来该女青年名叫唐秀秀，今年31岁，是广西人，现居住在大塘镇某村，与丈夫何新明于1997年初在广州打工相识并相恋，于1998年4月在广西办理结婚登记手续，1999年生育了女儿小惠。结婚后夫妻之间的感情开始还算可以，但不久之后，夫妻间便经常为了一些家庭琐事而吵架，为了维护家庭的稳定和女儿的健康成长，唐秀秀一直对丈夫的行为加以忍让。目前，夫妻俩在该村经营一间废品回收店，至今已有三年多时间。一直以来，废品回收店的经济来源都由妻子唐秀秀掌管。然而，2010年春节过后，丈夫不知为何缘由不准妻子唐秀秀插手管理废品回收店，而且婚后夫妻间性格不合，缺乏沟通，整日吵吵闹闹，唐秀秀称自己与丈夫感情已破裂，无法再与之共同生活。2010年3月初，夫妻两人曾到大塘镇民政办办理协议离婚。但在协议离婚的过程中，对夫妻共同财产分割一事发生了争议，因夫妻俩没有太多的共同财产，唯一就是正在经营的废品回收店。在房产方面，目前夫妻俩所居住的房屋是何新明"干妈"留下给干儿子的，"干妈"生前就已经许诺将房屋赠与何新明，夫妻俩婚后就一直在居住在此间房屋，因"干妈"生前已经明确将房产赠与干儿子一人所有，因而该房产不属于夫妻共有财产。于是，唐秀秀向丈夫提出要求丈夫向她支付一笔费用（10000元）作为补偿，废品回收店就归丈夫所有，但丈夫对此10000元补偿费不同意。为此夫妻俩协议不成，离婚一事就搁置了。双方也没有起诉到法院，日子依旧在进行。直到2010年年底，唐秀秀再也忍受不了吵闹的生活，特前来大塘镇妇联求助，希望镇妇联能够帮助她获取离婚补偿。

个案调处情况：

镇妇联维权工作站工作人员耐心接待了唐秀秀，并详细了解其家庭情况，帮助唐秀秀一起分析了她目前的处境。当维权工作站工作人员问及两夫妻经营的废品回收店的年（月）收入有多少、支出多少，有没有夫妻共同财产时，细心的工作人员发现唐秀秀支支吾吾，答非所问，似是有所隐瞒。在维权工作站工作人员的一再追问下，唐秀秀终于道出了缘由，原来唐秀秀有赌博习惯，经常与同伴三五成群在周边地方赌博，甚至约上"赌友"前往澳门赌场赌钱，近两三年来已经输掉了家中不少的钱财。当工作人员向唐秀秀刨根问底了解其为何沉迷赌博时，唐秀秀回答说是因为不能与丈夫沟通，时常感到时间空虚、寂寞，所以就去赌钱，以赌钱来打发时间，寻求刺激。在了解到唐秀秀的实际情况后，工作人员尝试联系其丈夫，全面了解其家庭状况。

维权工作站工作人员致电何新明了解情况。何新明承认自己早年做过的错事（吸毒），也感谢妻子唐秀秀一直对他的宽容，何新明坦言，平时的钱财都由妻子唐秀秀保管，早年夫妻两人承包村中的鱼塘，将辛辛苦苦承包鱼塘所攒得的钱用来偿还妻子因赌博而欠下的巨债10多万元。自己亦曾苦口婆心屡劝妻子，但妻子仍不知悔改，一意孤行，继续沉迷赌博，现在夫妻感情日渐淡薄，形同陌路人，如今一见妻子唐秀秀甚至是听到她的声音便已感到厌恶。自己年初时曾口头承诺若然离婚补偿10000元现金给妻子，但这段时间回收店生意一落千丈，资金周转不力，连日常开支都难以支付，根本是入不敷出，他也无能为力。如果真的补偿10000元给妻子唐秀秀，何新明说，这即等于给钱让她去赌博而让钱石沉大海，要不是妻子沉迷赌博，不要说10000元，就算是借，十万、八万都乐意补偿她。如果将10000元以女儿的名义存入银行，一旦夫妻双方离婚，女儿小惠的生活也有所着落，况且女儿今年已经11岁，她有权决定自己随父或随母，如果女儿选择跟随父亲，自己会尽抚养责任养育女儿；一旦女儿选择跟随她母亲，作为父亲也会从离婚之日起每月15日前支付500元作为女儿的生活费，而女儿的教育费、医疗费则双方各承担一半。

12月23日，镇妇联维权工作站工作人员会同镇司法所有关人员到濠边村委会对唐秀秀的家庭情况作详细的调查。经了解，何新明曾吸过毒，夫妻两人曾承包过村中的鱼塘，现在村中经营一间废品回收店，而何新明一直在村中表现良好，没有违法违纪行为。

结案情况：

12月24日，我站工作人员在镇维权工作站约见了双方当事人进行调解，唐秀秀夫妇如约而至，工作人员将问题重点放在双方共同关注的焦点上：女儿小惠成长照顾以及经济补偿。在我站工作人员的引导下，夫妻双方都比较配合，经过长达3个多小时的调解，双方最终达成协议：①丈夫何新明答应补偿10000元给妻子唐秀秀；②女儿小惠的抚养权归妻子唐秀秀，离婚后丈夫每月支付500元作为女儿的生活费，女儿的教育费、医疗费各负担50%。随后，双方在大塘镇民政办签订了离婚协议书，离婚协议书中明确注明了男方愿意支付10000元现金作为补偿女方。

反思及建议：

在这个案件中，镇妇联维权工作站工作人员以耐心细致的态度首先取得了调解双方的当事人的信任，并耐心倾听当事人双方的诉求，在了解了基本情况后继而深入村中展开更详细的调查，掌握其矛盾的来源，这更有助于我们解决矛盾纠纷。

同时，案件的成功调处有赖于相关部门的配合、支持和协助。在案件中，镇司法、该村村委会干部的大力支持和配合，协助我站工作人员了解当事人家庭情况，紧抓焦点角度去帮助当事人解决问题，让案件得以成功调解处理。

点评： 上述个案由案由、个案调处情况、结案情况、反思及建议四个部分构成。案主夫妻双方处于社会的中下层，无力承担诉讼费，是妇联关注的重点群体之一。社会中下层家庭发生婚姻问题，相对而言，结果将更为不幸。佛山市三水区大塘镇妇联妇女儿童权益维护工作站的工作人员在处理案件的过程中，十分认真、仔细倾听，察言观色，找出原因背后的原因，为正确化解矛盾打下了基础。案主夫妇双方虽然可分的财产并不多，但处理不好会酿成重大的刑事案件，给双方、子女造成严重伤害，对社会产生不良影响。

个案之二：无依无助　娘家贴心
（引自佛山市禅城区妇联妇女儿童权益维护工作站实录）

案由：

谢丽，女，35岁，无业，户籍在广东省佛山市，现住佛山市禅城区某街4号。谢丽在父亲的陪同下，反映其丈夫提出离婚诉讼的问题。谢丽的老父表示，女儿至今一直在接受精神分裂症的康复治疗，没有收入来源。谢丽及其老父希望妇联给予精神上的支持与帮助，并请求法律援助，驳回谢丽的丈夫刘山峰提出的离婚诉讼请求。

案主谢丽的丈夫刘山峰诉谢丽离婚纠纷一案，谢丽不同意离婚。她认为：①夫妻双方是经恋爱而结合，婚姻基础牢固；②夫妻感情并未破裂；③谢丽因生育女儿引起患精神分裂症，在婚姻中无过错；④刘山峰提出离婚，有损妇女的合法权益。

个案调处情况：

4月1日，谢丽及其父亲在律师的指引下，与区妇联维权工作站工作人员会谈。谢父反映谢患产后抑郁症，自2001年9月开始在佛山市第一人民医院治疗，病情好转后继续上班，但由于各种原因，病情加重，2004年被诊断为精神分裂症，两次在佛山市第三人民医院治疗，2009年年底出院，按医嘱继续吃药，至今仍在治疗康复中。谢及其父亲、家人均不希望谢与丈夫办理离婚，希望通过向妇联提交材料申请法律援助，通过法律途径驳回刘山峰的诉讼请求，请求不予离婚。

区妇联维权站在初审谢提交的材料后，经区妇联研究，认为该案主的情况符合法律援助条件，同意为其申请法律援助，填写《法律援助申请表》《法律援助申请审核表》交法律援助处。4月2日法律援助处发出编号：禅援民函字〔2010〕第37号《民事法律援助公函》，指派由某律师事务所的李律师担任此案的诉讼代理人，区妇联指派小黄参与此案的调解、诉讼。

4月9日，区妇联小黄在律师事务所再次约见了谢丽及其父亲。在谈话中，区妇联小黄与谢丽的代理律师达成共识，支持谢丽参与诉讼。区妇联做好"娘家人"的角色，鼓励谢丽勇敢面对婚姻，希望她在诉讼结束后，注意调理身体，尽快适应正常的生活，希望她康复后可以做力所能及的工作。

由于谢丽的父母、兄弟姐妹与刘山峰存在财产分割的分歧，庭审中难以达成协议。在这种情况下，禅城区妇联工作人员小黄、李律师多次向谢丽及其父母、兄弟姐妹宣传婚姻法的相关规定，鼓励谢丽积极面对现实，摆脱不幸婚姻，同时积极为谢丽争取较多的财产分配，维护其合法权益。经过耐心的解释工作，谢丽由不同意离婚转变为同意离婚，双方最终通过调解的方式协议离婚。

结案情况：

谢丽与刘山峰通过调解的方式达成离婚协议，由禅城区人民法院出具（2010）佛禅法民一初字第2057号民事调解书。双方当事人自愿达成如下方案：一是原告、被告双方自愿离婚；二是婚生女儿刘芷茵由原告刘山峰抚养，抚养费由原告负担，被告可以随时探望；三是夫妻共有的两套房屋中较大的房屋归被告谢丽所有；四是归被告谢丽所有的房屋剩余房贷由谢丽负责偿还；五是原告刘山峰自愿为谢丽缴纳离婚之日起的5年社保费。诉讼费由原告刘山峰承担。

在案件办理过程中，区妇联维权工作站工作人员一直充当谢丽的聆听者，提供精神上的支柱。在谢丽疾病康复后，欢迎她前来工作站，由志愿者为其提供心理辅导以及职业规划方面的指导。同时，区妇联接访人员和法律援助律师锲而不舍地向刘山峰做思想工作，希望谢丽的丈夫能真心实意地以谢丽离婚后的生活为出发点，考虑财产分割方面更多地向妻子倾斜。在妇联和法律工作者的帮助下，谢丽顺利地争取到比较多的财产，为日后生活及治疗提供重要的保障。庭审结束，谢丽的家人不停地向区妇联以及提供法律援助的李律师道谢。

反思及建议：

区维权工作站对当事人的诉求进行了调查了解，并向当事人做了耐心的解释工作。谢丽对区维权站的电话和面谈的劝说表示满意，没有出现情绪激动的现象。经协助其申请法援，该个案取得较好的处理效果。该案过程中，我们有如下几点体会：

（1）区妇联领导的高度重视是该案得以圆满解决的重要保障。

（2）区妇联维权工作站与法律援助处紧密协调，为其争取到法律援助，使谢丽得到了的法律援助，这是本案顺利结案的关键。在今后的工作中，应加强与法律援助部门的联系和沟通。

（3）区妇联维权工作站工作人员热情接访，认真对待来访者的诉求，娴熟运用社会工作方法中个案工作的技巧，也是该个案得以顺利结案的又一支持。

点评： 上述个案由案由、个案调处情况、结案情况、反思及建议四个部分构成。家庭社会最基本的细胞之一，家庭核心要素是情爱、性爱、责任与义务，缺少其中的任何一个要素，家庭的平衡结构就会被打破，家庭就不能称其为家庭。案主谢丽的家庭已经名存实亡，她已经不能从中得到情爱、性爱；刘山峰对谢丽失去了情爱，其对这个家庭的责任心也在不断地衰退。妇联维权工作站的工作人员在充分了解情况后，认为维持现有的家庭已经没有意义，通过引导案主及亲属进行换位思考，结束无法维持的婚姻，使双方都开始新的生活。在这个过程中，妇联站在弱势的案主一方，为案主争取到了尽可能多的利益。

个案之三：完善保障机制履职责 离婚妇女权益得维护

（引自佛山市高明区荷城街道妇联妇女儿童权益维护工作站录）

案由：

谭志和，男，55岁，务农，高明区荷城街道某某村委会某村第一队第一小组村民。其女儿谭小英，今年32岁，2003年出嫁到佛山市三水区，户口一直未迁离某某村委会某村第一队第一小组，谭小英婚后生育了一子，后因与丈夫性格不合，于2008年9月由法院判决与丈夫离婚，儿子判给男方抚养。因婚后夫妻并没有什么共同财产，离婚后谭小英独自带着自己简单的生活用品就回到高明区荷城街道某某村委会某村第一队第一小组，与父母居住。

2010年3月10日上午，谭志和来到我街道妇联维权工作站求助，反映荷城街道某某村委会某村第一队第一小组商议分配责任田以及2009年度的年终分红，但他发现分配方案中并没有其女儿谭小英的名字。谭志和认为村中分配方案不合理，希望妇联维权工作站为他女儿争取享受到与其他村民同等的待遇。

个案调处情况：

根据《中华人民共和国妇女权益保障法》第三十二条、三十三条的规定："妇女在农村土地承包经营、集体经济组织收益分配、土地征收或者征用补偿费使用以及宅基地使用等方面，享有与男子平等的权利"、"任何组织和个人不得以妇女未婚、结婚、离婚、丧偶等为由，侵害妇女在农村集体经济组织中的各项权益。"因此，谭志和女儿谭小英有权依法享受村中分红、分配的权利。

接到求助个案，维权工作站工作人员马上向领导汇报情况，并致电谭志和所属村委会妇代会主任了解详细情况并要求其协助解决问题。

3月11日上午，该辖区村委会妇代会主任回复我维权工作站，该村第一队第一小组谭组长表示村中的任何分配都不是其个人说了算，每次都是由村民委员小组成员拟定分配方案，再由村中18岁以上村民表决同意后才可分配，此次的做法也不例外。谭组长还对妇代会主任说，如谭小英想争取享受村中的权益，可到法院起诉该村。

接到回复，我维权工作站工作人员要求妇代会主任约该村谭组长到村委会，由街道妇联干部亲自与他沟通。

3月11日下午，村委会妇代会主任回复，谭组长告诉她，近段时间比较忙，没有时间应酬（我）街道妇联干部，并强调村委会不要再打扰他。

3月12日上午，我站工作人员致电谭组长，要求他到村委会作面谈调解工作。开始时，任由我站工作人员说明问题，他始终表示没时间处理。后来，在我站工作人员的再三要求下，谭组长才勉强答应找个时间再约。

3月14日上午，我站再致电谭组长，问他是否有时间面谈，谭组长终于答应于下午3点与我街道妇联干部面谈调解。

当天下午，我街道妇联和维权工作站人员、辖区村委会干部、妇代会主任、某村第一队第一小组组长以及副组长等一起在辖区村委会就谭志和上访的问题进行面谈调解。

在调解过程中，谭组长表示，本村订立的非农入股、股金分配方案中第10条规定：已嫁出女子（含离婚后或者再婚的），其户口未迁出的，包括其生育的子女不能参加该村的任何分红、分配，并且从第二年起取消一切分红、分配，有责任田的由该户人员代耕至期满为止。

但在面谈的过程中，我们了解到谭志和虽然婚后生育了一子一女，但他的儿子在很小的时候已因病去世，现在只有谭小英一个女儿。而他们夫妇当年也按照《广东省计划生育条例》的规定，实施了结扎手术。结合多方面的实际情况，我妇联干部要求该村自觉执行《中华人民共和国妇女权益保障法》，切实维护妇女儿童的合法权益，给予谭志和女儿谭小英享受村中分红、分配等本村农民享有的正当权利。

另外，根据有关情况，我妇联干部希望辖区村委会要进一步加强该村第一队第一小组村民及小组成员的思想教育和法制教育工作，更新观念，使村民小组成员的认识统一到依法办事和依法保护妇女合法权益的层面上。同时，要进一步加大基层普法宣传力度，大力宣传妇女权益保障法和村民委员组织法，使基层群众学法、懂法、用法，从而树立男女平等观念，依法维护妇女合法权益。

结案情况：

3月19日下午，村委会妇代会主任回复，经我街道妇联干部及辖区村委会的调解后，该村村民小组已决定从2010年4月1日起，凡该村村民小组村民享受的任何利益谭志和女儿谭小英均可享受。

反思及建议：

夫妻离婚容易成为妇女儿童丧失集体权益分配权的理由，村民自治也容易成为侵犯公民合法权益的借口,相关法律法规缺乏性别视角,一些法律法规表面上看来是中性的,但是由于立法者没有充分考虑中国现实的社会性别利益关系,法律法规在实施过程中往往会给女性带来不利。

(1) 领导的重视是调解的前提保障。在与村主任沟通的整个过程中,我街道妇联副主席、工作人员不厌其烦地做谭组长的思想工作,最后得到成功。

(2) 离婚女性是妇女中的特殊弱势群体,她们在经历了婚姻的痛苦之后,又面临着经济的困境、生存的压力、就业上的歧视等,生活质量与离婚前相比大大下降。

(3) 面对离婚妇女所处的困境,我们不得不重新审视相关的法律法规在离婚妇女权益保护中存在的缺失。

(4) 很多离婚妇女已经初步懂得拿起法律武器维护自己的合法权益,当她们的权益受到侵害时,都会对法律给予很高的期望,希望通过用法,从而争取到自己应有的权益。

点评:上述个案由案由、个案调处情况、结案情况、反思及建议四个部分构成。调查表明,农村离婚妇女土地承包经营权和集体分红权受侵害的比例最高,分别达86%和84%;其次是其他集体福利,占61%。就拿土地承包经营权来说,妇女离婚后未能分配土地的占47%,离婚后婆家所在集体虽保留其土地但其相关权益均归男方所有的占35%,而真正拥有土地承包经营权的仅占18%。显而易见,有高达82%的农村离婚妇女土地权益流失严重。不难预见,土地作为农村离婚妇女的重要生活保障,其丧失必将致使离婚妇女的就业和生活雪上加霜。具体存在如下情形:一是农村离婚妇女两头失地。婆家所在集体以外来人口为由不予分地,而娘家所在集体则以已出嫁为由收回承包地;二是农村离婚妇女在婆家仅仅是空挂户,实际上没有获得土地权益,离婚妇女不居住在婆家,个别村虽保留了其土地承包经营权,但其相关权益全归男方;三是农村离婚妇女户口被强迫迁出,承包地被收回,原村集体一切权益不能享有;四是成为户主的农村离婚妇女不能长期拥有土地权益,如有些村规定,离婚妇女一旦其所抚养的子或女成家,户主自然转为其儿子,其本人相关土地权益均丧失或将土地收回。(周光清:《论农村离婚妇女权益保障》,湖南大学2008年硕士学位论文,第4页)

佛山市地处经济发达的珠江三角洲,城镇扩张十分迅速,工业化程度高,外嫁女特别是离婚妇女合法权益受到侵害的情况比较突出。面对这种情况,农村出嫁女权益问题一直是佛山市妇联重点关注的问题之一,并就此问题专门立项调研。多年来,依照"领导挂帅、农办牵头、部门协同、分工明确、责任到位"的工作机制,佛山市各级妇联配合本地农村出嫁女权益问题专项治理工作领导小组,运用政策、法律、经济等多种手段和说理、教育、协商、调解等方法,依法及时合理地处理农村出嫁女反映的问题。据不完全统计,佛山市出嫁女及其子女87918人,经过多方努力,享受村民待遇的82744人,占总人数的94%。

从上述个案可以看出,维护外嫁女的权益十分艰难,需要妇联维权工作站的工作人员付出很多时间与精力,也需要得到基层行政组织的充分理解与支持。

二、维护子女抚养权、争取子女抚养费

(一) 维护抚养权

从上节所述的三个案例来看,佛山各级妇联在维护离婚妇女的财产权的同时,也在努力维护她们的子女抚养权与探视权。有时,男女双方会为了抚养权展开十分激烈的争夺,下面是一个比较典型的个案。

未婚生育引发的家庭困扰
(引自佛山市妇联妇女儿童权益维护工作站实录)

案由:

2012年7月30日,江西籍在佛山务工的阿丽来到市妇联维权工作站,急切地向工作人员讲述她5个月大的儿子在26日被男友的父母突然抱走,自此失去音讯。电话、短信、报警等各种方法都试过,寻找儿子的下落依然没有一点进展。阿丽眼泪不止,情绪焦虑、内心十分痛苦,几日来严重失眠。阿丽强调无论如何一定要找回儿子,争取孩子的抚养权,因此,她通过警察的指引来求助妇联,希望得到妇联的帮助。

个案调处情况:

工作人员通过详细了解得知,阿丽三年前与同在佛山务工的老乡阿刚恋爱同居。去年,得知阿丽怀孕后,男友母亲从老家过来帮忙,并且请亲戚朋友摆酒庆祝。阿丽在与男友及其母亲共同生活期间,关系一直都很融洽,只是偶尔与男友有些小吵小闹,但根本没想到他竟会有如此出人意料的举动。昨天,男友的父亲打电话给阿丽,让她放弃孩子的抚养权,并表示如果她答应并签署协议,便补偿一万元。阿丽无法理解男友家人提出这种荒唐的要求,很是气愤。工作人员认真聆听帮助阿丽回忆近三年的经历,协助她梳理与男友的感情生活,从而客观理性地找出事件发生的原因。

工作人员通过阿丽提供的电话主动联系到了阿刚,阿刚在接到妇联的电话后,表明自己的做法不对,对阿丽表示道歉,现在孩子一切都挺好,有父母帮忙一起照顾,让阿丽不用担心。阿刚表示,他和阿丽的感情一直不稳定,尤其是在儿子出生后,阿丽在照顾儿子方面,情绪时好时坏、忽冷忽热,有时甚至打骂孩子。她不懂得如何照顾小孩,动不动就以儿子为条件来威胁自己和家人,还说要带孩子远走他处。自己也是在不得已的情况下才与家人出此下策。工作人员听过阿刚的讲述,表示理解他的顾虑,同时也指出孩子不能缺少母爱,从有利于孩子健康成长方面入手劝解阿刚,建议他冷静下来,与阿丽好好商量,共同解决,选择逃避不能真正解决问题。阿刚表示感谢妇联的关心,但他还是坚定地表示孩子由自己抚养,其他事情以后再来处理。工作人员表示理解阿刚想法的同时,耐心地告知他这种决定从法律层面上侵犯了母亲抚养孩子的权利,希望他能更加理性地处理问题,共同和阿丽一起面对,解决和处理好婚姻和孩子的抚养问题。通过一个小时的对话,最后,阿刚向工作人员表示会好好考虑,并答应同父母商量后会主动联系阿丽。工作人员将调处情况反馈给阿丽,疏导阿丽的

焦虑情绪，安慰她小孩现在有男友及其父母的照顾，孩子的安全和健康方面可以放心。

经过分析，工作人员将调处重点转移到案主阿丽身上，就阿丽的沟通方式和情绪问题展开对话，初步评估阿丽在产后存在焦虑、严重失眠、负面情绪等状况，导致其男友对她照顾和抚养小孩产生顾虑，综合情况后工作人员认为：一是阿丽未婚生育，与阿刚的情感不稳定，严重缺乏安全感，导致经常失眠，情绪不稳。二是初为人母，未婚生育的情况下缺乏照顾好婴儿的信心，不懂如何照顾婴儿，心情焦虑烦躁。三是出现问题、发生矛盾，选择用小孩来威胁和逃避，导致身边亲人产生对她产生不信任，最终造成的情感背离。

工作人员首先建议阿丽调整自己的情绪和睡眠状况，教会她一些放松练习，比如听音乐等缓解失眠的方法。关于与男友的纠纷，工作人员让阿丽学习如何有效沟通，改变同男友说话的语气，心平气和地与男友商量生活中的事情，比如克服喜欢挖苦质疑男友的缺点，鼓励阿丽学会用平和的语气阐述自己的观点，尊重对方。通过工作人员的协助，阿丽表示会在心情平复的时候主动找男友进行沟通。

结案情况：

三天后，工作人员去电阿丽男友，阿刚表示阿丽现在已回到孩子身边，自己在处理事情上也过于武断，没想到事情会越闹越大。

随后，工作人员回访阿丽，阿丽向工作人员表述，经过这段时间的努力，自己没有以前那么紧张焦虑了，心情平复了许多，睡眠质量也有所改善，心情好转，愿意与家人交流沟通。并且已向男友表达了办理结婚登记的愿望，男友高兴地表示会尽快与父母商量日子，择期办理。工作人员鼓励阿丽积极面对，相信她有能力调整好自己的情绪，照顾好儿子。

反思及建议：

造成来访人阿丽与男友家关系紧张的一个重要原因，就是未婚生子。目前农村地区受传统观念的影响，人们对婚姻的认可，还是以摆酒方式为主，即使没领证，只要双方正式摆酒请亲戚朋友过来道贺就算结婚。但随着外来务工人员的增多，而很多人还受着农村传统婚姻习俗的影响，未婚同居、未婚生子屡见不鲜，从而导致一系列的社会问题。

本案中阿丽就是一个典型例子，由于没结婚登记生子，而且生活在城市，在知道这种与男友的关系不受法律保护的情况下，产生了严重的不安和焦虑，导致与男友及家人关系紧张。从个案来看，找出问题所在，有的放矢地劝导，多做双方的疏导工作，给予适当的指引与建议，协助当事人双方开展良好沟通，调解成效将会更加显效。今后我站在普法宣传上加大力度，以典型案例来教育引导外来务工人员正确处理好恋爱婚姻问题，共建幸福家庭。

另外，在工作人员开展个案调处方面，要秉持社工的专业理念，价值中立，在本案当中，工作人员与案主男友沟通时，偶尔会带入个人的主观情绪，认为男方不负责任伤害女方，这样无益于工作顺利进行。同时，工作人员需要加强专业知识的运用，充分利用社会支持网络帮助案主。

点评： 上述个案由案由、个案调处情况、结案情况、反思及建议四个部分构成。

子女的抚养权利是妇女最重要的权利之一，同时，母爱对儿童的健康成长也至关重要。从上述个案的处理来看，妇联维权工作站的工作人员坚持价值中立的原则，认真倾听女方与男方的心声，充分了解了双方的担心与诉求，运用情感疏导法与换位思考法（移情法），成功地化解了家庭内部矛盾，维护了妇女抚养子女的权益，避免了有可能发生的悲剧。该案的总结与思考较为深刻，值得社会工作者与在校学生参考和学习。

（二）争取抚养费

与维护妇女抚养权相关联的就是为离婚妇女争取子女抚养费。在妇联的实际工作中，多数情况下，争取合理的抚养费不会有太大的难度，但有时则比较困难，下面是一个比较典型的案例。

她终于拿到孩子的抚养费了
（引自佛山市南海区妇联妇女儿童权益维护工作站实录）

案由：

2011年4月13日，林女士和她的一位朋友一起来到南海区妇联维权工作站。林女士现住在广州，1999年时认识了丹灶镇金沙西岸四队的何先生。2002年，两人生下一个女儿，当时何先生声称自己虽然结过婚，但是已经离婚了。2007年，何先生突然不知所踪，林女士多次打电话都无法联系上何先生，当时女儿才3岁。何先生失踪后，林女士当时回自己的老家湛江市廉江，一心想着为了女儿能顺利上幼儿园，要帮女儿上户口，不料计生部门告诉林女士，何先生还没有离婚，因此，他们所生的女儿属于非婚生育子女。于是，在百般无奈的情况下，林女士找到了何先生与前妻的住所，心想着以为找到他的前妻，就可以找到何先生本人，但结果仍是一无所获。林女士从何先生的子女（何先生的子女早已经结婚成家了）口中得知：自从何先生离开家，就很少回来，基本不见其踪影，但是当林女士向他的家人索取何的联系方式时，何的女儿对林女士说，就算知道何的联系方式也不会告诉她。林女士觉得尽管何很少回家，但是他的家人肯定有他的联系方式，而且他是为了躲避林女士而换了电话号码的。林女士现求助南海区妇联维权工作站，想借助妇联力量的介入，取得何先生的联系方式或者联系到他本人。

个案调处情况：

根据林女士反映的情况以及提供的地址，我区妇联维权工作站马上联合丹灶镇妇联维权工作站开展以下工作：一是与丹灶镇妇联维权工作站取得联系，并向丹灶镇妇联维权工作站反映相关情况。二是丹灶镇妇联维权工作站向何先生所在地的村委会取得联系，并将情况进行反映。但是，通过当地村委会从何先生家人得知，目前确实无法取得何先生本人的联系方式，并且他基本上很少回家。当时金沙四队村委会以及丹灶镇妇联维权工作站反馈时均表示较难进行调解，因为何先生本人的行踪无法得知。

当南海区妇联维权工作站在4月27日电话回复林女士并告知相关情况的时候，林女士却很高兴地告诉我们，由于妇联和当地村委会的介入，何先生本人在前两天已与林女士取得了联系。林女士说可能是因为工作人员上门，何先生本人不想把事情弄大，所以主动致电林女士协商女儿抚养费的问题。何先生答应林女士养育女儿至18岁，每个月会定期寄钱到林女士的账户，此笔费用只供女儿生活所用。同时，林女士表示很感谢南海区妇联和丹灶镇妇联和当地村委会的帮助，现取得女儿的抚养费让她解决了生活上的困难，因为由她独自一人带着女儿实在比较吃力。林女士终于拿到孩子的抚养费了，她对区妇联帮助后的结果非常满意。

结案情况：

（1）一些妇女对《婚姻法》等法律法规的知识的掌握和了解还有待提高。个别妇女容易轻信他人，自我保护意识不强。林女士由于在事前没有确认何先生的婚姻状况，当得知何还没有离婚的时候，才知道自己违反了计生政策，孩子属于非婚生子女，但已为时已晚，让个人落入困境。

（2）很多个案的当事人，尤其是男方，在个案调解过程中并不是很配合，大多数人会采取逃避或者不想第三方力量插手，所以调解的成功与否一方面在于妇联工作人员能否及时介入；另一方面，当事人的接受能力和态度也显得尤为重要。

反思及建议：

（1）部门的配合、支持和协助是案件解决的关键。该个案的处理过程中获得了丹灶镇妇联以及当地村委工作人员的支持和配合，当地工作人员对此案件非常重视，他们及时走访，询问情况，尽力协调。同时，何先生本人的态度和对此事的重视，也是本案得以解决的关键。

（2）维权工作站应做好相关档案资料的收集和保存，为今后工作提供借鉴和参考。做好档案的收集和保存既是充分了解案情的需要，也是为今后工作提供借鉴和参考的需要。在个案处理的过程中，我们做好相关资料的记录和归档，做好与林女士的谈话记录，并及时与镇街工作人员沟通、协调，在掌握了解情况后及时回复当事人，最后取得有效的解决。此案的处理程序为今后工作提供了有效的参考。

点评：上述个案由案由、个案调处情况、结案情况、反思及建议四个部分构成。抚养费对贫困的单亲母来说十分重要。本案之所以能得到顺利解决，有以下几个方面的原因：第一，妇联工作人员耐心引导和锲而不舍的专业精神；第二，各级妇女组织、基层行政组织充分配合；第三，基层行政组织的介入给男方造成了一定的心理压力。

三、维护妇女财产权与抚养权的重要性

加强维护妇女财产权与抚养权不仅是必要的，而且是迫切的，其主要理由如下：

第一，妇女成为离婚后抚养子女的主要承担者。例如，调查表明，在佛山地区，有32%的妇女为求经济宽松和再婚时避免累赘，在离婚时曾有放弃子女抚养权的念头和行动，但母爱的天性使之最终使妇女即使放弃个人幸福也要争取子女抚养权。因此，有高达88%的离婚妇女承担着抚养子女的义务；更有70%的被调查者认为，尽管离婚后经济状况不如离婚前，但为了孩子，依然坚强生活。而此间能得到前夫资助的，却不到16%。（参见李晓春博士《佛山市离婚妇女权益保障研究》，载于佛山市妇女联合会《女性·和谐·发展——二〇一〇年佛山市妇女发展研究中心课题集》）

第四章 维护妇女权益

第二，离婚妇女经济压力与心理压力远比离婚男性大。一般而言，离婚妇女的家庭经济状况不理想，面临着极大的压力。这种情况直接影响到其心理状态，并影响到下一代的健康成长。即使是收入稳定的知识女性、职业女性，其精神压力也不容忽视。例如，调查发现，佛山地区有8%的离婚妇女曾有轻生行为；有18.2%的离婚妇女有过轻生念头；有37.8%的离婚妇女有较严重的心理障碍；有62.2%的离婚妇女有不同程度的神经衰弱症；有75.3%的离婚妇女有不同程度的失眠症。而支撑她们活下去的理由就是孩子。一般离婚妇女将或多或少地患有这样那样的心理疾病，甚至会轻生。（参见李晓春博士《佛山市离婚妇女权益保障研究》，载于佛山市妇女联合会《女性·和谐·发展——二〇一〇年佛山市妇女发展研究中心课题集》）

第三，母亲的天性使妇女对子女有着十分强烈的依恋。妇女成家生子之后，对子女的关爱便在其人性组合形态中处于主导性地位，形成一种比较固定的人性组合形态模式。一旦失去子女或子女的抚养权，或失去子女的探望权，其固有的人性结构模式就会被打破，人性、心理结构与情感就会陷入混乱状态，进而影响到生理状态。如果处理不当，不能重组人性结构，使人性、心理恢复平衡，就会酿成悲剧。

第四节 维护妇女的公平就业权

一、佛山市妇女就业歧视现状与原因

（一）妇女就业歧视的主要表现形式

就业性别歧视主要发生在就业机会和就业待遇两个方面。就业机会中的性别歧视，是指雇主在招聘过程中，基于性别或与性别有关的结婚、生子等因素而排斥女性，主要表现为以性别为由拒绝录用妇女或提高对妇女的录用标准或以怀孕、哺乳为由辞退女性职工或单方面解除劳动合同或者提高对女性的录用标准。职业待遇中的性别歧视，是指在履行劳动合同过程中，雇主对创造了同等价值的男女雇员在劳动报酬、劳动条件、培训、晋升等方面区别对待，或者对创造不同价值男女雇员给予同等对待。主要表现为不同身份的男女同工不同酬，或者从事等值工作的男女不能获得等值报酬和福利待遇，或同一岗位的男女得不到同等的晋升和培训机会，甚至跟女性职工约定生育期限等。（参见向玉兰《佛山市妇女就业歧视调查研究报告》，载于佛山市妇女联合会《女性·和谐·发展——二〇一〇年佛山市妇女发展研究中心课题集》）

调查显示，佛山市16.2%的被调查者遇到过以性别为由拒绝录用妇女或提高对妇女的录用标准的情况，13.4%的被调查者在求职过程中因婚姻状况或孕育状况等因素被用人单位拒绝录用，14.8%的被调查者觉得自己所在的单位在录用职工时有以性别为由拒绝录用妇女或提高对妇女的录用标准，但认为自己单位有以结婚、怀孕、哺乳

等为由辞退女性职工或单方解除工作合同等情况的只有 5.7%。从佛山市各区的数据来看，在求职过程中以性别为由拒绝录用妇女或提高对妇女的录用标准的严重程度不一，三水区遇到过这种情况的人最多，占该区被调查者的 21.1%，高出全市平均水平 5 个百分点；禅城区为 16.1%，与平均水平差不多；南海、高明和顺德分别为 13.4%、12.2% 和 15.3%，都低于平均水平。在求职过程中因婚姻状况或孕育状况等因素被用人单位拒绝录用的，各区差别较大。在这方面，禅城区被调查者中的 17.4% 认为自己曾遇上述情况；而南海区的比例为 12.4%；三水区为 9.2%；高明和顺德与平均水平相近，分别占 13.2% 和 13.6%。在求职过程中，9.5% 的被调查者与公司有过书面或口头约定"在几年内不生孩子"。根据中国著名宪法学者、中国政法大学教授蔡定剑主持的在中国十大城市开展的"就业歧视现状调查"结果，在应聘中因为性别遭受到歧视的女性占了 22.3%，在签订劳动合同时对结婚、生育有限制的占 15.4%，分别比佛山市高了 6.2% 和 5.9%。与全国其他城市比，佛山市就业性别歧视总体上似乎要好些。（参见向玉兰《佛山市妇女就业歧视调查研究报告》，载于佛山市妇女联合会《女性·和谐·发展——二〇一〇年佛山市妇女发展研究中心课题集》）

在工资待遇、工作时间等方面，超过 60% 的被调查者认为差不多，但认为男女职工培训机会和晋升机会相同的只占 55%，认为比异性少的占 25.9%。据不完全统计，17.4% 的男性被调查者认为自己的培训或晋升机会比女性少，而 31.7% 的女性认为培训机会或晋升机会比男性少。可见，女性的晋升机会或培训机会总体上比男性少很多。这一情况可以从公务员中的职工比例及各领导层的男女比例得到进一步佐证。从佛山市人事部门了解到，佛山市公务员总数为 27454 人，女性公务员 5401 人，占 19.7%，不到 1/5；科级女性公务员为 1263 人，占科级公务员总数的 17.9%；处级公务员 785 人中女性 96 人，占 12.2%。（参见向玉兰《佛山市妇女就业歧视调查研究报告》，载于佛山市妇女联合会《女性·和谐·发展——二〇一〇年佛山市妇女发展研究中心课题集》）

在女性生育权益保障方面，根据对女性被调查者的不完全统计，50.3% 的被调查女性能享受 90 天以上的产假，12.8% 能享受 60～90 天的产假，7.5% 能享受 30～60 天的产假。在产假政策的落实方面，政府部门做得最好，57.5% 的被调查妇女可以享受 90 天以上的产假。应该指出的是，由于被调查对象中有些是未婚女性，该统计不一定准确。当问到"生育后多长时间内能找到工作"时，36.2% 的被调查者认为能很快找到工作，22% 的人认为半年内很难找到工作，22.7% 的认为 1 年内很难找到工作，14.7% 的人认为 2 年内很难找到工作。这一结果显示，共有近 60% 的人生育后不能在哺乳期内顺利找到工作，说明很多单位对哺乳期妇女持歧视态度，不愿承担女性在哺乳期内所产生的额外成本。（参见向玉兰《佛山市妇女就业歧视调查研究报告》，载于佛山市妇女联合会《女性·和谐·发展——二〇一〇年佛山市妇女发展研究中心课题集》）

（二）实施妇女就业歧视的主要手段

就业性别歧视包括显性歧视和隐性歧视。显性歧视又称直接歧视，是指用人单位以法律明文禁止的就业性别歧视行为作为其用人措施的一部分，非因工作内在需要而给予某人比在相似条件下的其他人不利的待遇,它是表面或形式上最明显的一种就业性别歧视(张艳,2006)。隐性歧视也称间接歧视或负面影响歧视,指用人单位实施表面公平中立的用人措施,该措施的实施实际上对特定人群产生负面影响,且该措施与工作执行无关或不可衡量工作能力(李继霞,2007)。

目前,由于在招工简章中公开歧视女性的行为将受到劳动监察部门的查处,显性就业性别歧视正在向隐性化发展。隐性歧视的手段五花八门,一是"束之高阁",用人单位往往在招聘现场收集简历,但事后不予理睬,更不会通知女性求职者面试。二是"区别对待",有些用人单位或雇主认为女性能力低于男性,因此一般只雇佣妇女从事那些收入低廉、技术性不强、条件较差的所谓"女性工作",使得女性在就业中获得的收入明显低于男性。据相关调查,在各类公司就业的人员中,从事研发和管理的男女比例为72∶28,女性管理和研发人才的比例明显偏低,而在服务等岗位上,女性占多数。这种就业隔离现象导致的直接结果是,一些男女均可胜任的岗位或职业被男人垄断,女性被当然地排除在外,阻碍了女性进入高薪行业,无形中剥夺了女性平等就业的机会。有些用人单位将已怀孕妇女调整到条件相对恶劣或对胎儿影响较大的岗位,迫使其主动辞职,甚至辞退怀孕或哺乳期职工。调查显示,在怀孕或哺乳期间能正常就业的只占73%;5.7%的被调查者怀孕时被单位单方面解除劳动合同,占女性被调查者的10.2%;11.8%的被调查者被降薪或歧视性换岗,占女性被调查者的21.1%;7.2%的被调查者加班加点或从事有害工作,占女性被调查者的12.9%;3.1%的被调查者在就业过程中遭遇过"怀孕或哺乳期间被辞退"的命运,占女性被调查者的5.7%。这一现象在其他城市也表现得相当突出。据2010年1月13日的新浪女性论坛报道,深圳一家公司工作一年的龚小姐怀孕后遭公司无理辞退,由此走上了漫长的维权之路。此外,一些"三高"职业女性经常遇到"是生还是升"的难题,如上海的王小姐为了生孩子只好辞掉高薪职务;而深圳的柯小姐为了职业发展则不敢生育,忍痛打掉了一对双胞胎,并且错过了最佳生育期,导致连续几次流产,留下终生遗憾。三是"提高门槛",一些用人单位针对女性设置额外的附加条件,如身高、相貌、年龄、未婚育等,"自然地"淘汰一批女性求职者。对女大学生的问卷调查结果显示,25%的被调查者在就业过程中遇到过性别歧视,48.6%遇到过户籍地域歧视,33.6%遇到过外貌歧视,16.8%遇到过疾病或身体缺陷歧视,其他如婚否、身高、毕业学校等占8.4%。四是"优先",即在男女条件和资格相同的情况下优先录用男性求职者,而这一点在求职的大学毕业生中表现尤为突出。(参见向玉兰《佛山市妇女就业歧视调查研究报告》,载于佛山市妇女联合会《女性·和谐·发展——二〇一〇年佛山市妇女发展研究中心课题集》)

(三) 妇女就业歧视的主要原因

就业性别歧视产生的原因是多方面的,有社会原因,也有劳动者自身的原因。调查结果显示,37.1%的被调查者认为就业性别存在的主要原因是"特殊岗位的要求",15.1%的人认为是因为"供求关系失衡",16.6%的人认为"单位用人权夸大",17.8%的人认为是因为"社会保障不健全",16.7%的人认为是"历史原因"造成的,而认为是因为"女性能力低"和"女性自身要求低"的分别占被调查者的 6.4% 和 5.8%。"中国就业歧视现状的问卷调查报告"显示（参见 2007 年 7 月 2 日《经济观察报》：http://finance.sina.com.cn/g/20070702/04443742923.shtml），69.4% 的被调查者认为就业歧视严重是劳动力供过于求造成的，46.6% 的认为是社会保障体制不健全，45.7% 的人认为是受效率第一因素的影响。从对女大学毕业生的调查中了解到，38.3% 的被调查者认为就业性别歧视存在的主要原因是"特殊岗位的要求"，49.5% 的人认为是因为"供求关系失衡"，22.4% 认为是"单位用人权夸大"所致，17.8% 的人认为是因为"社会保障不健全"，还有 44.9% 的学生认为是单位对人才素质要求虚高所造成的。还有一个重要原因就是企业片面追求利润最大化。（参见向玉兰《佛山市妇女就业歧视调查研究报告》，载于佛山市妇女联合会《女性·和谐·发展——二〇一〇年佛山市妇女发展研究中心课题集》）

二、妇联介入维权

面对上述情况，佛山市各级妇联积极介入，采取实际行动，反对就业中的性别歧视，维护妇女的合法权益。妇联介入的手段主要有法律宣传、提供咨询、提供法律援助。自 2005 年以来，佛山市各级妇联运用社会工作方法中个案工作法，为有需要的案主提供实质性的帮助，在这个过程中，工作人员宣传相关的法律、法规和政策，起到了以点带面的作用。下面引入一个实际的个案，以说明问题。

怀孕女职员"被终止劳动合同"终恢复
（引自佛山市三水区妇联妇女儿童权益维护工作站实录）

案由：

2010 年 10 月 13 日上午，李女士的妈妈在朋友的陪同下来到区妇联维权工作站求助，反映女儿李女士 2005 年 11 月入职佛山市三水区某公司，并于 2010 年 1 月续签劳动合同，劳动合同期为 2010 年 1 月至 2011 年 12 月，但在劳动合同期还没有结束前，李女士却被告知要终止劳动合同。突然的变故源于李女士怀孕一事。

李女士于 2007 年 3 月结婚，2009 年 4 月至 2010 年 4 月先后两次自然流产。38 岁的她于 2010 年 7 月再度怀孕，欢喜之余又有担忧，因第三次怀孕又出现了先兆流产的症状，李女士一家非常担心，于是马上办理了住院的手续。9 月 21 日至 9 月 27 日，李女士在佛山市妇幼保健院住院，主诊医生建议其休息 30 天时间，并出具了相关的证明书。因身体不适，李女士并未亲自向单位说明情况，只是通过丈夫将相关的证明材料送到该公司，本以为有了医生的证明就可以在家好好养胎。然而，2010 年 10 月 12 日，李女士突然接到公司的书面通知，内容如下：经研究决定，将李女士调至分公司工作，任临时工点钞员，并于 2010 年 10 月 12 日到新部门报到，社会保险费全额由李女士本人负责。看到通知，李女士惊愕不已，自己还在休息期间，为何被公司在不告知的情况下变换了工种，并中途终止了其合同制工人的待遇，变为临时工待遇。并且她也收到了公司的来电，告知她 10 月 12 日必须到新部门报到，否则将按照旷工处理。

第四章 维护妇女权益

李女士对公司的处理很不满意,于是由陈妈妈到妇联代为求助,希望妇联能够介入调处,按照相关的法律法规维护其合法权益。

个案调处情况:

区妇联维权工作站工作人员详细了解清楚李女士的情况,并查看了其相关的材料后,立即展开了事件的调查,主动联系了该公司政工科何主任,向其了解李女士的情况。据了解,李女士反映的问题真实存在,变换工种及终止劳动合同的确是公司的决定。公司做出此决定也是有缘由的,鉴于李女士平时的工作态度较差,对于公司的管理及安排不太服从,其第二次流产后,在不告知单位的情况下就自行休息,给单位管理及工作安排带来很大的不便,为此公司决定对其做出处理。

在了解该公司对此事的陈述后,区妇联谭部长耐心地向该公司详细解释了《妇女权益保障法》中关于保护怀孕妇女的相关规定,建议该公司依法履行妇女权益保障法的相关规定,不能以李女士的工作表现而在其怀孕期间变换其工种,中途终止其合同制工人的待遇。经过多次的协商,该公司依然坚持他们的决定,未能同意恢复原劳动合同规定的内容。

协商未果,区妇联维权工作站再出新招,联合工会介入调处此事。10月18日,区妇联维权工作站联同区总工会、西南街道妇联维权工作站工作人员等一行前往该公司,约见该公司的经理,几个部门共同责成该公司按照相关的法律法规履行对怀孕妇女的保护。

在商谈一开始,该公司仍然坚持他们的决定,他们坚持的理由是李女士在今年4月份第二次流产及9月份住院分别休假近一个月,严重影响工作开展,因而该公司对李女士做出了上述的决定。同时,该公司的经理在商谈中表现出对聘用女工的不满,尤其是女工的特殊生理情况,影响到其公司的效益。对此,区妇联谭部长立即纠正其歧视女职工的看法,并从社会分工、家庭需要等方面阐述,动之以情,晓之以理,紧抓机会向他们详细讲解妇女权益保障法,从妇女权益保障法的角度分析在妇女四期(经期、孕期、产褥期、哺乳期)阶段的保护,并严正企业要依法依规保障女性职工的合法权益。区总工会钱主任也从劳动合同法的角度分析该公司不能无故终止与李女士的劳动合同。在妇联、工会的联动下,我们坚定地维护怀孕妇女的合法权益的立场,责令该公司尽快恢复与李女士珍的劳动合同关系。

结案情况:

随后,我们继续跟进李女士被终止劳动合同一事,从法律和情理的角度继续引导该公司重视和保护妇女的合法权益。经过多方的努力,10月底该公司恢复了与李女士的劳动合同关系,并按照相关的规定给予李女士休假养胎,李女士的合法权益最终得到了维护。

反思及建议:

(1) 对于李女士遇到的情况,是典型的女职工"四期"保护个案,女性的特殊时期需要受到应有的保护,法律法规也有明确的规定,企业切不可因为追求效益而侵害到她们的合法权益。女职工"三期"的待遇也受到法律的保护,根据《劳动法》和《女职工劳动保护规定》,单位不得在女职工怀孕期、产期、哺乳期降低其基本工资,或者解除劳动合同;女工怀孕和哺乳期间,单位不能安排过强劳动和禁忌劳动,不能延长劳动时间;怀孕7个月以上和哺乳女工,不得安排夜班。女职工产假为90天,产假期间,工资照发;怀孕流产的,应根据医务部门的证明,给予一定时间的产假。"三期"内的女职工,劳动合同到期不能终止,只要在合同期内开始孕期,不管何时发现怀孕的,劳动合同都不能到期终止,已经终止的劳动合同需要恢复履行。

(2) 妇联组织作为妇女群众的"娘家人",是妇女儿童合法权益维护的代言人。通过对损害妇女儿童合法权益现象及事件的调研、督查、调处和呼吁,进一步维护妇女儿童的合法权益。李女士在出现劳动纠纷问题后没有选择吃哑巴亏,而是及时向"娘家人"求助。妇联组织的及时介入,以《妇女权益保障法》和《劳动法》的相关规定为依据,要求用人单位严格按照相关规定,保障了孕期妇女的劳动权益。

点评:上述个案由案由、个案调处情况、结案情况、反思及建议四个部分构成。妇女有公平就业的权益。女性有着与男性不同的生理结构与生理周期,在人类繁衍与发展的过程起十分特殊的作用,因而有权力享受与此相对应的特殊权力。在现代社会里,这种权益就包括公平就业权益,即任何组织(企业)不能因女性有着与男性不同的生理结构与生理周期而剥夺女性就业的机会与权力及相关的收益。

个人相对一个组织(公司)来说,力量十分弱小,力量对比严重失衡,无法有效地保护自己的正当利益,需要妇联、工会、残联等社会组织及时介入,使力量对比达到相对平衡,维护个体的合法权益。在本案中,妇联联合了工会,结成战略同盟,共同向企业说情、说理、说法,结果取得成功。当一个企业非常庞大而具有实力时,单凭妇联的介入以保护妇女的合法权益可能无效,这时,妇联就需要战略联盟,以充分履行自己的职能。

同时,值得注意的是,涉案的企业领导对女性存在比较严重的偏见,这种偏见会传导到整个企业上上下下,使组织本性出现严重失衡,做出有损社会良知的行为和违法的行为。而所有这些又会传导到社会上的其他企业,形成恶性循环。妇联积极地、及时地介入,宣传相关的法律制度,对企业进行引导,纠正企业领导者认识上的错误,对防止企业本性失衡、行为失范起到了十分重要的作用。

第五章　单亲母亲家庭功能的代偿

单亲家庭是指仅由一位母亲或一位父亲教养后代的家庭。其成因主要是因夫妻离婚、分居或配偶一方死亡、出走。另一种原因是指由未婚母亲或未婚父亲独力扶养儿女。在单亲家长中，女性多于男性是一个明显的事实。

家庭主要有五大功能：经济功能、心理与情感功能、教育功能（社会化功能）、社会支持功能、性与繁殖功能。家庭的破裂意味着家庭功能的肢解与不全，使家庭的正常运转出现严重困难。在单亲家庭的生活结构中，在物质上、精神上、心理上和情感上的投入，都比正常的家庭欠缺一半，其结果是单亲家长必须加倍努力才能满足家庭的需要（林岚，2005）。如果单亲家庭功能得不到相应的代偿，就会出现各种各样的问题，不仅给单亲家庭成员带来伤害，也会给社会带来危害。

佛山市各级妇联在单亲母亲家庭经济功能代偿方面做了许多努力，取得了一定的成效。自从2005年以来，佛山市各级妇联运用社会工作理论与方法，力图在心理与情感功能、教育功能、社会支持功能等方面对单亲母亲家庭进行代偿，其经验与成效值得到其他社会组织学习与参考。其中许多案例是很好的社会工作专业、管理学专业教师与学生的学习材料，值得深入研究。本章主要分析、论述经济功能代偿、心理与情感功能代偿、社会支持功能代偿。教育功能代偿的内容则融入本书第六章"介入儿童成长"中，并做相应的论述与分析。

第一节　经济功能代偿

一、家庭经济功能缺损的后果

所谓的家庭经济功能是指家庭成员（主要是指夫妻双方）互相补充、互相协作，共同创造财富并运用财富，共同经营家庭。财富是家庭正常运行的血液。所谓的家庭经济功能缺损，有两种情况：一种情况是指家庭成员一方不能在创造家庭财富的过程中提供互补、协作，或起的作用极小；另一种情况是指家庭成员不全，其中一方离世、离异、失踪、出走等，使另一方在创造家庭财富的过程中缺少补充、协作。家庭经济功能缺损会使家庭在创造财富的过程中动力不足、效率低下，使财富的消耗大于财富的积累，从而使家庭运行过程中出现贫血现象。

单亲母亲家庭是十分典型的经济功能缺损家庭。经济功能缺损给单亲母亲家庭运行带来了严重的困难。

据《天津市单亲困难母亲生存状况与需求调查分析报告》，目前单亲母亲家庭生活的主要来源依次是：低保收入、打零工、务农收入、工资收入、父母资助、其他亲友资助、社会资助、做小生意、以往积蓄和离婚分得财产。单亲困难母亲工作不稳定和没有工作的占了绝大多数。"低保"成为单亲困难母亲家庭生活的最主要来源和必要补充，这样的经济水平很难维持一个家庭的生计。单亲困难母亲的就业存在很多困难，"年龄大"、"学历低"、"缺少技能"、"孩子拖累"、"缺少周转资金"、"没有自信"等是她们就业弱势的地方，再加上社会对单亲母亲的一些偏见和歧视，她们在职场更是寸步难行。因此，单亲母亲往往是最廉价的劳动力，拿着薄弱的工资。

据调查统计，佛山市2004年共有单亲家庭19751户，占全市总户数的1.96%，在单亲家庭中离异、丧偶、非婚生育三种类型的单亲家庭，分别占单亲家庭总数的51.92%、43.74%和4.33%。单亲家长的年龄相对集中在36～45岁年龄段，单亲家长的文化水平偏低，其中初中以下学历的占61.61%，大专以上文化的只占5.42%，其余的为高中或中专。在单亲家庭构成中单亲母亲16069人，占79.05%，其中28岁以下615人，占3.83%；28～35岁4752人，占29.57%；36～45岁7655人，占47.64%；45岁以上3047人，占18.96%。（颜农秋，2004）

在对佛山家长调查问卷中发现，有64%的单亲家庭生活在贫困线之下，但正在接受政府或慈善机构援助的却仅有6%。其中离婚人群中有高达88%的离婚妇女承担着抚养子女的义务，而能得到前夫提供资助的，却不到16%。其中离婚妇女的比例分布是35～50岁年龄阶段的占58%；其次是35岁以下的离婚妇女，占被调查者的34%；而50岁以上的离婚率也占被调查女性的8%。这些离婚妇女中离婚前经济来源靠丈夫的高达62.5%。（参见李晓春博士《佛山市离婚妇女权益保障研究》，载于佛山市妇女联合会《女性·和谐·发展——二〇一〇年佛山市妇女发展研究中心课题集》）

二、单亲母亲家庭经济功能的代偿

这里所谓的"代偿"包括两个层面的含义：一是代替；二是补偿，补偿包括补充、补救、补助、补贴。在实际的运作过程中，"代偿"主要表现为帮扶与救助。

随着单亲母亲这一群体的不断扩大，社会帮扶机制针对这一群体做出了相应的对策，给予她们一些社会帮扶与救助。在社会帮扶机制中以政府为主、亲友为辅。现有的一些帮扶中设立不同等级贫困的帮扶基金项目，比如安徽淮安市政府自2012年下半年开始出台关于帮扶单亲母亲的政策，全市设立单亲特困母亲帮扶基金600万元，每年将资助每户单亲特困母亲家庭1000元。帮扶救助的方面包括民政帮扶、就业帮扶、教育帮扶、医疗帮扶、住房帮扶、司法帮扶、残联帮扶以及妇联帮扶。这些帮扶机制有望帮助单亲妈妈脱离困境，减轻一些经济上的压力。

在帮扶机制上，妇联承担着对单亲母亲关怀与支持的责任，提供生活救助以及精神上的慰问；同时，发动社会的力量帮助单亲母亲家庭。妇联是单亲母亲的帮扶主体，专门设有单亲妈妈的帮扶信息管理系统,可随时了解单亲妈妈的生活状况。在生活经济上联合各界人士对单亲妈妈实施生活援助、医疗救助、子女教育补贴等,在就业帮助方面联合各界人士提供一些就业岗位、就业信息给单亲母亲。现在有一部分教育机构有针对单亲家庭的子女学习教育问题开展的项目,比如像单亲孩子假期培训班、特困单亲家庭孩子升学帮扶项目等,多方位地帮助单亲母亲脱离困境。同时,妇联会联合社区展开各方面的活动来帮助单亲母亲。社区是人们生活的载体,它提供人们安心栖息的场所。通过社区,妇联为单亲母亲提供就业信息和渠道,争取就业机会;帮助她们辅导子女功课,减轻心理压力;开展一系列文娱活动,让单亲母亲参与其中。单亲母亲脱离困境目前主要依靠的还是政府、妇联、社区层面的支持。此外,亲人、邻里、社会组织机构也发挥了积极的作用,在调查了解中,90%的单亲母亲家庭都得到过亲友、不同组织的不同程度的帮扶。(朱盼、徐璐,2014)

每年广东佛山市妇联都会联同佛山市女企业家协会一起去慰问这些单亲特困母亲家庭,一方面妇联可以更直接了解这些家庭的实际情况并给予她们一定的物质帮助;另一方面可以借由女企业家们自尊、自信、自立、自强的精神感染这些家庭的妇女,帮助她们走出心理困境,重拾信心,给予她们积极正面的影响。每年的元旦与春节,佛山市妇联领导都会与各区妇联主席、有关街道妇联主任,到禅城、南海、顺德、三水、高明五区慰问单亲特困母亲家庭。

2002年,佛山市妇联以"情暖母亲爱润孩子"为主题,展开针对特困单亲家庭的援助活动,并把它建设成长效的帮扶工作机制,形成一项工作品牌。这一品牌坚持扶危济困、救急济难的原则,帮扶因突发性、特殊性情况出现的临时困难的特困单亲母亲家庭。自佛山市妇联开展"情暖母亲 爱润孩子"援助单亲特困母亲家庭活动以来,获得社会不同程度的重视与关注,大批社会热心人士加入到援助队伍当中。从2002年至2012年,全市妇联组织为单亲特困母亲家庭共筹集房屋修缮专项帮扶资金448.7万元,援助238户特困家庭修缮房屋,为她们搭建一个温暖舒适的家。

南海区妇联通过深入调研,建立了单亲特困母亲家庭资料库,对符合计划生育条件的单亲特困母亲家庭分别登记造册,使妇联扶助的过程中做到心中有数。南海区妇联还在西樵镇召开了援助单亲特困家庭的经验交流会,推广了西樵、九江等镇建立扶贫基金会的做法。

顺德区为确保各个时期扶贫解困基金的到位,还开展了"蓝天下的情结"活动,举行了"母亲工程基金"启动仪式,做好帮扶基金经常性的征集认捐工作,并成立了顺德区单亲母亲联谊会,有4600多名单亲母亲参加,举办了"'四自'精神与你同行"的主题讲座,引导单亲母亲增强对生活的信心,再创美好人生。

2005年,佛山市妇联设立"困难妇女群众帮扶服务"项目,结合家政服务、社区服务,开展对困难妇女群体社会适应能力辅导、职业推介以及电话访问等服务,帮助困难妇女群体就业脱贫。

2008年5月,佛山市妇联在广东首先启动"佛山市单亲特困母亲家庭情况统计系统",该系统由资料录入、资料审核、统计与查询等模块组成,目前,根据该系统统计,禅城区有单亲特困母亲家庭171户,南海925户,顺德1784户,高明500户,三水 257 户，目前佛山全市有单亲特困母亲家庭 3637 户。这是一个十分庞大的数字。有了这个系统，最新情况可被随时掌握，并且实现了市、区、镇（街道）妇联三级的信息联网。

2010 年春节期间，佛山市委、市政府拨出 20 万元慰问全市 200 户单亲特困母亲家庭；"母亲节"期间，佛山市妇联拨出 10 万元，慰问 100 户单亲特困家庭。

2011 年起，佛山市妇联以 10 万元为启动资金，设立特困单亲母亲家庭临时困难救助专项资金，根据实际情况，给出现突发性、特殊性困难的特困单亲母亲家庭 1000～5000 元的临时性救助。这笔钱对于正常的一般家庭来说，也许是一笔小数，但对特困单亲母亲家庭来说，则是一笔大数，能起大的作用，解决大的问题。

2012 年，佛山市妇联在高明区、三水区试点开展"爱心储蓄"增值计划。截至 2014 年年底，高明区已成功为高明区 10 名单亲特困母亲每月配对储蓄 200 元，同时为 16 名单亲特困母亲提供家政服务员（月嫂）培训；三水区为 12 名单亲特困母亲配对储蓄 200 元，并为她们进行家政服务员培训工作，成功为她们找到工作，同时还启动了三水区单亲特困母亲工艺坊，为三水区单亲妈妈提供了就业平台。

为了帮助特困家庭解决女性恶性疾病的困扰，在佛山市妇联及市妇儿工委的积极推动下，佛山市加强女性妇科病普查普治工作，除了在佛山城区实行妇科病免费普查常规化外，并在农村妇女"两癌"医治享受新型农村合作医疗范畴的基础上，为 2 名"两癌"病患困难妇女申请专项治疗资金和发放生活补助金。

第二节　心理、情感功能代偿

一、家庭心理、情感功能缺损的后果

家庭心理、情感功能是指家庭的心理、情感能量（正面或负面的）释放与交换功能。通过心理、情感能量（正面或负面的）释放与交换功能，家庭成员可以获得自信、自尊、自满、骄傲、安全感、放松感、畅快感、自在感等，从而积聚重新出发的力量。

家庭心理、情感功能的缺损则是家庭心理、情感能量（正面或负面的）释放与交换功能失效，家庭成员不能从家庭获得自信、自尊、自满、骄傲、安全感、放松感、畅快感、自在感等。家庭心理、情感功能的缺损的原因有许多，如家庭核心成员（主要指夫妻）关系长期不和，夫妻之间存在致命的、可导致婚姻解体的矛盾；或者夫妻一方缺位，如其中一方离世、失踪、出走等；或夫妻离婚，单亲母亲家庭便是其中一个典型的类型。

家庭心理、情感功能的缺损可能会带来以下问题：

第一，心理、情感问题。家庭心理、情感功能的缺损，在心理上可能导致家庭成员自卑、自暴自弃、没有安全感等。家庭心理、情感功能的缺损，在情感上可能导致

家庭成员易悲痛、易伤感、易愤怒、寂寞、厌世。

第二，人性失衡与行为问题。心理与情感出现问题可能会导致人性出现失衡，例如，有可能导致人性中的报复心理摆脱人性其他要素的制约而处于主导地位，有可能导致人性中的自体性（自我性）摆脱人性其他要素的制约而处于主导地位，有可能导致性人性中占有摆脱人性其他要素的制约而处于主导地位，有可能导致人性中的嫉妒心理摆脱人性其他要素的制约而处于主导地位，还有可能导致人性的死亡欲望摆脱人性其他要素的制约而处于主导地位。一般来说，有什么样的人性组合形态就可能会有什么样的行为。一种主导性的人性组合形态形成之后，它会在各种因素的诱导下轻易地外化为行为。由上述人性失衡类型产生的行为一般来说都是悲剧性、灾难性的。

第三，生理问题。从根本来说，人生理上的许多疾病多数是由心理与情感问题引起的。心理上的自卑、自暴自弃、没有安全感等，情感上的悲痛、伤感、愤怒、寂寞、厌世等，会导致人体内分泌失调，食欲不振，从而导致气郁性疾病、血郁性疾病、肠胃疾病。

第四，子女教育问题。如果单亲母亲在心理上自卑、自暴自弃、没有安全感，在情感上悲痛、伤感、愤怒、寂寞、厌世，她是不可能教育好自己的子女的。而且，她还有可将这些不良的心理与情感传导给自己的子女。

第五，邻里、同事关系问题。一个人如果心理上自卑、自暴自弃、没有安全感，在情感上悲痛、伤感、愤怒、寂寞、厌世，他（她）想处理好与邻里之间、同事之间的关系，那基本上是不可能的，如此，他（她）的社会支持系统就会进一步弱化。

上述问题的严重程度可以分为小、中、大，个体之间会因心理承受力、受教育水平、经济实力、个人能力、事件的性质等不同而存在较大的差异。对于严重程度属于中等以上的单亲母亲家庭，则需要外部力量的介入，进行心理、情感功能的代偿。妇联在这个过程中扮演着主导性角色。

二、单亲母亲家庭心理、情感功能的代偿

从对佛山市妇联的考察来看，除了提供心理咨询外，单亲母亲家庭心理、情感功能代偿的方法主要有两种，一种是小组工作法，另一种是个案工作法。

（一）小组工作法

小组工作法有几个特点：第一，针对性强。小组工作法一般都针对特定的对象，为特定对象量身定做服务项目与内容，安排特定的服务活动。第二，重点突出。小组工作法一般都针对特定对象的特定问题，并集中精力解决特定的问题。第三，服务面比较广。小组工作法一般为10人至20人提供服务。第四，具有一定的综合性。虽然小组工作法针对特定的问题，但在活动展开的过程中，会涉及相关的多个方面，提出相关问题，达到多个目的。第五，活动不够深入，效果不能持久。

下面一个完整的小组工作法案例。

"幸福力量,我心飞翔"——母亲成长工作坊

（引自佛山市三水区妇联妇女儿童权益维护工作站实录）

小组计划书

1. 名称："幸福力量,我心飞翔"——母亲成长工作坊。
2. 对象：心理自卑的妇女,以单亲特困母亲为主,名额：12人。
3. 地点：西南街道云秀居委二楼活动室。负责工作员姓名：张静青。
4. 日期：10月12日—11月29日。时间：每周（具体时间见程序安排）晚上7：30—9：00。
5. 招募及宣传方法：一是通过社区妇女主任电话动员单亲特困母亲积极参与；二是社区内张贴招募通知,居民报名参加。
6. 理念：自信心是一个人对自我肯定的基本能力,缺乏自信心的人通常是自我评价比较低,常常是自我否定,怀疑自己的能力。自信心缺失,常表现出回避社会,不主动与人交往,负面评价多,经常抱怨,不主动寻求机会,不愿工作,总是消极怠慢,怨天尤人。

   自信心的缺失往往跟成长经历有关系,是一种已经内化的自我认识,已经形成了自动的习惯化的思维模式,所以不会轻易改变。
7. 目的：

   为了让那些缺乏自信心的人能够增强自我价值,提高自信心。在本工作坊中通过自我认识、自我觉察来发现自卑的原因及负面评价模型,通过修复童年的负面评价,建立新的积极评价体系,重塑心灵,找到自我价值,实现积极的思维习惯,创建新的积极的生活方式。
8. 程序安排：

节次/日期/时间	内　　容	所需物资	负责人	备注
第一节 相知相识 10月12日 19：30—21：00	自我介绍、"我知你心、缘分天注定"、认识新团体、破冰游戏、解释活动规则	椅子、纸巾一盒	安彦	
第二节 认识自卑 10月20日 19：30—21：00	自卑评级,自我画像,了解自卑发生的原因	铅笔、橡皮擦每人一份（画画时使用）、A4纸若干张	安彦	助手负责协助派发铅笔、橡皮擦、纸等用具

续上表

节次/日期/时间	内　容	所需物资	负责人	备注
第三节 寻找信任 10月25日 19：30—21：00	①接纳自我，欣赏他人； ②培养积极思考的动力； ③丢掉自卑，优点捶打； ④信任跌倒游戏——信任跌倒讨论； ⑤游戏的启发	椅子、1.5米高的桌子或者桌凳（信任跌倒时使用）	安彦	小组成员协助做好人身安全保护措施
第四节 角色体验 11月8日 19：30—21：00	①学习"自我、他人、情景"模式； ②练习角色转换和扮演，体会不同的角色		安彦	
第五节 释放压力 11月15日 19：30—21：00	①学习释放压力的方法，找到自信的动力，产生积极思考的力量，体验快乐用放大镜，看待悲伤用缩小镜； ②生活放大镜，换种方式生活； ③快乐的元素没有变——变化的是我们的心； ④写出烦恼、忧伤、痛恨——撕碎； ⑤写出关爱、美好、快乐——保存	铅笔每人一支、A4纸若干张	安彦	
第六节 亲子活动 11月20日 9：00—11：00时	①游戏：挑战极限； ②亲子互拥；分组（母亲组和子女组）商议对对方的期望； ③大声说出对妈妈（子女）的期待	报纸若干份、笔、A4纸	安彦	
第七节 我爱我家 11月22日 19：30—21：00	①观看励志视频——思考谁阻碍了我的幸福； ②分享感受	投影仪、光碟等	安彦	
第八节 幸福之旅 11月29日 19：30—21：00	①活动回顾； ②总结分享； ③自信心评估； ④冥想幸福生活（我可以为幸福生活做主）		安彦	

9. 小组的人手分工安排（略）。

10. 预计困难及解决方法：

问题1：预计成人比较难以承认自己的自卑问题，以及对活动不感兴趣，没有积极性去报名参加活动。解决办法：让社区妇女主任亲自致电给单亲特困母亲甚至入户家访，进行鼓励与动员，给她们介绍活动的内容，展现活动有趣的一面，并以参与活动奖品激发其参与积极性。

问题2：预计活动开始，小组成员互不认识，在参与游戏时放不开，容易冷场。解决办法：让老师在自我介绍环节时加入互动小游戏，提升现场活动气氛。

11. 评估方法

自信心是一个自我暗示的层面，通过自我认识、自我觉察来发现自卑的原因及负面评价模型，通过修复负面的评价，建立新的积极的评价体系，重塑心灵，找到自我价值，实现积极的思维习惯，创建新的积极的生活方式。而习惯的形成，积极生活方式的建立，需要日常生活中持续长期的刻意自我觉察与修正。因此，评估需要在一个时期以后，而且是需要一个比较综合全面的评价，后续的跟进回访是评估此活动有效性的重要手法。

12. 财政预算（略）。

小组报告

（此处保留小组报告的具体内容以供读者参考，以下皆略）

1. 小组基本资料

小组名称：幸福力量，我心飞翔——母亲成长工作坊。

日期：10月12日—11月29日；时间：每周晚上7：30—9：00。

地点：西南街道云秀居委二楼活动室。

对象：心理自卑的妇女，以单亲特困母亲为主。

参加人数：12人；活动节数：8节。

出席总人次：108人/次。

小组目标：增强小组成员的自信心，引导她们用于面对暂遇的困境。

2. 总结

（1）目标达成

在本工作坊中通过自我认识、自我觉察来发现自卑的原因及负面评价模型，通过修复的负面评价，建立新的积极的评价体系，重塑心灵，找到自我价值，实现积极的思维习惯，创建新的积极的生活方式。

（2）小组效果（包括：内容/形式，参加者表现等）

第一节的自我介绍，让参与者学会正面积极地向别人介绍自己，学会怎样打破冷场，参与者由开始的冷漠变得热情起来；之后的几节，小组成员逐步由被动变为主动，在安老师的引领下，小组成员通过认识自我，寻找信任，观看励志的视频，触动小组成员深入思考，转变观念，培养热爱生活、积极向上的心态，亲子活动更加深了单亲家庭母子间的关系，让她们学会欣赏他人，信任他人，如何利用放大镜与缩小镜的方式与态度去面对生活，将美好放大，将困难与痛苦缩小，找到了让自己快乐的方法，掌握了一些与家人沟通的方式，懂得怎样更好与家人相处，会更有信心去教育好孩子。

（3）工作员角色的发挥（包括：合作、筹备、分工）

1）整个小组活动的流程由安彦老师设计并带领开展。

2）张静青负责联系老师，整个活动的统筹、场地布置、活动物资的准备等。

3）云秀居委会负责小组成员的招募鼓励动员单亲特困母亲参与项目活动，并通知小组成员参与每期的活动。

（4）遇到的困难

困难1：在小组成员招募过程中，难以预计有多少的小组成员报名参加，以及担心小组成员对活动不感兴趣，没有积极性去报名参加活动。为了让该小组顺利开展，结合物色推荐等方法招募小组成员，并配合向报名者介绍活动的内容，展现活动有趣的一面，并以参与活动有机会拿到奖品激发其参与积极性。

困难2：预计第一节活动，小组成员互不认识，在参与游戏、分享等环节会容易出现冷场的情况。

（5）跟进及建议

在经历了8节的小组活动后，工作人员对每位小组成员进行了回访，了解她们的工作、生活状况，鼓励她们将在小组活动中学习的技巧和方法运用到生活中，她们都反映与子女的关系亲密了，沟通更畅顺了。

点评：该小组服务的特定对换是单亲母亲，重点要解决的问题是单亲母亲心理自卑。小组成员共12人，加上负责人为13人。13人形成了一个心理、情感场。最初，这个场充满了自卑与伤感等负面心理与情绪。在负责人的引导下，通过一系列活动，一步步将这个场内的自卑与伤感清场并归零，让自信、快乐等正负心理与情绪逐步入场，并占领整个场。当整个心理、情感场充满了自信与快乐时，这种自信与快乐会渗透到每个成员的内心，驱逐并取代自卑与伤感。

实际上，我们每一个人都生活在心理、情感场内，一个人可能会拥有多个心理、情感场，并生活在这些心理、情感场内。但是，在我们的一生中，只有一个主导性的心理、情感场，那就是家庭，虽然家庭地位有时会被取代，但从总体上来，对于我们大多数人来说，家庭这个心理、情感场是至关重要的。家庭心理、情感场起着心灵与情感安放与释放的作用。当家庭成员存在严重的矛盾与冲突，或当家庭成员向外（人、动物、网络）寻求心灵与情感安放与释放，或当家庭成员缺位时，都会使家庭心理、情感场受损，使家庭的心理、情感功能失常，从而导致家庭成员产生负面的心理与情绪。

在单亲母亲家庭，由于丈夫的缺位，子女年幼无知，或上学住校，家庭心理、情感场严重缺损或根本就不存在。这时，单亲母亲会出现两种情况：一种是自我封闭，不愿与人交往，内心充满自卑、伤感、嫉妒、埋怨，甚至仇恨。另一种情况是向家庭外部寻求心理与情感代偿，形成拟态的家庭心理、情感场。在寻求心理与情感代偿，形成拟态的家庭心理、情感场过程中，会出现各种各样的情况，形成各种各样的拟态的家庭心理、情感场。我们可以这些拟态的家庭心理、情感场分类为积极的、中性的与消极的。中性的拟态的家庭心理、情感场可以向积极的或消极的转化。一旦单亲母亲进入消极的心理、情感场寻求心理、情感功能代偿，对单亲母亲及家庭来说则是灾难性的，对整个社会来说也是灾难与悲剧。

上述小组工作法案例，就是引导单亲母亲进入积极的拟态家庭心理、情感场，以代偿已经缺损的家庭心理、情感场，让单亲母亲的心灵与情感得到安顿与释放。从对该案例的分析来看，该小组的活动在代偿单亲母亲家庭心理、情感功能方面起到了十分积极的作用。有些小组成员通该小组的活动就能够解决心理与情感问题；有些则需要多次参与类似的小组的活动，接受比较长期的服务；还有些成员由问题比较严重，则需要接受个案辅导与服务。

（二）个案工作法

个案的案主有四个来源，一是小组工作过程中需要个别辅导的组员；二是亲自来妇联寻求帮助的人；三是亲友代替来到妇联寻求帮助的人；四是通过热线电话寻求帮助的人。对于个案案主，妇联工作人员会认真、耐心地倾听，并进行相应的调查研究，根据案主的特点和案情的情况，为案主提供全面的、综合的、重点突出的一揽子解决方案。个案工作法与小组工作法各有特点，各自发挥独特的作用。个案由于案情复杂，工作人员的工作比较艰苦，需要动用许多资源，花更多的时间与精力。一旦案主的问题得到解决，其效果比较持久。下面提供一个比较典型的具体个案，以供参考与学习。

谁能抚平我离婚的伤痕
（引自佛山市禅城区妇联妇女儿童权益维护工作站实录）

案由：

2011年4月17日，34岁的禅城区村民周女士拨打12338妇女维权热线，倾诉自己的辛酸故事，请求帮助走出离婚的阴影，抚平多年的伤痕。周女士父亲早逝，当年才几岁的她跟着改嫁的妈妈来到一个新的家庭，生活并不如意。周女士长大成人后，恋爱、结婚，有了一个聪明活泼的女儿，一心一意经营自己的小家庭，本以为从此会过上温馨幸福的生活，不料遇人不淑，丈夫品行不端并很快在婚后暴露无遗，他好吃懒做，嗜好赌博并屡教不改，动辄对周女士恶语相向甚至拳打脚踢。为了年幼的女儿，为了维持表面完整的家庭，周女士默默忍受了六七年，丈夫的恶习反而变本加厉。痛苦不堪的周女士终于选择了离婚，但离婚的决定没有得到亲友的支持，母亲还为此与她关系不和。离婚后，周女士带着6岁的女儿租房子住，自己也找了一份时间宽松的工作。虽然周女士母女二人每年能从村里领取到股份分红2万元左右，但经济上仍觉得拮据。离婚时协议，前夫每个月支付300元抚养费，但他经常拖欠。周女士与前夫商量增加一点抚养费，但他态度坚决，根本没有商量的余地。因担心受歧视，周女士从来不与别人说起自己离婚的事情，她忍受不了别人异样的目光和私下的讨论，她甚至担心离婚的经历会影响到这份来之不易的工作。女儿平时还算开朗活泼，但只要碰到父母离婚的话题，她就避而不谈。作为一个正常的女人，在夜深人静的时候，周女士也会感到寂寞空虚。4年过去了，周女士仍然无法摆脱离婚的痛苦。

个案调处情况：

工作人员耐心倾听周女士诉说并表达情感的支持和关怀，让她的消极情绪得到合理的发泄。对她勇敢摆脱不幸婚姻并积极寻求帮助的做法表示赞赏，帮助她树立信心，同时帮助她正确认识离婚。离婚不是什么见不得人的丑事。离婚同结婚一样，是法律赋予公民的权利和自由，尤其是对于感情已破裂的婚姻当事人来说，离婚无疑是一种解脱。对孩子来说，容易因为父母离异而产生强烈的自卑感、被遗弃感和怨恨等消极情感，这种消极情感将严重影响孩子正常的学习和生活。因此，一个单亲妈妈要抚养和教育孩子，任重道远。为了让周女士得到更加专业的辅导，维权工作站工作人员联系一名心理辅导师为其制定了心理辅导计划。从5月至6月，志愿者共对周女士进行了8次辅导，每次80分钟，形式有谈话辅导、音乐治疗、沙盘游戏等。其中在沙盘游戏中，通过唤起童心、找到回归心灵的途径、化解身心失调等问题，周女士从而提高自信心、完善自我性格、提高人际交往技巧，有效地宣泄消极情绪、释放压力。5月上旬，工作人员了解到周女士想通过法律手段要求前夫增加女儿的抚养费，于是工作人员联系了经验丰富的法律志愿者为其提供法律帮助。此案于6月初开庭，前夫聘请了律师并在庭上出示失业证明，然而，周女士提出的抚养费增加至800元的诉讼请求得不到法官支持，她也拒绝了法官提出的每月抚养费增加50元的建议。此事令周女士觉得前夫更加面目可憎，他宁愿将几千元用于聘请律师也不花在女儿身上，明明有工作却设法做了失业证明。在女儿面前，他扮演着好父亲的角色，给女儿买好吃的、买新衣服。周女士打算在女儿面前揭露这个男人的真面目，让女儿清楚自己父亲的丑恶嘴脸。针对周女士的这些想法，工作人员一方面肯定了其诉讼维权的法律意识；另一方面帮助其调整心态，积极、乐观地面对生活。同时对其进行家庭教育指导，尽量减少父母问题对女儿造成的伤害，以坚强、自信、独立的正面形象影响女儿，帮助女儿在单亲家庭中健康、快乐地成长。

结案情况：

经过多次的辅导，周女士脸上的笑容渐渐多了起来，她已经能重新认识离婚，有了面对现实的信心和勇气，与女儿的相处也更加和谐了。

反思及建议：

在本案中，我们可以看到案主周女士由于离婚所出现的困惑情绪并非在离婚后才出现的，其实是由来已久的，甚至可以追溯其童年时在原生家庭中的不幸经历。正因为其童年的遭遇，使她对幸福的婚姻有了更多的向往，然而现实并不如其所愿，婚后的生活并没有其幻想中的那般美好，因此在忍受了丈夫长达六七年的折磨之后，她终于在得不到周围任何人支持的前提下，毅然结束了这段不幸的婚姻。虽然这段婚姻的结束带给周女士一种逃脱牢笼的自由之感，然而由于她之前的遭遇，以及离婚过程中周围亲戚朋友，尤其是母亲的不理解、不支持，使她感到离婚是一种不足为外人道之的羞耻之事。这种感觉从她离婚之日起一直伴随了她整整四年的时间，以至于在其感到空虚寂寞甚至无助时很难在周围找到可以听其倾诉、为之依靠的朋友，就连最为亲近的女儿也回避这个"敏感"的话题。周围非正式支持网络的缺失，对于如周女士这样的单亲母亲而言其实并不少见。

然而众所周知，在这个社会中，我们很难一个人去面对生活中的种种境遇，对于这些单亲母亲而言更是如此。因而，作为正式支持系统的妇联便需要在其中扮演一个支持者的角色，帮助这些周围支持系统并不完善的单亲母亲尽快走出离婚所带来的阴霾。

在本案的处理过程中，我们看到我们的工作人员首先对周女士的不幸遭遇耐心的倾听，并给予积极的回应以及情感上的支持，使周女士能够有勇气将积压在心中多年的情绪宣泄出来，对于她走出离婚的负面情绪有着重要的作用，让她感受到有了一种精神上的支持。与此同时，我们工作人员积极给周女士赋权，让她感到自己并不是弱小的，增强其自信心，有足够的勇气面对离婚所带来的一些困扰。其次，工作人员在倾听完周女士的诉说后能够协助周女士一起将这种不良情绪外化，并引导周女士建立对于离婚的正确认识，理清其非理性的认识，而这么做将有助于周女士重新看待自己的遭遇，积极主动与他人联系，为其非正式网络的建立打下基础。最后，工作人员在个案的处理过程中还扮演着资源链接者的角色，积极主动帮助周女士联系了心理咨询师以及律师，更进一步处理周女士情绪上的困扰，以及从法律上帮助其向前夫要回属于女儿的那部分抚养费。

  从本案的结案结果来看，这件案子的处理相对来说是比较成功的，虽然向前夫要回女儿抚养费的官司还在进行中，但至少我们看到了与之前来到维权工作站完全不同的周女士。她不再畏惧对他人说自己是单亲母亲的角色，而是能够更加自信地面对生活、工作，对于婚姻也有了更加积极的认识，勇于去寻找属于自己真正的幸福。

  虽然在本案中我们尽力去协助周女士理清对于婚姻的正确认识，消除对于离婚的非理性看法，然而，在这个社会中，的确存在着对离婚女性歧视的现象。由于受到男权思想的影响，人们常常在有意无意中将离婚女性污名化，甚至用早已被废除的封建时期束缚妇女的"七出"标准来评判离婚女性，而忽视了在婚姻中男性的责任。因此作为维护妇女合法权益的妇联，我们所要做的绝不仅仅局限在一两个的个案上，在此基础上，更重要的是在整个社会中进行男女平等意识的倡导与提升，减轻男权思想给女性所带来的不幸，进而消除这种对离婚女性的污名化，消除男权思想，最后呈现给女性一个更加自由平等的社会。

  点评：上述案例由案由、个案调处情况、结案情况、反思及建议四个部分构成。从该个案来看，周女士离婚前与丈夫关系不和，丈夫没有尽到该尽的责任与义务，家庭心理、情感场严重缺损，心理、情感功能不全。周女士离婚后，由于女儿只有6岁，无法与她形成有效的互动，新的家庭心理、情感场依然无法形成，其心理与情感的需要无法得到满足，其心灵秩序处于混乱状态，痛苦、寂寞与空虚在所难免。

  工作人员接案后，认真、耐心倾听案主的心声，引导案主正确认识结婚与离婚，帮助案主树立信心、增强勇气，重构心灵秩序。在调处过程中，案主、工作人员、心理咨询师、律师形成一个以案主为中心的心理、情感场，在这个心理、情感场，案主不良的心理与情感得到了充分释放，她感受到了被关怀、被倾听、被关注、被鼓励、被赞扬和被尊重。工作人员、心理咨询师和律师努力将案主内心深处负面心理与情绪清场并归零。从这个意义上来说，这个心理、情感场代偿了案主家庭心理、情感场的缺损，行使了家庭心理、情感场的功能。

  该个案的"思考及建议"部分写得十分详细，也十分到位，值得社会工作者与管理者参考学习。

第三节　社会支持功能代偿

一、家庭社会支持功能及其缺损的后果

家庭社会支持功能是家庭社会支持系统为家庭正常运行和发展所提供的功能。家庭支持系统可以分为五个子系统：第一个子系统是以血缘为纽带的亲戚支持系统，第二个子系统是以情缘为纽带的朋友支持系统，第三个子系统是以业缘为纽带的同事（包括上级、下级）支持系统，第四个子系统是以学缘为纽带的老师、同学支持系统，第五个子系统是地缘为纽带的老乡、邻里支持系统。男女结婚成家，这五个社会支持子系统更深深地嵌入到以家庭为中心的社会网络之中，形成一个完整的、有机的家庭社会支持系统。

家庭社会支持系统的主要功能有：提供经济的帮助；提供心理与情感支持，如提供多元化归属的安顿之所；帮助或促使化解夫妻双方的矛盾，增进夫妻双方的感情；传授各种各样的生活和工作技能；为照看、教育子女提供帮助。家庭社会支持功能的缺损是由家庭社会支持系统缺损所引发的。导致家庭社会支持系统缺损的原因有许多，其中最主要的是夫妻双方其中的一方缺位（如去世、出走、失踪），或夫妻离婚。

如果，原来在家庭中丈夫处于主导性地位，那么，丈夫缺位或夫妻离婚，单亲母亲原来的社会支持系统会瓦解殆尽，从而造成家庭社会支持功能严重缺损。家庭社会支持功能缺损会给单亲母亲家庭带来严重的后果。

在经济上，在必要时来自丈夫、父母、亲戚、朋友、同事、同学的经济帮助会丧失殆尽。在困难的时候，哪怕是微小的帮助都能派上大用场，帮助家庭渡过难关。

在心理与情感上，由丈夫、父母、亲戚、朋友、同事、同学所构成的心理与情感会很快消失，单亲母亲会发现，随着时间的推移，很难从丈夫的父母、亲戚、朋友、同事、同学那里得到心理与情感上支持。如果单亲母亲因各种原因而与自己的父母、亲戚、朋友、同事、同学、邻居关系不好时，其心理与情感充满了负面能量，那么，单亲母亲的内心将会充满孤寂、怨恨、悲伤、自卑、厌世，心灵秩序会混乱不堪。如果长此以往，单亲母亲会自我封闭、自我独白、自我折磨、自暴自弃。

在生活与工作技能上，来自丈夫、父母、亲戚、朋友、同事、同学知识与技能传授、信息传递也会逐步中断。

在照看、教育子女上，来自丈夫、父母、亲戚、朋友、同事、同学的帮助也会逐渐淡化。

二、家庭社会支持功能的代偿

虽然单亲母亲家庭的社会支持减少了,但作为一个家庭,对社会支持的需要不仅没有减少,反而增加了。这就需要有其他力量及时介入,对单亲母亲缺损的家庭社会支持功能进行代偿,帮助单亲母亲走出困境。佛山市妇联在这方面扮演了十分重要的角色。

(一) 为单亲母亲编织社会支持网络

长期以来,佛山市妇联积极动员社会力量参与扶贫助困、援助单亲特困母亲家庭工作,致力于为单亲母亲,特别是特困单亲母亲家庭编织社会支持网络,以代偿缺损的家庭社会支持功能。

例如,佛山妇联以"援助家庭活动"为主要载体举行了各种各样的活动,拓宽社会参与妇联关爱帮扶活动的渠道,完善"爱心大使"激励机制。

佛山市妇联与邮政局合作开展"情暖佛山小卡大爱·为困难母亲献一份爱心"活动。2009年10月12日到2010年2月23日,佛山市和各区邮政局每售出1张有奖贺年明信片,都向单亲特困母亲家庭捐助1分钱,预计可募集3万元以上,从而帮助佛山市60户单亲特困母亲家庭。

佛山市妇联与美容机构合作,开展"美汇善爱,情暖佛山"活动,从2009年10月中旬到12月,约募集捐款6万元用于春节慰问援助单亲特困母亲家庭。

"阳光心态,灿烂人生"是关爱单亲母亲特色服务项目。该项目依托"阳光心灵驿站",广泛开展内容丰富、形式多样的以关爱单亲母亲家庭为主题的特色维权服务项目创建活动。该项目是2010年在祖庙街道辖区内对单亲特困母亲开展的一系列特色活动。

首先,对祖庙街道辖区内单亲特困母亲进行问卷调查、电话回访、召开座谈会等方式,了解辖区单亲母亲的家庭基本情况、健康状况及需求、社会支持、就业情况、亲子关系、闲暇生活等六个方面的情况。

了解单亲特困母亲的生活状况之后,便开展了一些就业帮扶工作,通过爱心企业、爱心人士与单亲母亲家庭帮扶结对。在2010年3月的"春风行动"招聘活动中,参加招聘单位共250家,提供就业岗位8078个,当天进场求职者有9000多人,初步达成就业意向1363人,其中妇女占63%。街道妇联阳光驿站积极贯彻落实就业再就业扶持政策,联系辖区内女企业家协会提供一部分职位,对援助对象送政策、送岗位、送技能、送服务、送补贴,通过这些形式促进单亲母亲进步与成长。

除了帮助她们解决就业问题,妇联不断地开展一些让她们心灵成长的活动,在节日开展一些鼓励人心的活动,如"三八"妇女节的自制蛋糕活动、中秋节的"和你在一起"小组单亲母亲与孩子一起过节。

2010年11月13、14日,"阳光心态,灿烂人生"项目组举办团体心理辅导工作坊,有40人参与,其中有9名单亲人士,辅导的内容有:压力和焦虑、婚姻关系、亲子教育。

为让单亲母亲能相互建立良好的沟通关系,构建一个属于她们的一个社会支持网络,妇联在携手杨帆社会工作服务中心举办了"和你在一起"朋辈支持小组活动,共有14名单亲母亲报名参加,活动的目的是让她们之间相互沟通、相互鼓励与互相支持,让受伤的心灵得到慰藉。

"阳光心态,灿烂人生"关爱单亲母亲特色服务项目通过为期一年的项目活动,帮助单亲母亲之间建立了良好的沟通关系,构建起了互相支持的社会网络。在这个社会网络中,她们互相学习、互相鼓励、互相支持、共同进步。

(二)运用小组工作法

在为单亲母亲重构社会支持网络系统、代偿缺损的家庭功能方面,小组工作法发挥了十分重要而独特的作用。下面是两个比较典型的小组工作案例。

案例之一:"舒心之旅"——单亲母亲支持小组

(引自佛山市禅城区妇联妇女儿童权益维护工作站实录)

小组计划书

1. 名称:"舒心之旅"——单亲母亲支持小组。
2. 对象:南庄镇单亲母亲;名额:8~12人。
3. 地点:南庄镇政府;负责工作员姓名:陈水英、关连霞。
4. 日期:2012年7月13日至9月7日;时间:周五20:00—21:30。
5. 招募及宣传方法:主要由南庄镇妇联向符合要求的对象进行宣传和推荐,然后对其进行需求调研,选取较为合适的对象参加小组活动。
6. 理论:

(1)需要层次理论:单亲母亲是较为弱势的群体,通过在该群体中开展支持小组,促进她们之间的沟通与联系,形成同质性较强的支持网络,彼此之间相互支持、帮助,同时满足其归属和爱的需要、尊重的需要及自我实现的需要。

(2)社会学习理论:社会学习理论强调行为与环境有交互作用,观察与模仿学习是学习的重要过程。

(3)体验学习理论:体验学习理论认为学习应该从体验开始,进而发表看法,然后进行反思,再总结形成理论,最后将所得理论应用于实践当中。

7. 目的:给组员提供一个共同参与、互相交流的平台,组员彼此之间倾诉各自的心理压力,形成支持网络,协助组员重新审视自己,认清自身的压力,并制定合理的目标,学习恰当地表达情绪以及有效地管理不良情绪,提升组员面对生活的自信心。

8. 程序安排:

节次/日期/时间	内　　容	所需物资	负责人
第一节 7月13日 20：00—21：30	①组员签到，写好自己的名字牌并戴上，就座，等待游戏"猜成语"开始； ②开场：社工自我介绍，向组员问候，设定小组基调； ③热身游戏："东拼西凑"（每人代表五毛钱，按照社工发出的指令进行凑数，不成功者需要进行自我介绍）； ④介绍小组（时间、频率、节数、时长等），了解组员对小组的期望； ⑤制定小组约定； ⑥加深认识游戏："性格牌"，每个组员拿着性格牌去寻找符合要求的人； ⑦简单总结，结束小组	照相机、横幅、大头笔、圆珠笔、卡纸、性格牌、大透明胶、名字牌、椅子、签到表、彩纸、白板	陈水英
第二节 7月20日 20：00—21：30	①开场：复习上节内容，组员分享自己上节小组活动中认识的组员； ②热身游戏："一拍即合"（组员围成一圈，根据社工口令进行踏步和拍其他组员的手心，并一边逃离避免被拍到）； ③主题游戏："共走人生路"，组员蒙着眼睛一起走； ④分享"共走人生路"； ⑤"你看到了什么"，社工让组员看一张有黑点的白纸，并探讨分享有关态度的话题； ⑥总结、分享，结束小组	照相机、DV机、圆珠笔、签到表、椅子、音乐播放器、眼罩、大白纸、大头笔、白板	陈水英
第三节 7月27日 20：00—21：30	①开场：回顾上节小组内容； ②热身游戏："大风吹"； ③组员分享自己一周来的心情； ④主题游戏："合力解绳"，游戏后分享； ⑤社工让组员观看心理图片，从一张图片中看到不同的东西； ⑥常见的非理性信念讲解； ⑦巩固与分享，结束小组	照相机、DV机、横幅、大头笔、圆珠笔、绳子、剪刀、大透明胶、名字牌、椅子、签到表、A4纸、白板、心理图片	陈水英

续上表

节次/日期/时间	内 容	所需物资	负责人
第四节 8月3日 20：00—21：30	①开场：回顾上节内容； ②**热身游戏**："造反行动"，组员需要根据社工的指令做出相反的动作； ③**主题游戏**：组员分组，一人做眼睛一人做手进行"蒙眼作画"； ④**短讲**：压力的相关知识； ⑤组员分享自己的压力和制定自己的减压目标； ⑥巩固和分享，结束小组	照相机、DV机、横幅、大头笔、圆珠笔、大透明胶、名字牌、椅子、签到表、白板、眼罩、图片、大白纸、A4纸	陈水英
第五节 8月10日 20：00—21：30	①**热身游戏**："七手八脚"（组员根据社工的指令组内把几只手、几条腿放地上）； ②**主题游戏**："合力传球"，体验自己的重要性； ③"我的自画像"，组员用某种动物或物品代表自己，分享； ④"戴高帽"，组员相互之间探讨优缺点，加深对自己的认识； ⑤巩固，总结，结束小组	照相机、DV机、横幅、大头笔、圆珠笔、卡纸、A4纸、大透明胶、名字牌、椅子、签到表、彩纸、乒乓球、音乐播放器	陈水英
第六节 8月24日 20：00—21：30	①回顾前面小组活动的内容； ②**热身游戏**："名厨炒菜"； ③**主题游戏**："百宝箱"，关注自己的情绪； ④"情绪管理我有招"：探讨和学习管理情绪的方法； ⑤练习疏导情绪，释放压力； ⑥巩固，分享，总结，结束小组	照相机、DV机、横幅、大头笔、大白纸、圆珠笔、卡纸、大透明胶、名字牌、椅子、签到表、白板	陈水英
第七节 8月31日 20：00—21：30	①回顾与复习上节小组内容； ②**热身游戏**："进化论"，组员由猜拳输赢决定进化，带出小组主题； ③**主题游戏**："实力和机会"，了解自己的能力与对自己能力的认识，探讨机会与能力的关系； ④"我能做什么"：组员分组进行夹球赛跑，挖掘自己的能力； ⑤分享，结束小组	照相机、DV机、横幅、大头笔、圆珠笔、卡纸、大透明胶、名字牌、椅子、签到表、箱子、小物件、气球、打气筒、红绳	陈水英
第八节 9月7日 20：00—21：30	①观看小组回顾视频； ②组员分享参加小组的感受； ③组员填写评估材料； ④组员在照片上互赠祝福，留言； ⑤唱歌，派发礼品，愉快结束小组	相机、DV机、横幅、大头笔、圆珠笔、茶点、大透明胶、名字牌、椅子、签到表、气球、打气筒、评估表、问卷、桌子、投影设备	陈水英

9. 小组的人手分工安排（略）。

10. 预计困难及解决方法：

（1）困难：组员未能准时参加小组活动或经常请假，未能持续地参加小组活动。

应对：选取一个大多数组员都比较适合的时间开展小组活动，且在每节小组活动前通知组员，了解组员是否可以参加小组活动，过多组员请假时及时调整小组活动时间；感谢组员的坚持，给予充分的肯定。

（2）困难：组员需求不同，难以满足所有的个体，个别组员对小组归属感不强。

应对：在开展小组前尽可能详细地了解组员需求，寻找其中的共同点；在小组中注重组员的互动与交流，建立支持网络，增强组员主人翁的意识。

（3）困难：小组冲突，组员因见解、价值观等不一致导致双方出现对抗。

应对：营造真诚、平等、尊重的交流氛围，允许冲突的存在，化冲突为转机。

11. 评估方法：

（1）轶事记录，观察组员参加小组的情况并记录。

（2）填写评估表，引导组员填写小组评估表，了解组员的满意度、对小组的看法等。

（3）座谈会，最后一节小组中引导组员分享参加小组的感受、收获等。

12. 财政预算（略）。

小组报告（略）。

点评：该小组的组员是单亲母亲，人数在10人左右，设计目的是在单亲母亲之间形成一个互相支持的网络系统。从小组织活动的内容与小组总结来看，活动效果良好，基本上达到了预期目的。之所以通过小组活动来辅导，目的在于小组成员之间能互相支持，其作用机制有四个：人的社会性需要、群体意识、人际吸引与"深度卷入"。

从人的社会性需要来看，人是社会人，每一个人都有倾诉的需要、被关注的需要、自尊的需要、自我实现的需要。在小组负责人的引导下，通过巧妙的活动设计，使小组成员互相关注、互为倾诉、互相尊重，游戏活动的成功使组员有了成就感，得到了自我实现的快乐，提高了自信。

从群体意识来看，我们每个人都有归属感，有归属某个群体的需要。当小组十多个单亲母亲组织在一起，群体意识就开始产生。随着时间的推移，组员的群体意识会变得越来越强烈，孤独感与寂寞感会渐渐消退。作为群体中的一员，单亲母亲们愿意为群体、群体中的其他成员做些什么，也希望群体、群体中的其他成员为自己做些什么。互相支持的意愿会导致互相支持的行为。

从人际吸引看，人与人之间互相接纳与喜欢的程度受到许多因素的影响，其中，最重要的因素是空间距离、相似性、互补性、喜欢回馈。

将十多个单亲母亲聚集在同一个时空，在这个时空里进行建设性活动，进行心理与情感能量交换，互相了解越来越多。在同一个时空之中，单亲母亲之间会发生许多"故事"，这些"故事"是她们之间的共同话题，也是她们之间友谊的重要基础，这种

第五章 单亲母亲家庭功能的代偿

友谊具有超越性,即当小组活动结束之后,她们依然是朋友、同学,这正是该小组工作的最终目标之所在:代偿单亲母亲家庭缺损的社会支持网络系统及其功能。

十多个单亲母亲具有高度的相似性。根据人际吸引原理,人与人之间相似程度越高,互相喜欢、互相接纳的程度就会越高。同时,她们可能各自有着自己的技能、知识、经验与教训,使得她们之间具有高度的互补性。高度的相似性、高度的互相喜欢与互相接纳性、高度的互补性导致她们之间的关系互相"深度卷入",形成一个你中有我、我中有你的新世界。在这个新世界中,她们在各个方面互相支持。

佛山市各级妇联每年都有专门立项,针对单亲母亲展开形式多样的小组服务。例如,佛山市南海区妇联单亲母亲互助小组工作培训班每隔一段时间都会定期开班,让单亲母亲们可以在培训班上分享生活上的点滴,认识更多有相同生活遭遇的朋友,互相鼓励,互相支持。每一次培训班都会邀请专家,为单亲母亲们进行心理辅导,引领她们走出心理阴影,建立积极的心理状态。如来自里水的琴姐是一个爱学习的人。她说:"只要时间允许,我就愿意来学习。"经过三天的培训,琴姐说:"我觉得学到了许多东西。我学到了更多处理亲子关系的好办法,认识到在就业过程中发掘资源,同时也感受到周围的人对我们深深的关爱。我很庆幸能参加这次的培训。"这位母亲清楚地表明了开设这种培训班的意义。

佛山市妇联妇女维权与信息站一位心理咨询志愿者说,单亲母亲互助小组真是"苦难的妇女联合体",在这里,大家建立起互相信任的人际关系,互相开导和给予温暖,共同走出窄巷,踏上宽广的新路。

案例之二:母亲同成长工作坊

(引自佛山市高明区杨和镇妇联妇女儿童权益维护工作站实录)

小组计划书

1. 名称:母亲同成长工作坊。
2. 对象:单亲特困母亲;名额:15~25人。
3. 地点:杨和镇政府一楼会议室;负责工作员姓名:潘钻梅、夏少青。
4. 日期:2011年9月10日;时间:上午9:00—11:30。
5. 招募及宣传方法:在镇辖区内单亲特困母亲成员招募;以电视和网络方式宣传。
6. 理念:随着离婚率的上升和男女寿命差距,越来越多的家庭成为单亲特困家庭。其中大部分单亲特困家庭是以女性为家长的。而这群单亲特困母亲在经济上、生活上、心理上都遇到了一定程度的困难,需要社会的支持与帮助。对于单亲特困母亲来说,最大的困难主要是:经济问题、亲子教育问题,以及人际的交往障碍、心理的孤独感。失去配偶,生活中少了一人,单亲特困母亲更加需要拓宽交友的圈子,与他人交往、沟通,构建自己的支持系统。
7. 目的:自信心是一个人对自我肯定的基本能力,缺乏自信心的人通常是自我评价比较低,总是自我否定,怀疑自己的能力。自信心缺失,常表现在回避社会,不主动与人交往,负面评价多,经常抱怨,不主动寻求机会,不愿工作,消极怠慢,怨天尤人。自信心的缺失跟成长经历有着密切关系,是一种已经内化的自我认识,已经形成了自动的习惯化的思维模式，所以不会轻易改变。为了让那些缺乏自信心的人能够增强自信心，提升自我价值，在本工作坊中通过自我认识、自我觉察来发现自卑的原因及负面评价模型，通过修复童年的负面评价，建立新的积极评价体系，重塑心灵，找到自我价值，实现积极的思维习惯，创建新的积极的生活方式。

8. 程序安排：

节次/日期/时间	内　　容	所需物资	负责人
第一节 2011 年 12 月	相知相识：自我介绍、我知你心、缘分天注定、结语	标题 白纸、油性笔 投影	潘钻梅
第二节 2011 年 12 月	认识自卑：我们是一家人，自卑评级，自画像		
第三节 2012 年 4 月	打开心结：家庭树，回忆我的童年，我心中恶魔，自我设限		
第四节 2012 年 4 月	自卑溯源：原生家庭分析，我的命运我主宰，突出困境		
第五节 2012 年 7 月	表里如一：认识生存模式，生存模式的形成与固化，表里如一的处理方式		
第六节 2012 年 7 月	合理情绪：我的情绪源，如何把爱变成了伤害，发现真实的自我		
第七节 2012 年 10 月	自助助人及助人自助：获得协助是幸运的，在救助中成长，在获得力量后再去助人，自助与助人的协调与统一		
第八节 2012 年 10 月	分离与成长：成长来自于分离，正确、积极、恰当的分离是成长的必然过程。		

9. 小组的人手分工安排（略）。

10. 预计困难及解决方法：

（1）困难：组员迟到或缺席。解决方法：订立小组规则，打电话给迟到的组员，若无法参加则向其他组员解释原因；在等待迟到组员的时候玩小热身游戏。

（2）困难：组员中途离开。解决方法：咨询离开的原因，并向其他组员解释。

（3）困难：组员在分享环节表现沉默。解决方法：工作员自我披露，引导组员发言。

11. 评估方法

采用观察法观察组员的投入、开放和关系的建立情况；采用问卷法收集组员的意见；询问妇联有关工作人员的意见，综合评估小组成效。

第五章 单亲母亲家庭功能的代偿

小组报告（略）。

点评：该小组的目的是力图重构单亲母亲的人性组合形态，使单亲母亲的自信心战胜自卑心，让自信心在单亲母亲的人性组合形态中取得主导性地位，压缩自卑心存在的空间，或将自卑心从单亲母亲内心深处清场，帮助单亲母亲形成理想的人性组合形态，进而产生理想的行为，开始新的生活。

从人性的角度来看，人性是由许多要素构成的，而且人性的要素往往两两相对、此消彼长。自信对应自卑、同情对应冷漠、合群对应自闭、自尊对应自暴自弃、自发图强对应怨天尤人、勤劳对应懒惰、爱对应恨、赞赏对应嫉妒、生存欲望对应死亡欲望、占有欲望对应放弃欲望、承担责任的欲望对应推卸责任的欲望等人性的这些要素在不同力量的作用下形成不同的组合形态，当人性中的某个或某些要素取得主导性地位时，会导致人性其他要素在人性组合形态中地位的相应变化，并产生相应的行为。例如，当自卑心在一个人的人性中取得主导地位时，此人就会出现自信心严重不足，随之而来的可能是放弃、推卸责任、怨天尤人、懒惰、自暴自弃、自闭、嫉妒、冷漠、恨，甚至死亡。

在现实生活中，由家庭功能的缺损，单亲母亲都存在不同程度的自卑，有些是十分轻微的自卑，有些是中度的自卑，有些则是严重的自卑。中度自卑可以回归轻微自卑，也可能发展到严重自卑。严重自卑已经是严重的人性失衡状态，这种状态可能会导致放弃、推卸责任、怨天尤人、懒惰、自暴自弃、自闭、嫉妒、冷漠、恨，甚至死亡。据对广州人民法院受理判决离婚的近两万件离婚案统计发现，一些迫不得已离婚的妇女会采取极端的报复行动；而一部分离婚妇女则陷入婚姻失败的阴影中不能自拔，却不懂得用法律武器保护自己，无奈之下便自暴自弃，任人唆使摆布，最终跟随不法分子一道违法犯罪（林淑菁，2007）。

因此，对于中度和严重自卑的人来说，需要外部力量的介入，对自卑进行清场，恢复自信心的地位，让合群、自尊、自发图强、爱、承担责任的欲望等入场，进而塑造单亲母亲理想的人性组合形态、心理结构与行为模式。

小组工作法是塑造单亲母亲理想的人性组合形态、心理结构与行为模式重要手段。其作用机理是由单亲母亲小组所形成的心理、情感场所具有社会支持功能，这一点我们在前已经进行比较详细的分析与论述。

第六章　介入儿童成长

人的成长是一个过程，是一个复杂的系统工程，其中儿童成长期至关重要。由于各种各样的原因，儿童成长的过程中会面对许多问题与困难，需要外部力量的介入。解决这些问题与困难，才能使儿童身心健康成长。从对佛山市妇联的考察来看，妇联介入儿童成长最主要的手段有：保护儿童各种合法的权益、引导儿童的行为、矫正儿童行为问题、提供家庭教育指导。关于提供家庭教育指导的内容，在本书的第二章第二节"家庭教育指导中心"、第三章第四节"科学研究队伍"之"家庭教育研究会"及第六章第二节"儿童行为引导"中有比较充分陈述与分析，这里就不再重复。

第一节　儿童权益维护

儿童的权益主要包括生存权与被抚养权、心身免受伤害权、受教育权等。这些权益对儿童健康成长十分重要。

一、维护儿童的生存权与被抚养权

（一）维护儿童生存权

儿童首要权力就是生存权。但是，由于各种各样的原因，有些儿童生存与发展面临严重的困难。佛山市各级妇联一直在努力帮助这些儿童解决问题，维护他们的生存权。

例如，2006年10月—2007年11月，三水区芦苞镇妇联妇女儿童权益维护工作站为有特殊困难的儿童和青少年设立了"辅助困难儿童健康成长"特色维权服务项目。这些儿童和青少年因身体缺陷、父母双亡等客观因素，在心理、生理、物质上更需要帮助和关心。

围绕该项目，三水区芦苞镇妇联开展了以下几个方面的活动：

（1）组建了一支以机关干部、教师、医生为骨干的妇女儿童工作志愿者队伍，并对志愿者进行专业课程培训，培训的内容主要有青少年心理教育、家庭教育、法制教育等内容。

（2）通过开展爱心大行动，倡议热心人士帮扶三水区芦苞镇内特困家庭的儿童和青少年。

（3）开展调查摸底工作，全面掌握三水区芦苞镇内的单亲特困家庭儿童、青少年等情况，确定蔡氏姐妹、蔡某、曹某、黎某、马某六人为重点帮扶对象。

（4）开展一系列的帮扶活动。第一，妇联与维权工作站的工作人员、志愿者人员上门慰问6名重点帮扶对象及其他残疾儿童、特困儿童，给他们送上慰问金和学习用品等。第二，组织妇联志愿者上门教授电脑、刺绣等课程，还为他们办理图书馆借读卡，定期送上各种书籍。还有对他们进行上网辅导，了解他们学习、生活情况并进行心理辅导，组织志愿者为帮扶对象过生日，组织帮扶对象到佛山市明珠体育馆和科学馆参观学习。第三，发动企业向10名单亲困难家庭捐赠了一批电脑，联同芦苞镇义工团开展爱心大行动，倡议全镇各单位、家庭、社会各界热心人士加入帮扶队伍。

通过一系列活动，"辅助困难儿童健康成长"特色维权服务项目取得了显著的成效，保障了受助儿童的生存权与发展权，使这些受助儿童在得到社会关爱的同时，也学会了克服因缺陷而带来的种种困难，坦然面对自己的人生。例如，蔡氏姐妹重拾了自信心；学会了刺绣手艺，为自己赚到了一些生活费用；学会了电脑上网、聊天的基本知识，在加强与人沟通、了解社会的同时感知社会的温暖；她们学习成绩保持优秀，性格变得开朗、乐观，与老师、同学相处融洽。曹某，性格变得开朗，能勇敢地接受自己是孤儿的事实。马某，经过各级政府和社会各界的关心和帮扶，终于能独立站起来。

佛山市各级妇联类似的特色项目有许多，由于篇幅的限制，这里不再举例。

（二）维护儿童被抚养权

被抚养权利是儿童的基本权利，但是，这种根本性的权利有时会遭到侵害。长期以来，佛山市妇联通过法律宣传与援助、讲座、咨询等方法来维护儿童的被抚养权。自2005年起，佛山市各级妇联运用个案法，展开深度维权。下面是一个完整的案例：

2岁脑瘫女童被遗弃以后……
（引自佛山市三水区大塘镇妇联妇女儿童权益维护工作站实录）

案由：

2011年10月10日上午，一个年纪为四十七八岁的中年妇女手里抱着一个约两岁的女孩和一袋衣服，走进大塘镇人力资源和社会保障所办公大厅，随即将怀中的小女孩和衣服放在大塘镇人社局办公大厅的长凳上，便假装着打电话，匆匆离开了，不知所踪。镇人社局发现该情况后，立即通知镇妇联，将此事件转介至镇妇联维权工作站处理。

个案调处情况：

大塘镇妇联维权工作站工作人员接到此案后，立即赶到镇人社局详细了解情况，在接触中发现该小女孩有脑瘫的症状，询问相关情况后，初步判断中年妇女存在遗弃小女孩的嫌疑。随后，工作人员马上打电话报警，在警察来到现场后，试图仔细翻看放在小女孩旁边的一袋衣服寻找线索，发现衣服里面留有一张小纸条，纸条上面写有一个电话号码，工作人员试图拨打纸条上面的电话，但多次拨打都无人接听。经商议，决定先安顿好小女孩再寻求联系小女孩的家人的方法。

（1）细致周到，安顿遭遗弃的小女孩。此后两天，佛山电视台三水分台、《佛山日报》分别对事件进行了报道，在社会中引起了反响及讨论，对镇维权工作站造成了无形压力。面对压力，镇维权工作站积极应对，考虑到暂未能寻找到小女孩的家人，妇联工作人员与镇敬老院取得联系，将小女孩暂时安顿在镇敬老院，由镇敬老院安排专人临时照顾小女孩，并为其购买了奶粉等食品。

（2）顺藤摸瓜，寻找遭遗弃的线索。面对一个无人接听的电话，妇联和公安的工作人员都万分着急，如何帮助小女孩寻找到狠心扔下她的亲人，责令其履行抚养照顾的责任，是当前的迫切问题。

经过进一步深入了解，得知被遗弃的小女孩名叫思思，是一名脑瘫患儿。父亲吴某和母亲莫某是大塘镇某村人，于2009年2月3日登记结婚，夫妻二人刚开始时感情挺好。2009年9月7日生下女儿思思后，两人对女儿百般痛爱，一家三口幸福地生活着。但小思思10个月大时突然连续高烧不退，后被医院诊断为急性肺炎，因医治不及时并最终导致脑瘫。小思思出生时，眼睛大大的，白白净净，眉清目秀，是一个健健康康受人喜爱的小女孩，如果不是流口水及身体无法自控地摇晃，根本看不出是脑瘫儿。从走访了解及村民反映中得知，小思思父亲吴某家庭经济条件不太好，其双亲在吴某尚未成家时已经先后去世，并留下债务。吴某是三水西南某酒楼从事厨房工，莫某则在家中带小孩，全家生计都靠吴某低微的收入维持。

思思患脑瘫后，其父母亲也没有放弃她，带着她四处寻医积极治疗，但迫于经济压力以及治疗效果不明显，吴某狠心丢下母女两人后不知去向。莫某在没有任何经济来源、又要照顾脑瘫的女儿的情况下，将小思思带到其大姐家中，让莫姐代为照顾小思思，她只身去寻找小思思的父亲。莫姐也十分同情妹妹的困境，爽快地答应暂时照顾小思思。但令莫姐不解的是，妹妹竟然也玩起失踪。照顾小思思给莫姐一家带来了极大的不方便，四处打听也不见其父母的踪影。迫不得已，莫姐只好将小思思扔在镇人社局办公大厅。

当我们得知小思思的情况后，立即联系其所在的村委会，发动多方力量一起寻找思思的父母。与此同时，我们也动员思思的亲戚将她接回家照顾，但却遭到拒绝。

经过多方打听，我们终于打通了吴某电话，但吴某在电话里说，"老婆都不要女儿了，我也没办法"，便挂了电话。再打时便不再有人接听。当日上午11时30分，我们就近找到了小思思的外公、外婆，但他们两个人都不愿照看这个孩子。吃了闭门羹后，无奈之下工作人员便将思思送回镇敬老院照料。由于镇敬老院主要面向五保老人，没有接收弃婴的职能，只能暂代照顾，小思思的抚养问题终究是要靠家人解决。

经过反复努力，我们再次拨通了吴某的电话，他说放弃女儿实属迫不得已，在医院听到医生摇头说没有希望的时候，他就放弃治疗了。只是他老婆（莫某）坚持要继续治疗，坚持一段时间感受到抚养压力，便也放弃女儿了。吴某坦言，夫妻双方感情由此已经走向恶化，家庭也难以再经营下去。

在电话的沟通中，工作人员感受到吴某依然关心女儿，放弃女儿实属无奈。为此，工作人员继续与他探讨女儿的话题，希望通过亲情的呼唤感化吴某。

当问及他小思思好歹是你的亲生骨肉，你又何以忍心轻言放弃她时，吴某说，女儿现在都已经成了一个废人，医生说以后治好的机会微乎其微，将永远这样瘫下去，他的压力是其次，主要是不想见到女儿一辈子都得躺着受折磨。同时他的家人一个一个地离开他，他的心都已经死了。作为一个厨房工，每个月收入一两千元，整个家都是他支撑着，之前为了给女儿治病，已经花光所有积蓄，还向亲戚朋友借了3万多元，以他目前的经济收入，根本入不敷出，无能为力，很难将女儿抚养好，因而选择了逃避，而且夫妻感情已破裂，离婚已经是必然的选择。

工作人员帮助他分析了整件事情，鼓励他面对现实，回来承担照顾抚养女儿的责任。对于是否离婚及女儿如何抚养，夫妻俩可以协商处理，协议不成的可通过法律途径解决。

在工作人员的耐心劝说下，吴某答应回大塘镇接回女儿，并表达了假如法院将女儿的抚养权判给他，他也会尽抚养责任，养育好女儿。

同时，我们就这事向残联部门了解，小思思这种情况能否评定为残疾，是否可以申请残疾补助，并极力为小思思争取更多的资源，帮助这个家庭渡过难关。

结案情况：

第二天下午2:30，小思思的父亲吴某从西南坐车回到大塘镇，从镇敬老院工作人员手上接过女儿思思，一再表示给她们带来的麻烦表示歉意，同时表示会尽力抚养女儿。

近日，我们为此案件作了回访，吴某现在为了照顾女儿在西南红卫街附近租了一间小房子，以摩托车搭客为生，维持生计的间隙照顾女儿，同时也在与莫某办理离婚手续。

思思经过残联部门的评定，已经拿到一级残疾证，每月享受100元补贴。镇残联已为其申请重度残疾人家庭康复抚养补贴，获批后将可增加每月600元补贴。在思思8岁前，她父母亦可向残联申请全免费的康复治疗。

反思及建议：

（1）案件得到妥善的解决依赖于部门的联动。小思思遭遗弃案件的成功解决有赖于相关部门的配合、支持和协助。在案件中，镇人力资源和社会保障所、派出所、敬老院、村委会的大力支持和配合，协助镇妇联维权工作站工作人员了解当事人家庭情况，紧抓焦点角度去帮助当事人解决问题，让案件得以解决。

（2）把握时机，情理结合开展工作。在这个案件中，镇妇联维权工作站工作人员及时请专人照料妥善安置小女孩，同时设法寻找小女孩的父母。在了解基本情况后深入村中展开更详细的调查，掌握问题所在，把握了解决问题的主动权。父母是小孩法定的监护人，抚养小孩是父母应尽的义务。如果小孩有病就遗弃，便犯了遗弃罪。小思思的父母双方都还有劳动能力，如果坚持不履行抚养义务，犯罪情节是相当严重的。政府部门有权要求父母双方把女孩领回去尽抚养义务，对方不从的情况下还可报警通过法律途径给予双方定罪。如果双方最后决定离婚，亦需要妥善处理好子女抚养问题，妇联组织通过情理结合的方法让当事人知晓其责任所在，学会承担作为父母应尽的责任。

点评：上述案例由案由、个案调处情况、结案情况、反思及建议四个部分构成。这是一个处理得很成功的个案。在案例中，工作人员充分利用了各个方面的力量，使复杂的问题得到圆满的解决。工作人员做了三件关键的事：第一件就是通过情感化了吴先生，帮助小思思的父亲吴先生重拾父爱；第二件就是帮助吴先生重拾责任心与义务感，愿意继续抚养小思思；第三件就是在经济上帮助吴先生链接更多资源（例如，思思经过残联部门的评定，已经拿到一级残疾证，每月享受100元补贴。镇残联已为其申请重度残疾人家庭康复抚养补贴，获批后将可增加每月600元补贴。在思思8岁前，她父母亦可向残联申请全免费的康复治疗），缓解了吴先生的压力，维持了吴先生承担责任与义务的信心。一般来说，承担责任、义务的信心与自己所拥有的资源、能力成正比。资源与能力不足，人性中推卸责任与义务的欲望会上升，并在人性组合形态中取得主导性地位，小思思的父母便是如此。

总之，在此之前，吴先生的内心十分纠结，心灵秩序十分混乱。通过妇联工作人员说情、说理、说法、提供资源，吴先生的内心不再纠结，心灵秩序得以重建。

二、维护儿童的免受伤害权

从维护儿童免受伤害的权力的过程来看，可以分为事前维权、事中维权与事后维权。传统的做法主要是通过宣传、教育、提供咨询等方法进行事前维权。2005年起，佛山市各级妇联运用社会工作方法中个案法来维护儿童免受伤害的权力。

个案法兼具了事前、事中与事后的功能与特点。之所以如此，是因为，第一，个案的调处着手在伤害事件发生之后；第二，有时在调处过程中，伤害（包括一次伤害与二次伤害）还在持续；第三，个案的总结与反思虽然是针对已经发生的伤害事件，但总结与反思的目的是为了防止类似伤害事件的再发生。

除了上述功能之外，个案法还具有以点带面的作用，即在处理个案的同时，通过各渠道宣传了维护儿童权益的法律与政策，通过反面典型，对潜在的侵害者进行劝诫与警示。下面是两个典型的案例：

案例之一：爱心、包容与理解是教育孩子的前提

（引自佛山市南海区罗村街道妇联妇女儿童权益维护工作站实录）

案由：

2011年4月1日，邓某虐儿一案被媒体曝光，罗村街道妇联维权工作站确认虐儿事件发生在罗村辖区之后，工作人员都非常震惊，并迅速启动重大事件应急预案，从妇联、流动人口管理办公室、派出所、联星村委会等单位迅速抽调人员组成事件处理小组，并即刻赶往事发的联星出租屋。

刚见到邓某（继母）的时候，她态度很冷漠，觉得我们都在多管闲事，她始终认为这件事只是家庭内部对孩子的管教。在邓某爱理不理的态度中，通过进一步的谈话、了解，我们得知邓某是被虐儿童小娟的继母，他们全家人从山区来罗村打工一个星期

左右，而邓某与丈夫结婚的时间也才一个月的时间。邓某，现年26岁，初中文化，曾有一段婚姻，并育有一个女儿，离婚后，女儿跟随前夫生活，后经人介绍与现任丈夫蓝某结婚。蓝某也曾与一女子结婚，但前妻生育了女儿小娟后不辞而别，蓝某一直与小娟、小娟的祖父母生活，至小娟3岁时，蓝某与邓某结婚，蓝某决定带妻子、孩子一起到珠三角地区打工。考虑到小娟还小，蓝某独自外出工作，邓某在家照顾小娟、做好家务。一切似乎都很平顺，但小娟却不知道暴风雨正在悄悄来临。

小娟由于活泼好动，经常在户外玩耍，有时候会捡一些别人丢弃的玩具回出租屋玩。这次小娟照样捡东西回来，邓某教育过她，但是小娟没有听，邓某拿起衣架便开始抽打小娟，后来继而发展到用锅铲、晾衣杆毒打，皮带捆绑，扇耳光等。在此期间，小娟曾大声哭喊，但是邻居们都没有过问，都觉得家庭教育孩子是内部事情，直到蓝某下班回家才发现小娟被毒打，马上送往医院医治，经媒体曝光后才让大家知道事情真相。

个案调处情况：

（1）多部门上下联动，及时调处。在了解清楚该事件发生在罗村后，街道妇联马上联合派出所、流管办以及当地的妇女主任前往事发出租屋。面对态度冷漠的邓某，街道妇联试图软化她的内心，对她动之以情，晓之以理，在了解到邓某跟前夫也有一个女儿，妇联工作人员运用移情法，对邓某说："你将心比心的想一想，如果别人把你的女儿打成这样，你不心疼吗？"这句话似乎触动了邓某内心深处的记忆，她开始不说话。妇联工作人员继续对邓某说："孩子还小，短时间内让小朋友完全接受一个陌生的人也是一个新的考验啊。"与此同时，派出所民警也对其进行法制教育，使其认识到，她的行为可能触犯治安处罚法，甚至是刑法，在相关证据确凿的情况下，可以对其实施法律制裁。在各方部门的反复劝说和教育下，邓某终于认识到自己行为的可怕，也开始悔悟，向我们一五一十地讲述了事情原委，并签下了保证书，保证以后不会再对孩子施加暴力。街道妇联还劝说邓某到医院看望受伤的小娟，并做好妻子与母亲的角色，争取丈夫与孩子的原谅。另一方面，街道妇联从人道主义出发，买好慰问品，带上慰问金，马上前往小娟的住院地点，看望并慰问小娟家人。同时，妇联也对蓝某进行了家庭教育，告诫他教育孩子除了母亲，父亲同样不能缺位，不能因为上班赚钱就忽视了对孩子的教育。蓝某表示以后一定会照顾好孩子，不再让小娟遭受同样的侵害。

（2）合理、快速处理事件，正确引导舆论。由于这起事件经由媒体曝光，几大媒体、电视台都竞相前来采访。为了正确引导舆论，一方面街道妇联尽量对媒体将事件起因、过程还原，同时公布了妇联的应对措施以及日后的工作方向，特别是在外来务工人员方面加强法律法规、家庭教育等内容的宣传以及普及知识，提高他们遵法、守法的意识，提高他们的家庭教育质量。另一方面，由于邓某对小娟的虐打行为，经过法医的伤情鉴定，已造成轻微伤，根据我国刑法的规定，要对当事人进行处罚。因此，街道妇联积极配合派出所做通蓝某的思想工作，到派出所报警录口供。派出所刑警队介入这件事调查，决定对邓某进行起诉。该事件也于近期进行了审判，也对邓某进行了法律教育。蓝某也表示日后一定会对小娟的教育多加注意，不再让小娟遭受虐待。

结案情况：

最后经过维权工作站、妇联、居委妇代会的教育，邓某认识到自己的错误，也感到害怕。在佛山市第一人民医院里，邓某前来探望受伤的小娟，好几次邓某都眼角渗出泪水并向其丈夫、妇联表示日后不会再虐待孩子。调解后一个星期左右，我们再次电话随访蓝某，了解小娟现在的情况，得到的回答是小娟经过一个星期的住院治疗，情况好多了，邓某的脾气也改善了很多。

反思及建议：

（1）从案件的发现到成功处理，主要得到了领导的重视和派出所干警、居委妇代会的大力协助，由查找出租屋，联系案主的见面到处理该案例的方式、方法都有计划、有目的。

（2）坚持依法依规和维护妇女儿童权益的思想，充分发挥了我们维权工作站的作用。

（3）今后在工作中要开展外来务工家庭的亲子教育课程，向广大家长宣扬科学的教育理念，宣扬爱心、包容与理解是教育孩子的前提。同时，要善于对待媒体，引导正确的舆论方向。

点评：上述案例由案由、个案调处情况、结案情况、反思及建议四个部分构成。案例中的邓某是一个继母，之前结过一次姻并生有一个女儿，离婚时抚养权归了前夫。与蓝某结婚并照顾蓝某与前妻所生的女儿小娟，使她对小娟心生羡慕。但她没有能及时将对自己亲生女儿的爱转移到小娟身上，随着时间的推移，羡慕转化为嫉妒，进而发展到恨。邓某可以找任何借口发泄对小娟的嫉妒与恨。这种恨摆脱了同情与怜悯的制约，摆脱责任与义务的制约，使邓某人性出现了比较严重的失衡，使其形成了消极的、负面的心灵秩序。

人的心灵秩序有各种各样，但可以归为三种类型：积极的、正面的心灵秩序，纠结的、混乱的心灵秩序，消极的、负面的心灵秩序。纠结的、混乱的心灵秩序如果得到适当的引导和外在制约，可以发展为积极的、正面的心灵秩序，否则，就会发展为消极的、负面的心灵秩序。消极的、负面的心灵秩序如果得到适当的引导和外在制约，可以发展到纠结的、混乱的心灵秩序，进而发展到积极的、正面的心灵秩序。

邓某看到由自己照的小娟，不由得想起了自己的亲生女儿，其心灵秩序便陷入羡慕与嫉妒互相纠结的混乱状态，由于没有外在力量的介入与引导，最终发展到恨。内心的恨会主动寻找出口以外化为行为。如果没有外在力量的制约，由恨而生的行为便会不断地重复。邓某的行为没有得到及时制约，其丈夫与邻居都没有发挥制约作用致使邓某不断地对小娟施暴，对小娟进行身心伤害，以宣泄内心的嫉妒与恨，直到媒体曝光，妇联及相关部门介入。

妇联及相关部门介入不仅仅是为中止邓某对小娟的伤害行为，更要重塑邓某的心灵秩序。妇联与相关部门从情、理、法三个方面入手，通过情与理的引导，法的制约，使邓某消极的、负面的心灵秩序发展到纠结的、混乱的心灵秩序，进而发展到积极的、正面的心灵秩序。当然，要做到这一点，邓某的丈夫与邻居的作用不可或缺。只有重塑邓某良好的心灵秩序，小娟才能免受再次故意的身心伤害；只有使小娟生活在一个和相对和谐的家庭之中，小娟身心才能健康成长。从该案例的结案和跟踪情况来看，妇联的工作是成功的。

案例之二：7岁女孩的新年噩梦
（引自佛山市禅城区妇联妇女儿童权益维护工作站实录）

案由：

小雪，7岁，户籍所在地：广东省云安县。小雪属非婚生子女，生母不知去向，生父霍先生，户籍所在地为禅城区南庄镇某村。2010年元旦，我区发生了南庄镇某村7岁女童小雪被"大妈"冯某割掉左耳、剁去右手四指的惨剧。1月6日，《广州日报》《南方都市报》《佛山日报》《珠江时报》、佛山电视台等主流媒体纷纷报道了该事件，引起社会的广泛关注，并在网络上迅速传播。当天下午，网上已有1.5万多条相关信息链接，该事件也成了各大论坛的热门话题，民众在强烈谴责"大妈"冯某的凶残、小雪生父不负责的同时，也强烈要求政府相关部门能介入，严惩凶手，做好善后工作，还小雪一个公道。

个案调处情况：

1月6日上午，区妇联从媒体报道获悉此事后，区妇联林秀娟主席立即意识到事态的严重，果断采取措施应对该突发事件。

一是及时召开应急处理会议并指派专人跟进。立即召集班子成员及维权部、儿少部负责人，认真分析事件，研究妇联采取什么措施才能有效保护到受虐儿童小雪，尽可能降低该事件对她的伤害。区妇联还指定由陈丽娜副主席主抓事件跟进工作，具体工作由维权部负责，儿少部协助。

二是及时上报、调查。会后，区妇联立即向省、市妇联和区分管领导通报了该事件，并要求南庄镇妇联立即介入，通过村妇代会了解案发当日的情况。当天上午，市、区、镇、村四级妇联相关人员到乐从医院探望了解受害女童情况，并于次日到南庄派出所了解案情及案件进展情况。

三是畅通信息，把握舆论导向。小雪事件曝光当天，她的病房外聚集了大批媒体记者，摄像机、镁光灯，记者不断重复询问事发经过，让年幼无助、身心俱损的小雪惊恐不安，不时发出抗拒的尖叫声，这个场面深深刺痛了在场的妇联工作人员。当天下午，市、区妇联召开个案协调会，确定通过本地较有影响力的《小强热线》节目，发表妇联对该事件的态度和维护儿童合法权益的决心，并在佛山传媒集团召开了小型的新闻发布会，呼吁媒体对小雪进行采访报道时应该遵守联合国儿童基金会《儿童报道中的伦理原则和指南》和《中国反对家庭暴力专业准则》，注意保护小雪的隐私权和尊严，准确报道事件，减少集中大量的拍摄，尽量不要让小雪重复痛苦经历，减少刺激小雪，保护小雪弱小的心灵，避免对她的二次伤害。与本地媒体达成共识后，本地媒体很少到医院"骚扰"小雪了，但还有很多外地的记者在医院驻点。针对这种情况，区妇联决定每个阶段都用情况通报的方式，主动向各大媒体发布最新动态，引导民众将对关注点由家庭矛盾引向如何保护儿童，帮助小雪走好未来的路方面，也让小雪能有一个安静的康复环境。

四是形成合力，联动跟进。市、区妇联多次召开个案协调会，商讨个案跟进工作，四级妇联形成合力，各负其责，联手做好小雪事件的跟进工作。在小雪住院期间，南庄镇妇联、该村委会派专人不间断前往医院探视女童，并与有关部门及女童父亲霍先生保持联系；市妇联安排了心理辅导专家对小雪进行适时、系统的心理辅导；区妇联安排了专业社工为小雪家庭康复环境的再造进行设计，并对申报的爱心家庭进行了评估和筛选，尽可能帮助女童寻找一个相对适宜其康复的生活环境。

五是项目经验的有效运用。1月14日，省、市、区妇联在禅城区妇联就小雪事件的进展情况召开了座谈会，区妇联林秀娟主席向省妇联杨建珍副主席、儿童部莫一云部长汇报了事件发生后各级妇联组织如何发挥妇联优势，实施多种有效措施促使事件往良性态势发展的情况。杨建珍副主席听取汇报后认为：针对这起严重伤害儿童人身安全、侵犯儿童权利的恶性事件，佛山市、禅城区两级妇联能及时、主动、积极介入此事件，协调相关部门，保障受害女童接受救治、心理辅导，以及在其回归社会的环境再造方面做了大量工作，使此事件得到理性、专业、稳妥的处理。她认为成果的取得是禅城区承接联合国儿童基金会的"反对对儿童的暴力"项目的经验有效运用，是社会工作理念引入的作用，值得全省乃至全国推广。

六是招募爱心寄养家庭。鉴于小雪十分害怕再回到生父家中住，其生母又去向不明的情况，在征得其父霍先生本人同意后，区妇联请专家拟出爱心寄养家庭条件，并通过媒体向社会广泛招募爱心寄养家庭，希望小雪有个"家"，能健康成长。2月下旬，市、区妇联合力为小雪找到并入住到爱心家庭，为保证小雪及爱心家庭的合法权益，区妇联请专业律师拟写了寄养协议，约定了双方的权利和责任。

七是保障受教育权。7岁，一般的小孩都该就读小学二年级了，可7岁的小雪却未曾接受过任何的正规教育。所以我们决定让小雪尽快接受正规的学前教育，为下半年入读小学做准备。因此，3月上旬，刚把小雪在爱心家庭安顿好，区妇联就开始物色、联系适宜小雪入读的幼儿园。由于小雪特殊成长经历和悲惨遭遇，且有肢残，造成一些幼儿园不愿意接收其入读，也出现过上午才办好入园手续，中午就被园方以种种理由劝退的情况，但最后在市、区妇联的共同努力下，终于解决了小雪的读书问题。为帮助小雪更快更好地适应幼儿园的学习，在其正式入学前，市、区妇联相关人员与心理辅导老师一起与园方及带班老师做好沟通工作，共同研究小雪的教育事宜，使其很快就适应并融入班集体中。

结案情况：

目前，小雪事件在区妇联及时、到位、专业的跟进工作下，正朝良性的方向发展。5月初，小雪接受了省假肢康复中心提供的免费矫形手术，安装上假肢了；区妇联正在积极协助小雪父亲为小雪联系入读小学；小雪事件已转入司法程序，区、镇妇联都密切关注事态的进展。而妇联对小雪事件积极、专业的跟进工作，更得到了民众的一致好评，引用一个民间志愿组织"救助受虐儿童总群"佛山地区联络员的一句话："我为我们当地妇联能给孩子一个如此专业、长期而持续的跟进帮助，感到无比的自豪！"

反思及建议：

区妇联能如此快速反应、专业应急处理，得益于我区于2006年承接了联合国儿基会和全国妇联联合开展的"反对对儿童的暴力"项目，该项目实施期为2006—2010年。几年来，由市妇联负责建立三级预防网络，倡导当地政府出台儿童保护新政策；由区妇联负责牵头建立受虐儿童救助工作机制，在项目试点地区张槎街道大富村、东鄱村发展了支持家庭应对儿童暴力的能力和资源，创设了支持反对儿童暴力的社区环境，形成了政府主导、妇联推动、全社会参与、预防与救助并重的防止虐待儿童的工作机制和网络。小雪事件虽然不是发生在项目试点社区，但我市已组建的各类专家资源、个案处理经验起到了很大的支持作用。而小雪事件作为我区"反对对儿童的暴力"项目处理的首个虐儿个案，在跟进处理中也发现了不少问题，很值得我们及相关职能部门的反思。

（1）应建立卫生系统内的儿童保护机制，不断提升医护人员的儿童保护意识。1月1日事发当晚，小雪的父亲将女儿送到医院救治时，医生只是要求其父赶快回家找断指，当班医生在得知小雪的伤情是霍先生的妻子冯某造成时，并没有意识到这是一宗故意伤害案，应及时报警，而是在1月4日发现小雪的医疗费不足，当天又无家长守候，担心家长将小雪遗弃在医院时才报警。因此，加强对医护人员有关儿童保护方面的培训，提升对儿童暴力的敏感性和责任心是很有必要的。同时，卫生系统应建立儿童保护机制，如建立疑似受虐儿童报告机制、进行儿童受虐伤情鉴定等。

（2）应完善多部门合作救助机制，加强沟通、协作。1月4日下午南庄派出所接到报案，区妇联1月6日才通过媒体报道得知该事。其间，公安部门已对小雪作了询问，据说询问进行得相当艰难。儿童心理承受能力弱，特别是像小雪这样身心受到严重伤害的儿童，要她重述案发经过是相当痛苦的经历。如果公安部门能针对受虐儿童的状况，派心理专家到场协助做笔录，或是能及时通报妇联等相关部门，就可让相关部门及时参与，调派一些相关专业人士配合做好相关处理工作，有效降低询问对小雪造成的二次伤害。因此，区妇联在借鉴香港儿童保护经验的基础上，结合我区儿童保护工作及项目工作实际情况着手草拟了《佛山市禅城区受暴儿童个案处理程序和服务指南》，对有可能接触受到暴力伤害儿童或为这些儿童服务的政府部门、社会机构和服务人员提供基本的处理程序和服务流程的服务，以便使受到暴力伤害的儿童能够得到及时、有效的帮助。目前，该指南正在修改、完善阶段。

（3）应当建立儿童报道的媒体自查与评估体系，推进儿童报道伦理的本土化。小雪事件曝光后，立即吸引了民众及媒体的广泛关注，媒体是蜂拥到医院，不断重复地询问小雪当晚事发的痛苦经历，造成小雪惊恐不安，见到摄像设备、陌生人就惊叫。因此，应要求媒体在报道涉及儿童的暴力事件时，要严格遵守联合国儿童基金会《儿童报道中的伦理原则和指南》和《中国反对家庭暴力专业准则》，保护儿童的隐私和尊严，避免对受虐儿童的二次伤害。

（4）专业社工在受虐儿童个案中的作用不可忽视。在小雪事件中，区妇联特邀的中山大学社工服务中心的专业社工发挥了很大的作用，他们运用社工工作方法，与霍先生建立了良好的沟通关系；对小雪的状况进行了整体评估，制定了针对小雪的过渡期和长期康复计划，着力帮助小雪进行关系和环境的康复与重建，力争为小雪创设一个最适宜的康复环境的再造，有效推动事件处理的良性发展。由此可见，引入专业社会工作在推动我区妇女工作，提升我区儿童保护的专业质素，进而推进我区的"平安家庭"建设是相当有效的。因此，区妇联将建议政府考虑在我区的相关部门，如人民团体、社区服务等招聘专职社工，或以政府购买服务的方式引入社工，推进佛山市区儿童保护的专业化，推进儿童友好城市建设，共同推进和谐禅城建设。

点评： 上述案例由案由、个案调处情况、结案情况、反思及建议四个部分构成。这又是一起继母伤害儿童的典型案例，这种伤害不仅仅是对儿童身体伤害，更是对心灵的伤害。在这个案例中，佛山市各级妇联积极介入，维护小雪的权益，力图重塑小雪的心灵世界。

在维护小雪的权益方面，妇联积极引导媒体，防止媒体过度采访、过度询问、过度曝光给小雪所带来的二次心理伤害，这种伤害一旦形成，可能对小雪会造成长远的影响。

在重塑小雪的心灵世界方面，妇联为小雪提供了专业化的心理辅导，疏导小雪的不良情绪，安抚小雪的心灵；帮助小雪寻找爱心寄养家庭，让小雪在充满爱的环境中成长；为小雪寻找幼儿园，让小雪融入社会。从个案调处来看，在重塑小雪的心灵世界过程中，社工起了十分重要的作用。

该个案的反思及建议部分写得比较长，对存在的问题分析得比较深入，建议合理，对维护儿童免受伤害的权力极具参考价值。

从总体而言，如果没有外在力量的介入，对继母或继父进行心理引导与制约，继母或继父很容易出现人性失衡，形成消极的、负面的心灵秩序。当今社会离婚与再婚的人群在不断地扩大，妇联及其他社会组织有必要及时对这个群体进行介入，对其进行心理辅导，引导其人性中的爱、同情心与责任心在其人性组合形态中取得主导地位，帮助这个群体中的个体及时摆脱纠结、混乱的心灵秩序，构建积极的、正面的心灵秩序。如此，可以有效地保护一大批儿童免受身心伤害，使他（她）们生活在和谐的家庭环境之中。

需要特别指出的是，不仅大多数继母或继父的心灵秩序纠结、混乱，并有可能发展为消极的、负面的心灵秩序，同样，大多数再婚家庭中孩子的心灵秩序纠结、混乱，并有可能发展为消极的、负面的心灵秩序。因此，对儿童行为的引导与矫正同样重要。这两个问题我们放到本章的第二节与第三节进行分析与论述。

三、维护儿童的受教育权

儿童受教育的权利可以分为两类：一类是在家庭受教育的权利，另一类是在学校接受教育的权利。

（一）代偿在家庭的受教育权

在儿童在家庭受教育的权力是家庭功能系统所固有的。但是，有些家庭由于各种原因，导致家庭功能系统缺损，无法发挥正常的教育功能，使儿童受教育的权利得不到保障，给儿童未来的发展造成障碍，也会社会带来一系列的问题，因此，需要外部力量介入，代偿这些家庭的教育功能，维护儿童受教育的权利。这项工作，佛山市各级妇联一直在做，并且以项目的形式展开。

例如，2008年5月—2009年5月佛山市三水区芦苞镇妇联妇女儿童维护工作站开展的"助学助强，共享幸福"特色服务项目。项目通过个案工作、小组工作、社区工作等方法不断地推进服务工作，一是深入调查摸底，排查确认10户家庭为重点帮扶对象；二是结合实际情况，根据针对性、可操作性和实效性的原则将排查出的家庭分类为特困儿童家庭、残疾儿童家庭、单亲特困母亲家庭；三是组建心理辅导小组、学习辅导小组、户外拓展小组等专业服务小组开展帮扶活动；四是开展"一对一户"的跟踪帮扶活动；五是分别到机关、社区、村委上课，将更多的家庭教育知识普及到广大家长中；六是举办"自强不息"分享会；七是开展"企业关怀，生活添彩"活动。

项目的特点具有综合性，但重点突出。上述"助学助强，共享幸福"的重点就是代偿家庭的教育功能。从上述项目来看，个案工作、小组工作、社区工作有机地嵌入在项目之中，使项目运作与成效不仅有广度，而且也有深度。个案工作、小组工作、社区工作在代偿家庭教育功能方面发挥十分独特的作用。

下面是佛山市南海区妇联一个小组工作的具体案例：

"大手牵小手"——青少年赴港励进训练营

（引自佛山市南海区妇联妇女儿童权益维护工作站实录）

小组计划书

1. 名称："大手牵小手"——青少年赴港励进训练营。
2. 对象：南海区单亲青少年；名额：40人。
3. 地点：香港市区；负责工作员姓名：黄燕。
4. 日期：2012年8月24日—26日；时间：9:00—15:00。
5. 招募及宣传方法：由区妇联进行统一通知，各镇街妇联进行招募和宣传。
6. 理念：按照马斯洛的需要层次理论，个体成长发展的内在力量是动机。而动机是由多种不同性质的需要所组成，各种需要之间，有先后顺序与高低层次之分；每一层次的需要与满足，将决定个体人格发展的境界或程度。马斯洛认为，人类的需要是分层次的，由低到高，可以分为生理需要、安全需要、归属和爱的需要、尊重需要、自我实现需要。五者之间互相影响、互相作用。归属和爱的需要是指获得社会性的需求。归属和爱的需要、尊重需要、自我实现需要是较高层次的需要。
7. 目的：增长单亲青少年的见识，锻炼其社会交际能力，初步建立单亲青少年互助网络，激发其积极乐观的生活态度，培养青少年良好的习惯，塑造青少年"诚实、关爱、尊重、责任"等品格。
8. 程序安排：

节次/日期/时间	内　　容	所需物资	负责人
第一节 8月24日 下午	开营礼、建立团队	麦克风、音响	伍建新 黄燕 陈汉生
第二节 8月24日 晚上	参观香港科学馆、香港太空馆、金紫荆、山顶（司徒拔道）眺望维多利亚港	租车、扩音器	伍建新 黄燕 陈汉生
第三节 8月25日 上午	团队励志训练以及精神讲话	投影仪、麦克风、音响、彩旗、竹竿、彩纸	伍建新
第四节 8月25日 下午	海洋公园历奇	租车、扩音器、水	伍建新 黄燕 陈汉生
第五节 8月25日 晚上	分享一刻：烧烤	食物、烧烤叉	伍建新 黄燕 陈汉生
第六节 8月26日 上午	香港中文大学励志行 参观星光大道	租车、扩音器	伍建新 黄燕 陈汉生

9. 小组的人手分工安排（略）。

10. 预计困难及解决方法：

预计困难	解决方法
通行证过期或者没办理	提前通知相关工作人员
学员迟到	由镇街统一组织到乘车点
过关的时候人多容易走失	穿统一而且颜色显眼的衣服
丢失通行证	由相关工作人员保管
触犯香港的相关法律法规	提前告知注意事项
在港期间学员走失	强调紧急联系人的联系方式，并提前告知学员营地地址及交通指引；各自活动前强调集中时间与地点

11. 评估方法：

（1）过程评估

1）活动参与程度：参与人数，参与人员的投入程度（是否积极参与活动的互动）。

2）活动是否顺利开展（是否按策划活动流程开展），活动气氛是否热烈。

3）工作者在过程中的感受与反思。

(2) 结果评估

1) 参与人员对活动的评价（问卷调查，以及成员分享中的感受）；

2) 社工对活动的自我评价与反思。

小组报告（略）。

点评：该小组是针对单亲儿童的。单亲儿童的心灵秩序特征是由单亲家庭的特征决定。单亲家庭的特征有四个方面：经济功能缺损、心理情感功能缺损、教育功能缺损、社会支持功能缺损。这些功能的缺损可能会导致单亲儿童心灵秩序纠结与混乱，如果得不到适当的引导，即这些缺损功能得不到某种程度的代偿，单亲儿童纠结与混乱的心灵秩序就会向消极的、负面的心灵秩序发展，并形成固定的心理模式与行为模式。

该小组工作的目的是：增长单亲青少年的见识，锻炼其社会交际能力，初步建立单亲青少年互助网络，激发其积极乐观的态度，培养青少年良好的习惯，塑造青少年"诚实、关爱、尊重、责任"等品格。这一目的具有综合性，但主题突出。之所以如此，因为该小组的目的包含代偿家庭的心理、情感功能、社会支持功能与教育功能，但以代偿家庭教育功能为主。从小组活动的过程与总结来看，这一目的基本上达到了。例如，95%的学员建立了较为融洽的关系，45%学员愿意向他人袒露心声，分享和交流感受和经验，并且不少学员们在出入境时、搬运物资时主动提供帮助，相互照顾，初步形成了互相支持和鼓励的氛围；在听了香港中文大学伍建新博士的讲话后，学员们感触很深，促使绝大部分学员开始正视、思考家庭及其个人的问题，其中80%学员表示愿意从现在开始，为美好的未来、建好自己的"房子"而加倍努力，"努力读书，孝敬父母，听老师话，做到最好！"

（二）维护儿童接受学校教育的权利

接受在校教育是儿童的基本权利。从总体来看，佛山市儿童这一权利得到了比较充分的保障。但是，由于各种原因，侵害儿童权力的现象还是时有发生，下面便是妇联调处的一个比较典型的案例：

如何保障离异家庭孩子的权益

（引自佛山市高明区荷城街道妇联妇女儿童权益维护工作站实录）

案由：

2011年2月14日上午，简小梅到我街道妇联维权站，反映其女儿问题，希望得到我们的帮助。

简小梅，女，45岁，现住高明区荷城街道文华路。据简小梅反映，她本来是高明区杨和镇居民，1990年经朋友介绍，认识了高明区荷城街道某村委会某村三组严某某，并于1991年与严某某在高明区婚姻登记处办理了登记手续。结婚后由于双方性格不合，于2000年由简小梅向高明区人民法院提起离婚诉讼，经法院工作人员调解无效后，由法院判决了离婚。离婚时女儿严某9岁，判由男方抚养，经双方协定，简小梅一次性支付了女儿严某到18岁的抚养费。

离婚后，简小梅认识了现任丈夫钟某，并与他办理了结婚登记。因钟某也是再婚，且有自己的小孩（儿子，13岁），于是反对简小梅带女儿回家居住。在简小梅再婚的同时，她的前夫严某某也与现任妻子黎某再婚了。男女双方再婚后，因生活琐事，女儿严某经常与后母黎某发生矛盾。严某某下班回到家中通常不问是谁的错而向女儿大骂，有时还会出手打女儿，导致女儿与父亲严某某的关系恶化，之后父女俩还经常发生争吵。

说到此处，简小梅叹了一口气，并向我们说起了未与前夫离婚之前，她的女儿非常乖巧，读书成绩也很好，但自从与前夫离婚后，女儿就开始变坏，幸好有个很疼爱她的奶奶，在奶奶的教育下，女儿成绩还好。在女儿读小学六年级起，前夫就要女儿在校住宿。直至2010年11月28日，正在高明一中读高二的18岁女儿离家出走，并辍学出来找工作。当时不管自己怎么劝女儿，她就是不听，一意孤行不愿上学。后来因无学历，面试处处碰壁，好一点的工作，招聘单位不招她，而愿意招她的单位她不肯去做，最终女儿找不到适合自己的工作，才觉得后悔，想继续回校读书。

于是，女儿回家向父亲说明了要回校上学的意愿，但父亲不再想为她交学费了，因为其父亲怕她再离校，浪费钱。简小梅也亲自与前夫严某某联系过，要求他继续为女儿交学费，但严某某认为女儿已满18周岁，自己收入也不高，拒绝交学费。

最后，简小梅想到了村中每年都会有分红分配，虽然不多，但也可以应付女儿的学费，于是，要求我街道妇联维权站做严某某的思想工作，希望严某某将属于女儿的分红款归还女儿，让女儿重返校园。

个案调处情况：

我站维权工作人员接到个案后，马上向领导汇报，我街道妇联领导十分重视，亲自致电荷城街道某村委妇代会主任了解详细情况，并要求其协助调解工作。

2011年2月16日上午，村委妇代会主任回复我站：致电严某某想约其到村委会由村委会工作人员当面与其作调解工作，但他以没有时间为由，不配合到村委会作调解，只愿意在电话中与村委妇代会主任谈话。

据严某某所说，他与前妻简小梅离婚一年后已再婚。因女儿与现在的妻子关系不好，经常与现任妻子发生矛盾，所以女儿就一直由奶奶照顾。因奶奶年事已高，直至女儿读小学六年级，严某某才决定让女儿在学校寄宿。女儿升中学时，考上了高明区的沧江中学，学费每年就要7000多元，加上住宿费及伙食费，每年的费用也不少，严某某也没半点怨言。直至女儿考上高明一中后，开始没心思读书，经常请假不回校，甚至辍学出来打工。他认为女儿已无心向学，加上女儿已年满18周岁，他做父亲的义务已完成。无论村委干部怎样劝说，严某某都不理，最后还说了一句"你们不要白费劲了，我是不会再给钱我女儿的"。

与严某某通过电话后，村委妇代会主任亲自到严某某村中向严某某的母亲及村民了解情况。经调查，村民所说的与严某某所说的一样，证实了严某某并没有说谎。考虑到严某已年满18周岁，属成年人，村委妇代会主任于是协助上访人简小梅调查女儿严某这两年来共享受到村中多少分红款。

第六章 介入儿童成长

结案情况：

2011年2月18日下午，村委妇代会主任再回复我站：经调查，当事人严某某的村中从2008年1月至2010年12月31日期间，村中每人分配分红共2300元。我街道妇联领导考虑到严某某与女儿的关系不如从前，且其女儿已成年，要求村委会协助将严某某父女的分红账户分开，好让以后村中有分红分配时直接划入严某某女儿的账户，由其女儿自己掌握支配。

于是，村委妇代会主任又找到严某某村中的村主任谈话，经过多次的谈话，最后，村主任认为严某某父女关系恶劣，分户也是件好事，答应下年分配分红时将他们的账户分开划拨。

反思及建议：

随着近年离婚率的大幅上升，造成离异家庭的子女日益增多，并且离婚夫妻低龄化成为主要趋势，使得更多年龄幼小的孩子成为单亲儿童。父母的离异，对孩子在心理及抚养教育等方面的影响比较大。

在本个案中，严某某与简小梅离婚才一年双方都已分别再婚，但新组织的家庭中，再婚的另一方又不愿意接受对方的孩子，使得孩子在性格上有所改变，继而做出种种叛逆行为。男女双方在离婚后思想应达成一致，双方都应该做到继续关心孩子的心理、生理及生活问题。但目前不少离婚的父母，在离婚前争吵、反目，离婚后，还继续相互仇恨，不相往来，使孩子不胜痛苦。由此可见，解决此类问题，唯有期待各职能部门通过相关法律法规的大力宣传等系列活动，逐步提高广大市民的素质和意识，增强对家庭及孩子的责任感和亲情感。

点评： 上述案例由案由、个案调处情况、结案情况、反思及建议四个部分构成。好奇心、求知欲是人性构成要素，受教育是人的权利。在一个人一生中，儿童期其主导性的人性组合形态就是好奇心与求知欲取得主导性地位。剥夺人的受教育的权利是反人性的。当今，人类已经进入了社会——文化人时代，在这个时代，接受教育已经成了人们最主要的欲望之一，人们受教育的程度决定了其拥有的发展机会与社会地位，决定其拥有资源的多少。在该案例中，简小梅的女儿严某找工作的历程就是一个很好的例证。

从该案例来看，简小梅的女儿严某生活在一个比较复杂的再婚家庭里，严某从小与后母不和，矛盾不断。亲生父亲没有从心灵上给予她支持与慰藉，亲生母亲也无法从心灵上给予她支持与慰藉，只有奶奶疼她爱她。但奶奶的疼爱无法替代亲生父母的疼爱。这种情况导致严某心灵秩序混乱，从而产生"自我剥夺"的行为，其中，不愿上学，甚至辍学就是十分典型的"自我剥夺"的行为。一般来说，"自我剥夺"的行为会成为"被剥夺"的借口，最终导致"被剥夺"。在本案例中，简小梅的女儿严某，就是因为"自我剥夺"，结果导致了"被剥夺"，即父亲不再愿意承担供她上学受教育的责任与义务。

在本案例中，为了保护简小梅的女儿严某继续接受学校教育的权力，妇联维权站的工作人员做了大量的工作，也得到妇联领导、村干部的支持，从结案的情况来看，案主简小梅的愿望得到了实现，即将村里的分红划归其女儿严某名下，严某继续接受学校教育也有了一定的经济保障。

第二节　儿童行为引导

一、儿童行为引导的必要性

从管理学的角度来看，儿童行为引导属于事前管理，即在儿童出现行为问题之前，关心儿童的心理健康，采取各种措施，引导儿童形成良好的心灵秩序，进而产生良好的行为模式。儿童是国家的未来，儿童的身心健康关系到每个家庭的幸福，关系到整个社会的发展与稳定。在庞大的儿童群体中，有两类次群体需要特别关注：一类是"被娇惯的儿童"，另一类是"被冷落的儿童"。

（一）被娇惯的儿童

从20世纪80年代我国开始实行独生子女政策以来，第一代独生子女已经长大成人，他们（她们）有的已经生儿育女，或即将结婚生子。独生子女政策所带来的一系列后遗症也逐渐显现出来，这必将对我国未来的婚姻与家庭结构，社会道德伦理观念，甚至社会最基本的结构形式产生深远的影响。

提起独生子女的教育问题，最有代表性的无疑是20世纪80年代中期以来就家喻户晓的"小皇帝"说法，经过国内外媒体的广泛传播逐渐成为我国独生子女的代名词。"小皇帝"主要指的是那些娇生惯养、缺少锻炼、不能吃苦、任性骄横、自理能力极差、处处以自我为中心的孩子。

造成独生子女产生不良心理与行为的原因有许多，总结起来有以下三个方面：

第一，家长的百般宠爱所至。独生子女是"四二一部队"的核心人物，在家中过的是众星捧月的"小皇帝"、"小公主"生活。许多家长对孩子的教育是好好学习，考上重点中学、名牌大学，将来有一份好工作。要达到此目的，许多家长习惯于将孩子的日常生活全部"包办"，有的家长成了孩子的"书童"；有的父母成了孩子的随意使唤的"奴仆"，他们对孩子一些不太"孝敬"的行为也能够默认；有的家长认为孩子长大自然会懂；有的家长认为自己现在是尽责任，将来孩子能养活自己就行了。这样的家庭教育培养出的孩子往往缺乏孝心，不懂得"感恩"，自我意识太强，缺少奉献精神，没有责任心，根本不知道去关心、体贴他人。他们认为父母的奉献是应该的。

家长对孩子的溺爱实际上是对孩子的无情，过分地呵护造成孩子无能，而缺乏孝心教育带来的是孩子无德和残忍。现实中许多事实对此作了诠释，例如，浙江金华的徐力杀母案，以及四川不满14岁留守孩子小淘为筹措上网费，一年内分别杀害了奶奶和姨婆。

第二，学校教育的无奈。长期以来，受应试教育的影响，社会与家长评价一所学校、一位教师、一个学生的好坏主要看分数，看考上重点中学的人数。这样，我们的教师更注重智育教育，即更注重知识的传播与灌输；在德育教育上只停留在遵章守纪、文明礼貌和安全教育层面,从而使孝心教育缺位,造成学生孝心的缺失。古人说,百善孝为先。孝心的丧失实际上就是伦理道德基础的丧失。理论上,学校要具备并行使两个功能:教书与育人。但应试教育使学校弱化或淡化了育人的功能。有的学校甚至放弃了育人功能。然而,可以预知,在未来很长的一段时间内,应试教育仍会起主导性地位,因为高考是一般百姓寻找更好出路的最主要渠道。

第三,社会上不良风气的影响。随着我国市场经济的深入发展,社会经济成分、组织形式、就业方式、利益关系和分配方式的日益多样化,一些成年人价值观发生扭曲。拜金主义、享乐主义、极端个人主义滋生,这种现象严重影响着孩子。打爹骂娘、虐待老人的事件经常出现在报刊电视上。甚至有的学生家长就不孝顺自己的父母,他们的孩子怎么会有孝心呢?(上述相关资料参见林鸿辉《孝德教育缺失的原因与对策》,载于《女性·和谐·发展——二〇一〇年佛山市妇女发展研究中心课题集》)

(二) 被冷落的儿童

与对孩子百般宠爱形成明显对比的是另一个极端:对孩子的关注、关心、关怀严重不足。

被冷落的儿童可以分为四类:单亲家庭儿童、再婚家庭的儿童、留守儿童、以工作为中心家庭的儿童。

留守儿童是中国快速工业化、城镇化与户籍制度相结合的产物。留守儿童与单亲家庭儿童、再婚家庭的儿童所存在的问题十分相似,都存在家庭功能系统的严重缺损。在心理、情感功能上,留守儿童与单亲家庭儿童、再婚家庭的儿童都得不到足够的关心与照顾,其倾诉的愿望得不到满足,心灵秩序都处于纠结与混乱状态。在家庭教育功能上,留守儿童与单亲家庭儿童、再婚家庭的儿童都有所缺失,许多成了"没有人管的孩子"。关于这方面的讨论已经有了不少,这里不再多述。

"以工作为中心"的"家庭群"是现代社会的产物。根据有关调查,在"以工作为中心"的"家庭群"中,在与孩子沟通和交流方面,许多家长感到在时间上力不从心。有13%的人基本没时间与孩子进行任何沟通和交流,6%的人一年进行一次像样的沟通与交流,能做到一周一次的仅占35%。

在辅导孩子学习方面,存在的问题就更加突出。在调查样本中,认为基本没有时间辅导孩子的竟有140人,占26%。能每天辅导孩子学习一次的只有97人,占18%。

在问到"您的工作常妨碍到您对子女的责任?"时,有41%的人选择了肯定回答。至于工作妨碍到对整个家庭的责任,有36%的人选择了肯定回答,55%的人认为有些妨碍,而认为工作完全不妨碍自己对家庭的责任的人仅占8.9%。因为太多的工作要做,很多人无暇顾及家人的感受。(上述相关资料参见毛萍《论"以工作为中心"文化对现代家庭的冲击——以广东佛山市以例》,载于《女性·和谐·发展——二〇〇九年佛山市妇女发展研究中心课题集》)

相关课题组在调研中发现,一个"以工作为中心"的家庭,夫妻双方为了自己的事业而忽视了独生子女的心理健康的案例：被访者（佛山市禅城区某重点中学班主任）说上届其班有个学生叫何洁（化名），经常看到她郁郁寡欢，好像有许多心事，班主任找她多次，可她就是不说话。每次班主任说到"每个学生都想学好，哪有想故意考差的"时，她都会忍不住流眼泪。有一次，班主任找到她，她说："老师，有些事情我不愿意说，谢谢你对我的关心。"过了一段时间，她自己找到班主任说，"老师，我想和你谈谈。你能替我保密吗？"班主任看着她的眼睛说："你不相信我吗？那么，你可以不说。"接着她就谈了自己的家庭。她的父母都是研究生，小时候，父母来到佛山打拼创业，她便从小就跟着小姨在老家生活，每年只有在过年或寒暑假时才能和父母在一起。妈妈总是对她说等赚到了钱就把她带到身边。每次看到别的小朋友或同学有父母陪伴时，她都很伤心，而她就只能对着鱼池跟金鱼说话。她不明白为什么父母那么爱钱而不爱她。渐渐地，她恨她的父母，特别是她妈妈。一直等到10岁父母才将她接回身边。可她的心已经冷了，她故意跟父母作对，父母希望她认真学习，她就故意不认真，故意考得很差，让父母生气，让他们在朋友面前没有面子，看到父母为她的学习心急如焚，她就开心。但同时她看到周围的朋友都学得那么优秀，也非常羡慕。就这样她在学与不学之间痛苦地挣扎着。（上述相关资料参见徐育才、唐雄山《中国家庭结构演化的趋势及公共部门的应对》，载于《女性·和谐·发展——二〇〇九年佛山市妇女发展研究中心课题集》）

二、妇联引导儿童行为的举措

儿童时期是人生开始的一个重要年龄阶段，一般是指从出生到15（或18）周岁。从人性组合形态、心理结构与行为模式的塑造的角度来看，整个儿童期可以分为三个阶段：婴儿与幼儿期（0至3岁）、学龄前期（3周岁至6岁或7岁）、学龄期（6岁或7岁至15岁或18岁）。

儿童是妇联最重要的服务对象之一。妇联既要保护儿童的合法权益，又要关心、引导儿童，帮助儿童心身健康地成长。

为了更好地培养儿童，促进家庭和谐，佛山市妇联牵头筹建成立了佛山市儿童福利会、佛山市家庭教育指导中心、佛山市家庭教育研究会、佛山市儿童活动中心、佛山市儿童活动中心幼儿园等一些直属单位（团体）。

近几年来，佛山市妇联积极履行指导和推进家庭教育的职责，充分发挥家庭教育的作用，以提高家长素质为主线，以普及家庭心理辅导为切入点，创新工作模式、打造活动品牌、建立工作实体，使家庭教育工作迈向社会化、常规化、实体化、专业化、个性化，营造有利于儿童健康成长的氛围。下面，我们从三个方面分别来分析佛山市妇联引导儿童的举措。

（一）对婴儿、幼儿的引导

一般来说，一个人的婴儿、幼儿期是在家庭中度过的。家庭对这个阶段的儿童的心理结构的形成起着绝对支配性的作用。这个阶段形成的心理结构的特点对以后个人的心理与行为产生重要的影响。成人许多心理结构特征与行为可以追溯到这个阶段的独特经历。

这个阶段是个体心理结构独特化阶段。个体与个体之间心理与行为的差异基本上是在这个阶段形成的。这个阶段也是个体心智迅速发展的黄金时期。

对这个阶段儿童心理结构与行为产生重大影响的因素主要有五个方面：第一，父亲与母亲的受教育程度。第二，父亲与母亲的生活习惯与待人处事方式。第三，父亲与母亲的思想观念。第四，父亲与母亲之间的关系。第五，家庭的教育。

针对婴儿、幼儿这个阶段家庭化教育的特征和这个阶段对儿童未来影响的重要性，佛山市儿童活动中心幼儿园承办了"小脚印"0～3岁幼儿家庭养护项目。

由计划生育政策与现代化生活的双重作用的结果，独生子女普遍面临着没有玩伴问题，心身处于孤独的状态，严重影响小孩健康成长。为此，根据《佛山市儿童发展规划（2001—2010）》，佛山市妇联在探索与完善0～3岁教育指导与服务体系过程中发挥市妇联下属幼儿园的优势，开展0～3岁幼儿家庭养护项目探索工作，市儿童活动中心幼儿园承接联合国儿童基金会驻中国办事处研发的社区儿童早期综合发展项目——"小脚印"儿童家庭养护支持中心。

该项目的主要内容有：第一，面向社区家庭开放，以儿童的家长、监护人、保姆等人群为主要服务对象，以亲子互动为基本手段，包括对儿童的生长发育进行检测指导、开展儿童早期多元智能游戏与指导，建立儿童成长档案与问题咨询；第二，坚持面向社区，低偿收费，努力构建以儿童为中心、家庭为基础、社区为依托的社区儿童家庭教养模式；第三，采取儿童和父母一起参与的教学方式，帮助儿童从小养成正确的生活习惯和行为方式。该项目的受益人达1.7万余人次。

该项目最大的特点是：第一，参与性，儿童与其父母、监护人或保姆共同参与，共同学习，共同成长，从而保证了主流的、正确的价值观得到贯彻。第二，游戏性，由于婴儿与幼儿好动、好奇、注意力与兴趣不能长时间集中，游戏便成了最好的教学方式。第三，渗透性，该项目使得正确的教育思想渗透了社区，渗透了家庭，对家庭教育产生了重要的影响。第四，传播性，佛山市妇联通过该项目，传播了先进的教育理念与教育方法，使间接受益的家庭与儿童数量成倍增加。

（二）对学龄前儿童的引导

学龄前期是儿童正式进入学校之前的一段时间，即接受正规学习之前的准备阶段。在这个阶段，儿童开始从家庭转入集体、伙伴生活。这一时期儿童所接受的教育属于儿童启蒙教育，对他们一生中的学习及获得知识的能力、劳动技能的水平都极为重要。如果说婴儿期与幼儿期是个体心理结构差异化和特殊化的一个阶段，而从学龄前期开始则是在某种大的社会背景下，个体心理结构进入了同一化阶段。儿童开始以各种方式接受社会主流的价值观、生活方式与行为方式。因此，这是培训社会公民的最重要的时期之一。

针对儿童学龄前期身心发育的特点，2010年3月，佛山市妇联推出了"心手相牵·共同成长"家庭教育项目。佛山市妇联组织课题组，并聘请佛山科学技术学院心理系的教师，以《家庭心理辅导丛书》为蓝本，根据儿童不同成长阶段的特点，开发幼儿、小学生2个系列的11个关于家庭教育的专题课件，在试点幼儿园和小学做课件推广，并定期举办家庭教育讲座。

例如，2011年4月，佛山市妇联家庭教育讲师团成员来到佛山市明珠幼儿园小礼堂和会议室，分别举行了"帮助幼儿成为人际高手"和"营造幼儿成长的良好家庭环境"两场专题讲座。专家们以小班的团体辅导、引导互动讨论的形式，进行理论联系生活事例的精彩讲座。通过这些培训，不但丰富了家长们的幼儿教育知识，而且让家长们有了更多的关于如何教育引导幼儿养成良好行为习惯的实践操作经验。佛山市妇联希望通过推广这些课件，举办一系列的讲座，系统地向家长传授家庭教育的科学知识与现代理念，引导家长学会从不同的角度走进孩子的心灵世界，帮助孩子健康成长。

"幸福沙龙"精品讲座是家庭教育项目的重要内容。佛山市妇联定期举办"幸福沙龙"精品讲座，例如，2012年3月16日晚上，佛山市妇联在南海罗村上柏社区举办"幸福沙龙"精品讲座，邀请了佛山科学技术学院的潘燕华老师到上柏上林幼儿园为家长讲授0～6岁儿童的家庭教育策略，吸引了150多名家长和孩子参加。幼儿时期是人格健全的关键期，引导儿童正确的思维方式、培养良好的学习心态，对应对以后学习和工作中遇到的困难和挫折起着积极的作用。潘老师针对中国传统的"望子成龙，望女成凤"的教育观，从生活实际出发，与家长积极互动，分享儿童成长中遇到的各类问题，深入浅出地探讨解决办法。由于讲座内容生活化、技巧通俗化，家长们纷纷表示，老师的意见很实在，让他们更懂得该如何使用恰当的方式教育孩子。

（三）对学龄儿童的引导

学龄期儿童的特点与教育方式和学龄前期儿童的特点与教育方式又有区别。在学龄期，学校用基本上同一的教材、基本上同一的方法与手段将相同的社会价值观教给学生，对学生进行工业化的心理结构重塑，目的是造就特定社会所需要的人，把本来具有不同心理结构特质的人塑造成统一的社会公民。这些人适合公共社会的生活与秩序，面对同样的事件呈现出同一化心理结构与行为模式。例如，面对交通路口的红绿灯，这些社会公民的心理结构与行为模式是同一的；进入充满诱惑的自选商场，这些社会公民的心理结构与行为模式是同一的；面对银行大把的钞票与珠宝店里的黄金白银，这些社会公民的心理结构与行为模式也是同一的。这样，经过教育长期的塑造，个体的心理活动与外现行为具有一定的可预知性。这正是学校教育的目的之所在，也是整个社会得以正常运转的前提。

需要特别指出的是，儿童的学龄期包括了"青春反叛期"。根据《黄帝内经》载：

"女子二七天癸至，月事以时下"；"男子二八天癸至，精气溢泄"。一般来说，"青春叛逆期"是在天癸前后出现。同时，这个时期人的第二性征开始出现，即女子14岁左右月经来潮，男子16岁左右精气溢泻。但是，在现代社会里，由食物、药物、自然环境与社会文化环境的影响与刺激，"青春反叛期"不仅被提前了，而且被延长了。而且，不同的人其"青春反叛期"起点与终点不同，表现的强度也存在差异。一般来说，处于"青春叛逆期"人，家人朋友们的话很难听进去，觉得他们说的话都不顺心，好像做什么事情都跟他们作对一样；还有部分人感觉整个社会都跟自己有过节一样。其实，不是别人怎么了，而是自己在这个时期出了不适应等心理问题了。而这个时期，正是一个人价值观形成的黄金时期；而一个人的价值观直接影响一个人的人性组合形态、心理结构与行为模式。

这个时期的儿童需要疏与导并重，教与学并举，在这个过程中，互相沟通是核心。儿童在"青春反叛期"之所以反叛，一般来说都是沟通不当造成的。佛山市妇联在大量调查研究和专家深入研讨的基础上，确立以家庭心理辅导为突破口，普及科学家教新理念，推进家庭教育系统化、常规化、专业化服务工作。为此，佛山市妇联统筹规划举办家庭教育巡回报告会、亲子论坛、亲子拓展培训等活动，向广大家长普及家庭心理辅导知识；设立家庭教育咨询热线电话，开展个案辅导，为有需求的家长、孩子及其家庭提供个性化的指导服务。建立"宣传普及教育＋个案工作"常规化、经常性、实效性的模式，扎实有效地推进家庭教育工作。

在佛山市高明区、三水区的部分欠发达地区外出务工的青壮年较多，而他们的孩子由于缺乏父母的陪伴，对于其身心健康成长和家庭教育都有一定的影响。为此，佛山市妇联结合上级要求及自身工作实际，从2012年3月开始，连续三年在留守儿童较集中的高明区更合镇、三水区南山镇开展"'心连心，我们在一起'关爱农村留守儿童项目"工作。项目实施以来，通过开展志愿者结对帮扶、城乡少年手拉手以及对监护人的家庭教育培训等活动，对留守儿童的健康成长起到了较好的积极影响，收到良好的社会效果。

在引导学龄儿童行为方面，小组工作法和个案法起到十分重要而特殊的作用。下面，我们引述两个案例特此说明：

案例之一："夏日好友营"——人际关系成长团体

（引自佛山市南海区妇联妇女儿童权益维护工作站实录）

小组计划书

1. 名称："夏日好友营"——人际关系成长团体。
2. 对象：12～15岁学生；名额：14名。
3. 地点：南海区妇联5楼活动室；负责工作员姓名：邱静、梁蕙心。
4. 日期：2010年8月13—20日；时间：每天早上9：00—11：30。
5. 招募及宣传方法：通过我区两级妇联发动学生，自愿报名参加。要求报名者以填写报名表的方式报名,从而更好地了解学生参加团体的原因及期待。若合乎团体目标,欲加强人际沟通技巧及增进人际关系者,较适合参加本团体。

6. 理念:

心理学家艾瑞克森(Erikson,1963)提出心理社会阶段理论,将人生发展概分为八大阶段,每一阶段皆必须面临一个重要的心理危机,其中特别强调初中生所处的青少年期,面临自我认同对角色混淆的社会心理危机;而自我认同的建立,还必须透过人际交往,从与他人的相处中、从别人对自己的态度与反应,认识自我的形象。因此,青少年的人际关系对于自我的形成与定位有着相当密不可分的关联。

青少年在寻求自我认同的时候,友伴关系的影响超越对父母师长的依赖与顺从,而一般来说,青少年所发展的人际关系模式可分为顺从型、对立型、功利型、退缩型、均衡型五种类型。

本方案的活动设计理论:设计的理念旨在由平常生活中的口语表达及非语言讯息中,观察他人与自己的沟通模式,并且藉由自我的觉察,改变既有的不适当的人际互动模式,学习较适当的沟通技巧,建立良好的人际关系。校园中的暴力事件频发,似乎也显示青少年逐渐倾向以武力来解决人际冲突。因此,让青少年学习运用适当的方法解决个人的人际冲突是很重要的。

7. 目的:

在现代化的社会里,一般青少年都会花费大量的时间,与其同伴、朋友相处,因此,人际关系对一般青少年的身心发展的影响也愈受重视。本方案即针对青少年的同伴人际需求所设计,提供成员有机会能更完整而具体地学习有效的人际关系;希望青少年以"均衡型"人际关系为目标,不过分迁就他人,也不刻意与人对立,而要与他人建立亲密和谐的关系。

8. 程序安排:

节次/日期/时间	内　　容	所需物资	负责人	备注
第一节 有缘欢喜来作伴 8月13日 9:00—11:30	目标: ① 领导者与成员间的认识与熟悉; ② 说明团体的进行方式及目标; ③ 订立团体规范 内容: ①开场白、热身活动(抓手指游戏); ②采访单,分组采访同伴,再轮流向团体介绍自己的同伴; ③订立团体规范; ④棒打乌龙(热身游戏)(后备游戏:解手结)	14颗糖果、20份采访单、20份空白海报条、20支彩色笔、充气锤一个	邱　静 梁蕙心	

续上表

节次/日期/时间	内　　容	所需物资	负责人	备注
第二节 你在我左右 8月14日 9：00—11：30	目标： ①促进成员间的凝聚力与信任感； ②体会信任感在人际交往中的重要性 内容： ①暖身活动：Say hello； ②游戏：剪刀石头布。分享：在刚刚的活动中你感觉到什么？有什么方法可以取胜； ③你在我左右：进行瞎子走路的活动（后备游戏：传数字比赛）	"剪刀石头布"环节、"你在我左右"环节各10份奖品；眼罩10个；布置场地，放些垫子或具安全性的阻碍物	邱　静 梁蕙心	
第三节 "友"伴同行 8月15日 9：00—11：30	目标： ①协助成员了解受欢迎者的人际特质； ②协助成员觉察自己拥有哪些特质 内容： ①大风吹：通过抛绣球游戏，表达自己今天的心情如何； ②跳网游戏； ③超级好朋友（后备游戏：传水游戏）	网球一个、计时器、拉网、跳舞游戏奖品10份、音响与轻音乐、"超级好朋友"20份、海报、彩色笔、采访单20份	邱　静 梁蕙心	
第四节 搭起友谊的桥梁 8月16日 9：00—11：30	目标： ①让成员知道单向沟通与双向沟通的差别； ②让成员藉由参与活动体会双向沟通的良好功能，以增进人际间的互动； ③让成员知道妨碍沟通的因素，及如何达成良好的沟通 内容： ①心情指数。报心情指数并且进行松树与大树的游戏； ②口耳相传游戏； ③无言的沟通游戏。多运用双向沟通以达成良好的沟通效果（备用游戏：跳布游戏）	白纸数张、笔、6份奖品、一块大布	邱　静 梁蕙心	

续上表

节次/日期/时间	内　容	所需物资	负责人	备注
第五节 当我们同在一起 8月17日 9：00—11：30	目标： ①让成员了解专注、倾听的重要性； ②让成员学习运用专注、积极倾听的技巧 内容： ①热身游戏：串名字游戏、情绪表达游戏； ②大耳朵的艺术。回顾上次团体内容，并连结本次团体目标。说明在沟通的时候，专注和倾听是传递了解的开始； ③表达游戏：陈述我的理由； ④讨论分享	计时器、情绪纸牌、奖品 10 份、纸张 20 张	邱　静 梁蕙心	
第六节 生涯大拍卖 8月18日 9：00—11：30	目标： ①让成员知道人都有个别差异； ②鼓励成员培养尊重并接纳他人想法和意见的态度 内容： ①同心协力。心情指数、天气报告、同心协力游戏。游戏后进行讨论； ②假如我有 1000 万元； ③人生的鹅卵石。进行游戏，然后引导大家讨论； ④什么是你生命的鹅卵石	玻璃杯、鹅卵石	邱　静 梁蕙心	
第七节 你OK，我OK 8月19日 9：00—11：30	目标： ①让成员觉察自己应对冲突的模式； ②鼓励成员在面对冲突情境时，表现出"自我肯定"的反应； ③协助成员体会合作的精神及双赢的人际沟通模式 内容： ①魔术方块； ②真的对冲吗？负责人向成员解释示范四种应对冲突的型态，并且让成员分组示范四种不同的应对姿态，让他们谈感受，然后再给他们示范一致性的沟通姿态； ③人生拍卖游戏 （备用游戏：集思广益。请大家把现在最大的困扰写在纸条上，放在箱子里，然后由抽取的学员讲解自己的处理方法）	绳圈一个、奖品10份、魔术方块纸片、拍卖项目表、围棋子一盒、纸盒、纸条、笔	邱　静 梁蕙心	

续上表

节次/日期/时间	内　　容	所需物资	负责人	备注
第八节 满载而归 8月20日 9：00—11：30	目标： ①协助成员回顾与统整前七次团体； ②让成员在彼此回馈中，获得支持性的力量； ③鼓励成员多运用团体所学于日常生活中 内容： ①暖场游戏：鸡蛋变凤凰； ②价值观游戏：由学员们扮演水手与老人的故事、上帝与守门员的故事； ③回首来时路，请成员绕圈发言，分享在这八次团体中，认为自己有什么成长或改变； ④交换礼物。发给成员一张"祝福的礼物"，请成员签上名字后，一一向右传递，让每个人可以写上对彼此的祝福； ⑤Say Goodbye	前七次成员的活动单或海报、纸片和笔、反馈单、证书	邱　静 梁蕙心	

9. 小组的人手分工安排（略）。

10. 预计困难及解决方法：

（1）时间剩余较多或者活动气氛不够浓烈，会多准备一个备用游戏以防不时之需。

（2）每节活动开始前，气氛会较沉寂，我们会让成员在活动开始的时候就报告自己今天的心情指数。

11. 评估方法：

通过成员填写的反馈单以及每节活动结束后的讨论来评估小组工作的总体开展情况，包括活动是否顺利、成员们是否获益或接受这种教育方式等。

小组报告（略）。

点评：该小组针对的是12~15岁学龄儿童。12~15岁学龄儿童人生观与价值观正在形成，且极不稳定，容易受到不同思想与观念冲击。同时，这个阶段的儿童正在谋求"独立"，具有极强的叛逆性。也就是说，这个阶段儿童心灵秩序十分纠结与混乱。如果得不到正确的引导，这种十分纠结与混乱心灵秩序就发展负面的、消极的心灵秩序。

该小组工作的目的就是引导该年龄段儿童，走出纠结与混乱心灵秩序，构建正面的、积极的心灵秩序。从对该小组的设计、活动过程和总结来看，该小组做了两件工作：一件是为组员建立一个建设性的同伴群体，二是培养组员的人际技巧。

同伴群体形成的动力是"同性相吸",即相同或相似家庭背景、教育背景、社会背景、人生观、价值观、兴趣,或面临相同的问题、拥有相同的经历的人,很容易互相吸引,形成关系亲密的同伴或朋友群体。同伴群体可以分为建设性群体、中性群体、破坏性群体。建设性群体有助于群体成员形成正面的、积极的心灵秩序,破坏性群体则有助群体成员形成负面的、消极的心灵秩序。在该小组工作人员的引导下,该小组10多个儿童互相交流,一起完成活动项目,互相分享心得,逐步形成了一个建设性同伴群体。这个建设性同伴群体及其所形成的精神将延续到小组活动结束之后,渗透到组员日后的学习、生活与工作之中,对组员产生积极的、正面的作用。

但是,这些组员不能仅仅生存在同伴群体之中,他必须生活在班集体之中,人成年之后还得生活在工作群体之中。班集体、工作群体形成的机制是组织安排,遵循的原则是"异性相吸",即在一个班集体或工作群体中,有各种不同家庭背景、社会背景、性格、爱好、观念的人,也就是说,在很大程度上,班集体、工作群体是一个生态性结构。在这个生态性结构充满了矛盾与冲突。一个人要想正常地在班集体、工作群体中学习、生活和工作,但必须学习并掌握人际技巧。而12~15岁学龄儿童缺的就是人际技巧,缺的就是生态观与均衡观。

人际技巧包括倾听技巧、包容力、忍让力、协作的意愿、分享的意愿等。该小组的工作人员在活动的过程中,有意识培养组员这些技巧与能力,并取得良好的效果。学习人际技巧有助于与班集体、工作群体建设良好的关系,使自己形成良好的行为。

生态观与均衡观包括平等、差异、公平、公正、分工、竞争、矛盾、冲突、合作、争取、妥协等。该小组的工作人员在活动设计与活动的展开过程中,有意识培养组员生态观与均衡观,从生态观与均衡观来观察、思考和处理矛盾,与其他组员建立"均衡型"的人际关系。

案例之二:失意但不应失志

(引自佛山市家庭教育指导中心实录)

案由:

2012年,小韵是应届的高三毕业生,当大部分同学都在狂欢庆祝告别高中时代的时候,她却笑不起来。因为,这一次高考她失手了。"之前的模拟考试,我的成绩都在一本线左右徘徊,考前我估计自己最少也会上二本线。想不到竟然只考了个三B线的成绩。"小韵这次的高考成绩是495分,成绩出来以后,她根本就不敢相信。连家里人都不大相信这个是她的高考成绩。小韵的妈妈说,自从知道了成绩以后,小韵一直都不开心,常常一个人躲在房间里,也不愿出去见人。父母担心孩子调整不过来而前来求助。

个案调处情况:

经过了解家庭教育的情况后发现,在小韵上学的时候父母经常关心她的学习成绩,希望她不断进步,并帮她找提高班,经常问及她的成绩。父母描述小韵很懂事,很听父母和老师的话,小韵也希望自己考试考得更好,不让家人和自己失望。

我们在咨询中针对小韵有焦虑、失落、痛苦和自责等情绪,和她一起讨论造成这些痛苦的原因，最后她意识到她的压力有来自于家庭的、学校的和自己给自己的。在正确认识原因之后我们让她在咨询中释放不属于自己的那部分压力，并重新面对现实和根据自己的目标再定位。同时也与家长一同讨论如何帮助自己的女儿，家长在我们的配合下重新和女儿对话，将原来重点关心女儿学习成绩转移到关心女儿的全部，如女儿的心情等，让女儿体会到成绩只是她的一部分，成绩不好并不可怕，带着沉重的负担去学习反而静不下心来学习。

结案情况：

通过三次的咨询，全家重新讨论和定位女儿小韵的前途和方向，父母不再担心女儿怎么办，而是全面的陪伴，帮助孩子遮风挡雨，不做太多的具体指导。小韵也能够主动去思考自己的真正需要，根据自己的能力再作出适当的选择，并觉得她不再沉浸在过去的失误中，能轻松愉快地面对了。

反思及建议：

现在许多家长对孩子的学习成绩特别关注，在孩子身上把考出高分孤注一掷，让孩子承受的心理压力很大，高考一旦失误，身心难免受挫。父母应多给孩子温暖和信任，多听少说，尤其是不要说那些人人都知道的大道理。其实他们自己也明白应如何去解决这种压力，这个时候他们所需要的是一个倾诉的渠道以及理解、支持，这才是家长应该给予高考前后孩子的最大关爱。

点评：上述案例由案由、个案调处情况、结案情况、反思及建议四个部分构成。该个案的案主小韵因高考失误而导致了一场心理危机：焦虑、失落、痛苦、自责、不愿意见人（自我封闭）。在个案的调处过程中，工作人员不仅仅引导小韵，也引导小韵的父母（主要压力源），并取得小韵父母的充分配合。工作人员与小韵父母一起，帮助小韵面对现实，重新定位自己的目标与人生，让小韵释放压力与不良情绪，使小韵成功地渡过了心理危机。如果没有这次成功的引导，小韵有可能难以自拔，由高考失误而产生的心理危机有可能会演变成严重的行为问题。

造成学龄儿童的心理危机的人为因素有以下几个方面：第一，有些人格特质敏感、内向；有些人消极自卑，容易产生焦虑和抑郁的情绪。第二，学龄儿童的阅历经验少，心理承受力不足，如果儿童好胜心强或者对学习成绩特别在意，一旦发生学习成绩下滑，排名有所下降，对他们来说是一件很严重的事，会引发很多负面情绪。第三，学龄儿童的意志力薄弱，他们往往是对一件事感兴趣，遇到障碍与挫折就会很焦虑，对自己产生能力方面的怀疑等，这会让他们在自信心建立方面有所阻碍。第四，在与同伴交往中容易产生矛盾与冲突，经常可能因一件小事而闹到绝交的程度，这会引发他们焦虑与抑郁。第五，他们的生命价值观薄弱，对生命的价值和生命的观念不够深刻，有时会接触到一些错误的关于生命的观念，他们可能会有冲动的自杀行为，用自杀行为去解决问题。

在学龄儿童的心理危机处理中，我们可以从两方面着手：一是应激的心理危机干预，当学龄儿童遭遇重大创伤之后或者目睹一些社会大刺激事件需要进行心理危机干预，例如地震、失去亲人、看到身边的人受伤死亡、高考失误等。二是关注他们的心理健康问题。在学习上给予适当的帮助，正确对待成绩排名，避免成绩下滑给他们带来的焦虑抑郁情绪。在家庭方面,对家长进行教育方式辅导,让家长认识到孩子的内心世界,了解孩子的需求,学习一些与孩子沟通的方法与技巧。学校方面要设立专门心理咨询部门,对学龄儿童进行心理健康教育,老师要及时发现孩子的心理需求,做好防御措施。

第三节 儿童行为问题矫正

儿童行为引导是在儿童出现行为问题之前采取适当的方式方法,使儿童纠结、混乱的心灵秩序演化为正面的、积极的心灵秩序,从而产生符合社会规范的行为。从这个角度来看,儿童行为引导属于事前管理。儿童行为问题矫正则是在儿童出现不良行为后,通过采取适当的方式方法,使儿童负面的、消极的心灵秩序向正面的、积极的心灵秩序演化,进而中止不良行为,产生良好的行为。在这个过程中,问题儿童要经历纠结的、混乱的心灵秩序的折磨,涉案儿童与工作人员要付出很大的代价。因此,儿童行为问题矫正属于事后管理。

一、儿童行为问题

儿童行为问题(Childhood Behavioral Problems)是指儿童期出现的在严重程度和持续时间上超过了相应年龄的一般表现,或偏离正常发育轨迹的行为(翟静、袁家璐、冯启美等,2004)。其广义上包括行为和情绪两个方面,行为问题如强迫行为、交往不良、多动、残忍、说谎、逃学、偷窃、攻击、不听管教、离家出走等,情绪障碍如焦虑、恐惧、抑郁和人际交往困难、社会退缩、躯体叙述等。儿童行为问题不仅影响到他们的生长发育和社会化过程,还可能导致其成年时期发生适应不良、精神疾病和违法犯罪(卢林、施琪嘉、何汉武等,2005)。

在学龄前儿童的行为问题检出当中,男童的行为问题因子主要是违纪、攻击、忧郁、性问题及分裂样,女童的行为问题因子主要是躯体倾诉、忧郁、退缩(分裂样)及肥胖,其中,发现男童攻击行为检出率高于女童,女童躯体倾诉、退缩行为检出率明显高于男童。有数据研究显示,南宁市4~6岁学龄前儿童行为问题的检出率为24.80%(陈红慧、江蕙芸、王小莲等,2007),深圳市的调查结果为26.32%(龚建华、张馨尹、杨衡文等,2005),太原为10.36%(李红娟、刘得华,2001),杭州为7.74%(徐韦、陈灵、朱云霞,2001)。

学龄前儿童的行为表现是受到自身气质特征和环境的交互作用影响。在心理学上,儿童的教养方式要根据孩子的依恋类型而改变,简单粗暴的教养方式不利于孩子的成长。调查发现,对孩子用溺爱、专制、放任式管教的家庭,其儿童行为问题检出率是民主式管教的2倍。很多家长将孩子的行为问题归因为不听话,直接采取惩罚或者冷暴力的方式来处理;还有就是隔代带养的对孩子会有更多的溺爱行为,这些情况都会促使孩子行为问题的产生（陈红慧、江蕙芸、王小莲等，2007）。

研究发现，独生子女焦虑、学习问题和多动指数高于非独生子女，家庭环境中的矛盾性、知识性和组织性与学龄前儿童心理行为问题有关。独生子女在家庭中是处于核心地位，集万千宠爱于一身，可能会因家庭的过分保护，当遇到不如意的事时，情绪很容易爆发，问题行为出现的概率很大（陈静静，2011）。家庭环境是孩子成长的第一大环境，家庭矛盾的频繁发生对孩子的心灵创伤是不可忽视的；而父母文化水平较高，注重孩子的精神卫生的，追求对孩子进行科学教养的家庭孩子的行为问题较少。

学龄儿童的行为问题主要表现在攻击、违纪、焦虑、抑郁、社交退缩以及各种身体不适等方面。这些行为的主要行为表现分为外向行为问题和内向行为问题。外向行为问题表现为多动、攻击性和违纪行为等。这些儿童心理尚不成熟，容易产生兴奋，情绪稳定性低，社会经验不足，自我认识不够成熟，容易受到外界环境和同伴的影响，易冲动。内向行为表现为抑郁、焦虑、社交退缩和躯体性诉述（如不明原因的疼痛、呕吐、头晕）等。内向行为问题主要以消极、退缩、隐蔽的形式表现出来，对集体和他人没有明显的妨害，所以不容易引起教师和家长的注意（张梅，1996）。

在学龄儿童的行为问题检出方面存在一些差异，其中外向行为问题发生率高于内向行为问题。女生抑郁和社交退缩的检出率高于男生，而男生多动和违纪的检出率高于女生。这就告诉我们在对学龄儿童行为问题矫正时需要注意这些差异，要相应做出合理的措施，更高效地解决他们的问题。

据研究表明，外向行为问题的学龄儿童家庭的矛盾性较为严重，内向行为问题的学龄儿童的家庭控制性比较强。家庭的知识性分布为独生子女家庭的知识性显著高于非独生子女家庭。随着父母文化水平的升高，家庭的知识性、独立性和情感表达性都有非常显著的增加，这对儿童的成长产生的影响也会随之变化。随着父母文化水平的提高，儿童的行为问题的检出率出现下降的趋势，这表明父母文化素质高的家庭在家庭教育方面对孩子的智力、文化和社会活动的培育更多，对孩子的教养方式较为民主，更懂得与孩子沟通交流，孩子有较多的自主权和较强的自尊、自信，更利于儿童健康快乐成长。而父母文化素质低，家庭环境往往不良，儿童行为问题产生率较高。

非健全家庭的子女是产生儿童行为问题的高危人群。非健全家庭包括了三种类型：父母离异、父母一方亡故后的单亲家庭或儿童由祖父母监护的家庭（例如，农村留守儿童），还有一种是再婚家庭。家庭破损的经验对于尚未成熟的儿童来说是一次感情和信心的严重创伤，生活的剧烈变化对于他们来说很难适应，往往引发多种不良行为反应。这些行为可能是对于新的生活环境的不适应或者对于创伤事件的应激行为。不少孩子仅仅在家庭在破损之后才开始出现行为问题（Mitchel W，1999）。离婚家庭的子女在个性上普遍表现为孤独、忧郁、敌对、悲伤、富于破坏性、易激怒、易闯祸、自杀等。

容易自杀的儿童高危人群有：①性格高危人群，如过于内向、缺乏兴趣爱好、情绪不稳定、适应不良、偏执等；②家庭高危群体，如家庭破裂、生活环境恶劣、家长期望和要求过高、父母专断粗暴、缺少家庭关爱；③学校高危人群，如学业不良、被老师忽视和同伴排斥、成长顺利而初遭挫折、自尊心过强而初受惩罚等。遇到多种应激因素或陷入严重应激情境中的儿童更是重点援助的对象（邢金萍，2005）。这些儿童都需要家长与老师多加注意，及时处理好这些儿童的情绪问题，在他们出现一些行为问题时多一点包容，给予心理援助，而不是加以惩罚，这样可能会加重他们的心理问题。

学校环境对于学龄儿童的影响主要有学习和人际交往。学习方面，老师过高的期望也一样会给儿童产生不少的压力，考试成绩和成绩排名都是会给他们带来不可忽视的压力。科目的繁多，作业的繁多，这些都是学生无法摆脱的烦恼。同伴交往中的矛盾冲突会给学龄儿童造成心理压力，例如，同学的嘲笑、嫉妒、冷落和欺负等，这些都会引起儿童焦虑、抑郁和恐惧的情绪。

对于那种敏感、内向、有消极的自我暗示的儿童，家长和老师要给予更多的肯定和鼓励，这样才能促进他们形成更好的心理观念，慢慢学会应对那些学习、生活带给他们的挫折与困难。除此之外家长与学校要多开展关于一些自信心的培养、挫折教育、情绪调节的心理教育活动，让学龄儿童形成健康的心理，促进他们在成长过程中可以通过学习找到解决问题的答案。

二、妇联矫正儿童行为问题的机制与切入点

佛山市妇联矫正儿童行为问题的机制有两个，一个是"平台+项目+个案工作法"，另一个是"平台+个案工作法"。

"平台+项目+个案工作法"：平台主要有两个，一个是佛山市家庭教育指导中心，另一个是佛山市各级妇联的妇女儿童权益维护工作站；在这两个平台上，每年都有一批项目，有些项目是专门针对儿童的综合性项目，其中就包括矫正儿童行为问题的内容；个案法被嵌入在项目之中，作为项目展开的一个重要切入点。

"平台+个案工作法"：个案不在项目的规划之内，案主的来源主要是上门求助、来电求助，或由其他渠道引起妇联关注而成为案主。

在上述两种机制中，个案法都是切入点与落着点。在个案的调处过程中，妇联工作人员、专业人员、志愿者、社工互相配合，互相协作。佛山市各级妇联调处的个案工作法有许多，下面我们引入三个比较典型的案例：

案例之一：一个不安全依恋型的孩子

（引自佛山市家庭教育指导中心实录）

案由：

言言今年5岁，一家三口人中。父亲经常出差，只有周六、周日在家，主要是由母亲照顾。近两个月来言言出现异常行为——张嘴惊叫、自己打自己等。母亲曾经带言言去其他心理机构或者医院就诊，被告知小孩子有一些暴力倾向，思维单一，缺乏自信心。在妈妈的教导下，就诊时言言可以和工作人员打招呼，但表现有些退缩，语言表达还算清晰。

个案调处情况：

第一次见到言言，咨询师要求他和自己单独去游戏室，他有些犹豫，一再要求妈妈的陪同。后来，进入游戏之后，妈妈要求离开，言言也同意了。

在沙盘室里面玩沙盘的时候，他每做一件事情，都会偷偷观察一下咨询师的反应。在沙盘中，也多次显示出不安全的信息，比如飞鹰掉进水里面，比如船只被沉没，汽车被炸掉诸如此类的现象。咨询进行到 25 分钟左右的时候，他就表示自己不想玩了，要下去找妈妈。咨询师见到时间还有剩余，于是继续劝说他逗留了一会，30 分钟之后他再次表示，自己不想玩了，要下去找妈妈。于是咨询师结束咨询，和他一起下来找妈妈。

当言言回到办公室，他发现妈妈没有在的时候，表现得十分焦虑，不断询问，到处寻找。当工作人员告诉他帮他联系妈妈的时候，为了安慰他，咨询师建议让他和妈妈对话，当言言一听到妈妈的声音，眼圈立刻就红了，然后把拳头捏得紧紧的，身体开始微微地发抖。当和妈妈结束电话之后，咨询师把他带到沙发中，抱着他，试图安慰他的情绪，但是他变得越来越激动。口里一边哭着叫妈妈，一边干咳，一边抽噎，最后呕吐。

见到这个情况，其他的工作人员也加入了劝说，并且答应带他出去看看妈妈回来没，试图去分散他的注意力，渐渐地，他的情绪开始稳定下来。后来，妈妈赶到之后，他恢复了正常，又回复了活泼的本性。

症状解释： 咨询师认为这一次言言的表现，算是惊恐发作的一种，惊恐发作亦称为急性焦虑发作。言言这一次发作的原因是没有思想准备的情况下，见到妈妈不在，产生了担心害怕自己被妈妈抛弃了。恐惧症的焦虑恐惧是由确切的客观事物或情景所引起（妈妈不见了），尽管这种客体或情景不具有危险性，但病人只要看见或面对它们，就会发生恐惧。

就孩子对成人的依恋类型来说，大部分的孩子都会形成一种安全的依恋形式，只有少部分的孩子会发展成不安全依恋型（不安全依恋型的孩子有较多的不安全感，非常害怕与母亲分开，因此，只要母亲一离开他，他就会大哭大叫，表现出极度的不安情绪），这个要看主要养育人和孩子相处的模式如何，也要看孩子个人的心理素质如何。

发展心理学家认为依恋是双向的，母亲对婴儿的依恋是先于婴儿对母亲的依恋的。通常来说，在婴儿早期，母亲在养育他的过程中，对婴儿的哭、叫喊、语言要求等有积极的反应（表现为对婴儿进行密切的接触，对他微笑，表扬，轻柔地说话，安抚他等），通常这类孩子的安全感比较强。

当然，百分之百能满足婴儿对依恋心理需要的母亲几乎没有。由于各种原因，即便最疼爱孩子的母亲也会有疏忽的时候，也有由于忙于其他事情而不能立即满足婴儿的需要的时候。在这样的情况下，儿童同时感觉到痛苦与快乐，因为他有时候可以得到他所需要的食物和呵护，有时候则不能。婴儿明显地依赖母亲，一方面使出全身解数，努力地用哭闹吸引母亲的注意，从而使自己的依恋需要得到满足；另一方面却又为自己受到冷遇而感到愤怒。他在生理和情感体验上的愉快、满足与愤怒、伤心交替出现，成了对母亲的爱和恨并存的矛盾情感。可见，母亲养育方式与儿童依恋安全性的联系是十分密切的。

另外，婴儿从一出生就具有不同的气质特点。有的婴儿爱笑、喜欢别人抱；而有些婴儿一开始就不喜欢别人抱，不喜欢身体接触，烦躁易哭闹。婴儿气质类型的不同影响着母亲对他们采取不同的态度和行为，进而影响到母子依恋关系的建立。

那些爱笑、喜欢被人抱的婴儿更容易得到母亲的关爱与照顾；而那些不喜欢与他人有身体上的接触、不容易安慰的婴儿则较少得到母亲的欢心，易受到冷落。因此，儿童形成哪种依恋还可能与其本身的气质特点有关。

不过可以断定的一点是，随着时间的推移，辅助专业的心理调整，让孩子的安全感得到了有效的补充之后，孩子也可以逐渐从不安全依恋型转为安全依恋型孩子。

结案情况：

就言言的个案来说，他需要感觉到安全。根据这个原理，在接下来的治疗过程中，咨询师都扮演一个好妈妈的角色。当出现破坏性的行为的时候，比如把沙子泼到满地都是，咨询师也表现出充分的接纳，并没有去要求和呵斥他。这样一来，他对人的信任感就会逐渐地增加。咨询师除了接纳他的行为，也会告诉他如何做才不至于把沙子泼出沙框之外，这样一来，把他的行为转化成无意的行为，减少他内心的阻抗和内疚，把破坏性转为建设性。

经过7次咨询之后，言言已经可以单独和咨询师一起活动，而不再需要妈妈的陪伴。根据妈妈的反馈，他在妈妈送他到其他的兴趣班的时候，也表现得比以前更加独立了。并且，抽动的表现已经很少见到。之前，因为抽动，妈妈曾经带他到医院开中药调理。接受心理辅导之后，最近已经停药2周，也没有出现反复和不良反应。说明心理咨询对于言言来说，已经起到了实质性的改变。当然，要他能够彻底地根除心理问题，还需要继续进行治疗。

反思及建议：

由这个个案也可以看出，在一个人的早年生活中（0～7岁），母亲和孩子之间的互动模式是十分重要的。孩子和父母之间的情感连接最开始的时候也是由儿童与母亲的共生关系引发的。心理学理论认为孩子在刚生下来的头两个月内，处在一种类似自闭的状态，这个时候他只行使最本能的事情——吃和睡。婴儿和外界产生互动，是从母亲的爱抚、低语、哺乳和拥抱开始的。婴儿通过感受到母亲的照顾，知道自己被人关注，于是孩子会从自我中心依恋转向对他人的依恋，从而开始逐渐感知世界，感知自己和别人之间的关系。

在和婴儿互动的时候，如果母亲性格强硬、动作粗糙、情绪不好，对婴儿的饥饿、口渴、寒冷、尿湿等状态不敏感，让孩子经常感受到不舒服；或不愿亲自带孩子，嫌孩子烦，把孩子寄养别处；或者是要求太多，过分理性地对待孩子（比如孩子饿哭了也不理，严格控制喂奶时间），都会让孩子体验到很多不良的感受，那么这样的孩子长大之后就很容易在情绪上产生问题，甚至出现自闭的倾向。反之，如果孩子在出生后的第一年，母亲对他施以接纳、拥抱、躯体抚慰和精神关注，孩子能够在这个时期内与母亲形成信任、安全、温暖的关系，孩子长大后就能够变得健康、活泼、开朗、自信和自尊。

点评：上述案例由案由、个案调处情况、结案情况、反思及建议四个部分构成。该个案的案主是只有5岁的言言。从人性的组合形态来看，总体而言，在这个阶段人对安全的需要、好奇心在人性中处于主导性地位。安全需要的满足必须有强大的、可以信赖的对象，这个对象就是自己的母亲与父亲。言言的父亲经常出差，无法为言言提供持续的安全的怀抱，安全保障系统的缺损导致了言言对母亲格外依赖，离开母亲或母亲离开自己的视线都会使他感到自己的全安失去保障，人性出现严重的失衡，原有的心灵秩序出现混乱，不安、焦虑、惊慌、恐惧等不良心理现象会一起出现，行为上则会出现不停地哭闹、干咳、呕吐，甚至会引起抽搐、大小便失禁等。

针对言言的特点，咨询师采取了相应的调处对策：进行安全保障代偿。咨询师充当强大的、可信赖的保护者，接纳言言的行为并为言言的行为提供建设性引导。从结案的情况来看，个案调处比较成功。

案例之二：一个在学校老受批评的孩子
（引自佛山市家庭教育指导中心实录）

案由：

小明，一家四口，与奶奶同住，现在在某小学三（1）班读书，从小聪明，但很好动，到医院检查又未达到多动症的标准。在幼儿园学前班时老师很欣赏他，他在那段时间的学习劲头和自我评价较高。但小学后因为课堂纪律差经常受到老师的批评，自控能力较差，在课堂上扰乱纪律，令老师和同学的意见很大，每天都受到严厉的批评，心理不平衡；同时学习成绩也不稳定，小明自己想改正但改不了。老师几乎每星期都向家长投诉几次。家长感觉很烦恼，为了纠正孩子的行为和心理，前来市家庭教育指导中心求助。

个案调处情况：

第一次咨询：

观察：在整个谈话过程中，他不停地跑来跑去，进进出出，即使坐在椅子上也要在不停地转圈，一边玩手机，一边不停地插话，主要是抱怨老师的"优待"和同学的欺负，也担心爸妈的感情。觉得爸爸好，会经常陪他玩，妈妈太唠叨，请求不要经常用语言打击爸爸。又主动表示自己有些不好的习惯，想改，又改不掉，比如吃手指。爸爸听到儿子这样说表示很惊讶，这是第一次听他对别人说这件事。

处理：①继续收集资料；②用沙盘游戏的形式来进行接触和治疗；③建议用"阳性行为强化法"将良好的行为进行强化和奖励，讨论并制定行为表及奖励表，特别说明一点要与孩子一起商量确定，家长要认真持续地执行；④建议与老师沟通，希望得到老师的配合。

第二次咨询：了解到奶奶在家中的影响：退休前是小学老师，勤快，特别爱批评人，爱挑剔，一定要照她的话做，特别是对小明，如果小明做错一点小事也要批评半天，直到他认错为止，特别爱提要求。比如今天要出去玩了，她会不停地叫你做完这个、那个才能去，等等。小明两次转幼儿园也是她的原因。

这次了解"阳性行为强化"执行的情况：老师反映这个星期小明表现有很大进步，从第二天起得到奖励的星星比较多了。作业也能按时完成了。

沙盘反映的情况：与了解到的情况比较符合。受伤、冲突和不安全感表现得比较突出，但可喜的是他能自我进行能量的补充，对咨询师比较信任，这也是下次工作的切入点。

第三次咨询：

了解这周的表现：这周考试完了，妈妈主动提供了成绩单，语文和数学成绩较好，在90分以上；英语成绩下降幅度比较大，由上学期的90多分降到70多分。在自我评价中有四五项内容自评为差，但他评和师评为良或优。

沙盘反映的情况（果园—蔬菜园—水晶园）：受伤主题仍比较突出，但紧张情绪有所缓解，做完后自己用车把它破坏了。我收拾时能帮我一起收。

与爸爸、妈妈谈话时能比较安静地在玩手机，不再跑来跑去，不时也会插话。

建议假期适当调整行为表中的项目，将在校的一些项目换成在家的表现，继续关注执行。临别时能主动热情地与老师说"再见"。

第四次咨询：

沙盘反映的情况：

（1）不再将所选沙具全部倒入沙盘，而是很精心地挑选和摆放，摆放时更改的次数大大减少。也减少了对沙具的随意投掷。

（2）摆放动物时，特别说明所有的动物都是活的。

（3）愿意摆得慢些好让我记录，比较注意时间。沙盘取名"海底世界"，分为宝藏区、海底山谷、亚特兰地斯（消失的城市）、魔鬼大三角（这个区域的飞机和船只都是翻倒的），靠我的左边放了房子。

（4）第一次他很喜欢的神奇宝贝又出现了。

（5）叫我帮手参与。

（6）告诉我一个秘密：一群狮子打不过一头大象，但一只老鼠可以打败一头大象。在摆寄居蟹时特别用心，摆了3个寄居蟹。

爸妈反映的情况：这一周考完试在家，会帮助家里收衣服，有好吃的会想到等妈妈回来吃，或给妈妈留一些，让妈妈很感动。在听我们谈话时能比较安静地玩游戏，插话次数减少了。离开家教中心走向汽车时用双手搭在我的肩膀上走，我下车时主动跟我说"拜拜"。

结案情况：

经过六次的咨询，小明大有变化，在学校能遵守纪律，作业完成得比较好，老师还在全校的大会上表扬了他。爸爸在接他时问其他同学小明的表现怎样，同学们说他这学期像变了一个人似的，表现可好了，也不捣蛋了。连以前总是批评他的奶奶也感到他表现好多了，如自己主动要求学钢琴，并弹得很勤奋。懂事多了，会帮忙做些家务，能关心家人了等，感到小明变化最明显的是奶奶。

父亲自从看了咨询老师推荐的那本《培养真正的人》以后，以前善于批评，现在变得善于欣赏了，并叫小明妈妈也赶紧看，说是很好，这点很令人鼓舞。

要求家长继续把小明做的一系列好的行为（尤其是第一次出现的）记录下来，并经常就具体行为进行表扬鼓励，继续认真统计登记阳性行为强化表，制定好奖罚规则并认真执行。

反思及建议：

独生子女家庭，由于奶奶是小学老师且同住，从小对孩子要求非常严格，面子观很重，对孙子的要求同样很高，爱挑剔，多批评，因为她的原因爸妈两次将孩子转园。爸爸对孩子比较宽松，容易并愿意满足孩子的愿望，同时也对自己的这种做法感到矛盾，一方面不想把孩子管得太死；一方面又为他的行为习惯头痛，不敢确定自己的做法是否正确，怕把孩子耽误了。妈妈感到奶奶太严，爸爸太松，自己说话的效果经常受影响，但夫妻感情很好，家庭比较融洽。很显然一家三口的教育理念和做法有分歧。

这是一个多动行为比较强的孩子，非常聪明，有正义感、心地善良。表达能力很强，愿意倾诉，也比较敏感，自我控制能力较差，不愿受约束，好插话，好表现。爱表达自己的观点和情绪。

通过这次咨询，我感到孩子的心理和行为的表现，不仅是孩子的问题，他反映的是一个家庭、学校和社会的问题。首先家庭是孩子的天，夫妻关系、亲子关系、婆媳关系、家庭成员间的教育理念和做法是否相容等都是很关键的基础，这个案例最大的优势就是夫妻关系及家人都比较好，为了孩子愿意学习和改变，特别是奶奶的转变起到了很大的作用。学校老师的作用也不可忽视，老师的鼓励和善意的关注是孩子前进的动力。

同时，在学校里，老师不要歧视调皮或表现不理想的孩子，这样对咨询效果会更好。

点评：上述案例由案由、个案调处情况、结案情况、反思及建议四个部分构成。该个案的案主小明上小学，比较聪明，具有较强的观察能力与逻辑思维能力，正处于自我概念形成阶段。

自我概念是个体对自身存在的认知与体验，是个体把自己视为客观对象所做出的知觉，是自我的主要成分，在人格结构中处于核心地位。自我概念决定着个体对经验的解释以及经验对个体的意义，最重要的是在自我概念的形成和发展中个体所获得的内在的持续感和统一感，构成了个体最基本的特征，从而直接或间接地影响个体的种种行为表现（王玲凤，2004）。

学龄阶段是儿童自我概念形成的重要时期，自我概念的发展情况对他们的行为表现有着显著的影响。有调查研究表明，某些学龄儿童自我概念发展受挫，自信心严重不足，不能正确对待学习中的失败，过多地看到自己的缺点和短处，长期用消极、被动、否认的认知模式来评价自己校内外的各种行为表现，从而导致自怨、自卑、焦虑、紧张、抑郁等不良的情绪体验，易产生猜疑、敌视等消极态度，导致社交退缩，严重者还会产生一些躯体症状。也有学生因长期体验到被人拒绝、否认和不重视，会故意做出一些攻击、违纪和多动等行为来引起老师和同学的注意。久而久之，会因为动力定型而形成不良的行为习惯和行为问题（张凡新，1999）。这就需要我们去关注这些孩子的心理需求，不要过分苛刻地要求成绩的突出，要给予孩子更多的肯定和鼓励，了解他们的想法而不是按照我们的希望去塑造孩子。在需要的时候可以求助专业的心理辅导与咨询,通过这样的方法提升孩子自我调节能力,处理好他们内心的矛盾冲突,让他们更好地探索自我,以促进他们的自我成长。

该个案中的案主小明的自我概念中存在三个自我:理想的自我、应该的自我、现实的自我。从案例的陈述来看,小明理想的自我还十分模糊,但应该的自我和现实的自我则比较清楚,而且两者存在很大的差距。作为一个学生,小明知道自己应好好学习、遵守纪律、与同学们保持良好的关系,但现实中,他不好好学习、不遵守纪律、不讨同学们喜欢。这两个自我互相矛盾,使小明很是痛苦,虽然想做好,摆脱现实的自我,努力做一个应该的自我,但由于自身原因和外在原因,他做不到。在这场争夺战中,应该的自我败下阵来。

工作人员(咨询师)的任务就是发现问题,找出问题产生的原因,制定对策以解决问题。从个案的调处情况来看,咨询师的切入点是正确的:改造小明现实的自我。小明现实的自我形成的根本原因是,长期以来得不到正面的评价,经常遭奶奶、老师的批评。针对这一现实,咨询师建议用"阳性行为强化法",将良好的行为进行强化和奖励,讨论并制定行为表及奖励表,特别说明一点要与孩子一起商量确定,家长要认真持续地执行;同时,建议与老师沟通,希望得到老师的配合。在老师、奶奶、父母的配合下,经过四个"疗程",小明的不良行为得到了矫正,开始摆脱负面的现实的自我,努力做一个应该的自我。从治疗的结果来看,小明应该的自我正在形成与发展之中。

案例之三:一个女孩的辍学之路

(引自佛山市三水区妇联妇女儿童权益维护工作站实录)

案由:

2011年3月5日,三水区妇联维权工作站在西南影剧院广场举办了"三八"维权周宣传活动,在宣传咨询活动中,一名60多岁的李伯满面愁容地来到了区妇联维权工作站的咨询摊位,向工作人员讲述着他的外孙女辍学的故事。

李伯婚后生育了独生女儿阿群,阿群成年后与男子阿成结婚并生育了女儿小彤。本来生活是比较幸福的,然而孩子出生后不久,阿群却患上了精神病,生活不能自理。无奈之下,李伯联系了本地启智学校,将阿群送至启智学校生活,他与老伴一同照顾小外孙女。

女婿阿成在某单位当保安,自从阿群病发后一直住在单位宿舍,常年不回家,甚至拒绝与家人沟通来往。

小彤自幼就随外公外婆生活,由外公外婆照顾抚养,今年13岁,原本可以升读初一,但其不愿意回学校读书而辍学在家。辍学后,生活习惯日夜颠倒,白天睡觉,晚上外出泡酒吧或上网,对家人非常叛逆,有时甚至几天不回家。每次回家都是为了拿钱,外公外婆拿她没办法,不给的话她也不回家了,但长期给钱又无形中纵容了她的行为。以上的情况令李伯深感揪心。无奈之下,李伯求助于妇联,希望妇联组织可以帮助其外孙女过上正常的生活。

第六章 介入儿童成长

个案调处情况：

1. 单独约谈，了解情况

在咨询宣传活动中，区站大约了解了李伯求助的基本情况，为了更深入地了解小彤的现状，咨询人员与李伯预约到区站进行详细倾谈。

3月10日上午，李伯准时来到区站，详细地讲述了小彤成长经历等状况，并指出担心小彤会遗传其母亲精神病的基因；同时，家中两老为了外孙女的健康成长绞尽脑汁，却毫无收效，为此沮丧不已。在工作人员的安慰下，李伯答应一定会尽力配合妇联工作人员帮助调教小彤。

经过李伯的描述及工作人员的初步判断：小彤自幼在外公外婆的隔代抚养下，长期缺乏父母关爱，外公外婆为了弥补对小彤的愧疚，加倍溺爱，尤其是金钱上尽量满足小彤的需要，小彤的现状正是外公外婆出于可怜孙女而溺爱的结果。

经过初步的商谈，李伯希望妇联介入与其外孙女沟通，做通她的思想工作。为此，区站与李伯达成初步的帮扶方案，指派一名社工和一名志愿者跟进此事，并建议李伯设法截断小彤不必要开支的源头。

2. 首次接触，遭遇抗拒

3月中旬，社工坚持与李伯保持联系，密切关注小彤的状况，李伯反映在此期间，小彤只回过家2次，每次匆忙索取钱后就离去，他尝试过不给钱，但小彤却以死相逼，无奈，两老还是心软地顺从了她的要求，希望她能回家，但打她的手机却一直处于关机状态。

4月6日上午10点，社工接到李伯的电话，得知小彤昨晚回家了，现在家中睡觉，为此社工与志愿者决定亲自到李伯家进行探访，然而探访的过程并不顺利，小彤一直躲在房间不愿意与社工见面。经过社工耐心的开导，小彤终于同意社工进入其房间，然而在房间里，小彤自始至终都用被子蒙着头，拒绝与社工进行任何的沟通，用对峙的态度回应社工的探访。李伯努力尝试让小彤起床与社工沟通，但亦遭到拒绝。在试着与小彤沟通未果之际，社工决定先行离去，再寻找机会与之接触。

3. 寻找突破口，制定下阶段的工作计划

社工继续与李伯沟通，得知小彤近段时间频频与男友小文接触，我们尝试从小文着手深入了解小彤的内心世界。当天晚上，社工与小文取得了电话联系，并表明了身份，小文非常配合，同时亦希望可以通过多方的力量帮助小彤摆脱心理上的困境。

从小文的口中社工们了解到，小彤由于缺乏父母的关爱，内心极其自卑，害怕与陌生人沟通，每次回家对着外公外婆都会发脾气，她渴望像其他同学、朋友一样有完整的家庭，有疼爱她的爸爸妈妈，然而父母给不了她温暖，外公外婆的关爱又替代不了。因此，她采用发脾气的方式对抗家人，常常情绪失控地顶撞两老，吵闹后回到房间又会陷入深深的自责中，周而复始，呈现出一种病态。

鉴于了解到的情况，社工提出以下建议：一是希望家人或男友带小彤到心理机构看看心理医生，进行心理的评估；二是家人要给予适当的关爱，但不仅仅只停留在物质层面上的满足，更多的是精神上的支持和关爱，尤其是爸爸对女儿爱护的角色需要体现出来。

4. 回访跟进，帮助寻找爸爸角色

社工致电李伯，了解第一次探访后小彤的态度及表现，据李伯讲述，自从社工探访后，小彤没有以往的大吵大闹，只是有点责怪外公外婆将她的事情讲出去，然而当天她也没有外出，留在家中与家人一起吃饭。

社工了解小彤的表现后也很欣慰，第一次的探访给予了小彤新的认知，让她了解到社会上还有其他人关注关心她，她亦不再孤单。社工和志愿者以大姐姐的身份时常给小彤打电话，给予关心和呵护，小彤也慢慢地接受社工姐姐的关心。

同时，社工也积极与小彤的爸爸阿成取得联系，虽然他不想见我们，也不希望我们介入，但社工还是比较坚持。通过多次的沟通，阿成终于答应与我们见面，见面地点选择在阿成单位的保安室。

与阿成拉开家常后，他慢慢地减少了对社工的戒备，承认自己心中一直认为家丑不可外扬，却没有意识到他远离家庭对女儿的伤害如此之大，深感不配当父亲。在社工的劝说下，他初步答应了会抽时间回家看望女儿。

5. 双管齐下，与家人形成统一战线

4月份开始，阿成每周都会抽些时间回家看望一下女儿，虽然父女两人很少有话题，但起码爸爸愿意回家，小彤也高兴了。

另一方面，社工也加强了与小文的沟通联系，共同探讨如何帮助小彤走上正常的生活轨迹。经过深入的了解得知小彤比较依赖男友，虽然平时比较任性，但男友说的话她还是比较愿意听的。

外公外婆也逐步控制小彤的零花钱，在了解清楚支出使用后才给予支持，小彤也逐步减少了到网吧的次数。

结案情况：

在多方的协调帮助下，小彤改变了日夜不归家的状态，虽然目前她依然抗拒接受心理辅导服务和拒绝上学，但她的生活也逐步回归正常轨道，她还自己找到了一份商场销售工作，决定到社会上体验生活。同时，家人对她的进步和改变也感到很欣慰，社工与其家人商量，待小彤的状态慢慢变好后再逐步鼓励她求学，或者让她经受一些社会挫折后她会愿意回归校园生活。

反思及建议：

（1）在此个案中，社工充分运用社会工作手法，尤其是系统理论。系统理论认为，整个系统是由各个子系统组成的，子系统不同程度的变化会对整个系统产生不同程度的影响。在案主生活的子系统中，各个子系统对案主的生活态度影响了其成长，尤其是父母的角色，只有加强各子系统的配合与合作，改变子系统对案主的不良的影响，才能有效地促进案主的健康成长。

（2）社工努力争取案主周边资源的支持，加强了与案主家人的联系，向家人灌输正确的家庭教育方法，使案主的家人明白要逐步改变对案主的一贯态度和做法。家人是案主接触时间最长，也是对案主行为影响最大的资源，家人的积极配合，共同帮助案主走出心理困境。

（3）案主的点滴进步是社工努力跟进的动力，社工不失时机地运用欣赏鼓励的方式处理案主与家人的关系，较好地融洽家庭氛围，逐步使案主养成一种合理有序的生活方式。

点评：上述案例由案由、个案调处情况、结案情况、反思及建议四个部分构成。该个案的案主小彤的母亲患有精神病并住在启智学校，父亲长期不回家且拒绝与家人沟通，家庭功能系统基本瓦解。小彤自小由外公外婆带看与照顾。外公外婆自觉亏欠小彤，对小彤十分溺爱，但是，这并没有弥补家庭功能系统瓦解对小彤所带来的伤害，也没有代偿小彤的心理与情感需要，小彤混乱的心灵秩序发展为消极的、负面的心灵秩序，表现在行为上就是：不愿意继续上学（辍学在家）、生活习惯日夜颠倒、深迷于网络、对外公外婆十分叛逆但内心自责不已、不断地伸手问外公外婆要钱且不给就以死相逼。

志愿者与社工在深入了解情况后，找到了解决问题的突破口：小彤的男朋友小文。在家庭心理与情感功能缺损的情况下，小文是小彤的心理与情感寄托。从这个意义来看，小文不仅是小彤的男朋友，也是小彤拟态的父亲与母亲。好在小文是一个积极向上的人，否则的话，后果不堪设想。由于小文积极配合，志愿者与社工了解了小彤的内心世界，并通过小文做小彤的思想工作，小彤心灵世界开始发生积极的变化。

同时，志愿者与社工从小彤的父亲入手，说明他长期不回家对小彤心灵所带来的严重伤害，劝其履行父亲的责任。父亲的回归又给小彤注入了新的正能量。在志愿者与社工的劝说下，外公外婆逐步减少了给小彤的零花钱，并在心理与情感上给予小彤更多的支持与关怀。从结案和跟踪的情况来看，个案调处基本成功，小彤负面的、消极的心灵秩序正在向正面的、积极的心灵秩序演化，其行为问题也在一点一点地被矫正。

第七章 家庭关系调适

从功能来看，家庭关系有经济合作关系、性与繁殖关系、心理情感关系、责任与义务关系、政治（话语权）关系等。从角色扮演来看，家庭内部关系有夫妻关系、亲子关系、其他关系（如婆媳关系、祖孙关系、兄弟关系、姐妹关系）。角色是经济合作关系、性与繁殖关系、心理情感关系、责任与义务关系、政治（话语权）关系的载体与执行者。因此，家庭内部关系可以归结为角色关系。

多数家庭成员之间的关系都存在不同程度的失调，有些家庭问题比较轻微，家庭内部可以自我修复；有些家庭问题比较严重，需要外部力量的介入才能恢复家庭成员之间正常的关系，使家庭正常运转。佛山市妇联一直致力于家庭内部关系调适的工作，从2005年起，佛山市妇联开始运用社会工作理论与方法，深度介入家庭内部冲突，调适家庭内部的夫妻关系、亲子关系、祖孙关系与婆媳关系，使无数个家庭恢复正常运转。

第一节 夫妻关系调适

所谓夫妻关系是指夫妻之间的性、繁殖、经济合作、情感与心理互动交流关系。这种关系具有长期性、相对稳定性、排他性等特点。夫妻关系是家庭关系中最核心、最重要的关系，人的一生绝大部分时间是与自己的丈夫或妻子度过的。但是，由于社会转型，夫妻关系失调情况突出，如果没有外部力量介入，进行恰当调适，许多夫妻之间关系无法恢复正常，家庭有可能面临解体。

一、社会转型时期的夫妻关系

（一）夫妻起居饮食受到"工作至上"文化的冲击

起居饮食是夫妻两大基本存在形式，也是营造和谐美满家庭的重要环节。一个家庭夫妻恩爱、父慈子孝必会通过一种良好的家庭氛围表现出来，这种家庭氛围贯穿家庭起居饮食的每一细节。特别是现代家庭，由于夫妻双方工作、子女上学，除节假日，家庭成员平常只有起居饮食在一起，由此起居饮食不仅承担生理满足功能，还兼具了情感沟通功能。倘若一个家庭起居饮食受到冲击、其基本时间不能保证，必会影响到

第七章 家庭关系调适

这个家庭良好氛围的营造、家庭成员的有效沟通。但是现在,"工作至上"文化冲击着夫妻起居饮食功能。

根据毛萍教授对"工作型"家庭的调查研究发现,每天能在一起用餐一次的家庭只有39%,一周能在一起用餐三到四次的家庭为37%,一周能在一起用餐两次的家庭为10%,一周只能在一起用餐一次的家庭为8%,一周一次用餐都不能保证的家庭为6%。假如以每天用餐三次计算,一周用餐21次,那么由此可见绝大多数"工作型"家庭能在一起用餐次数在三分之一以下。这里所谓的"工作型"家庭主要是指一般雇员和非高层管理人员,倘若是中高层管理人员,可想而知其家庭能在一起用餐次数只会更少。

家庭成员聚集在一起娱乐基本成为奢望。除起居饮食外,娱乐游戏亦是活跃家庭氛围、增强家庭成员情感沟通的有效元素。但在相关的调查中发现,大多数"工作型"家庭基本缺少这种元素。调查对象中有31%的家庭半年才有一次家庭成员聚在一起的娱乐活动(或郊游或看电影或购物或运动),有7%的家庭一年才有一次,一年以上才有一次的家庭占3%。(毛萍《论"以工作为中心"文化对现代家庭的冲击——以广东佛山为例》载《女性·和谐·发展——二〇〇九年佛山市妇女发展研究中心课题集》)

(二) 婚内两性地位与角色的变化

女性的地位在提高,出现了阴盛阳衰的态势。婚内两性角色发生变化,出现了家庭主男。

由于科学技术的发展,使得更多的工作适合女性而不适合男性;或者说,许多的工作女性操作更有效率。教师、护士、秘书、社工、金融工作者、保险行业的员工、保姆、程序操作员、流水作业线上的工人等工作不需要多少体力的投入,而需要耐心、细心、情感的投入。由于女性教育水平的提高及女性平等运动的推动,出现了大批的女干部、女经理。在一个家庭内,女性的收入与社会地位可能远远高于男性,而男人与女人都没有对此做好心理上的准备,以适应这种革命性的变化,从而导致家庭矛盾上升。

在经济上,女人获得了独立的地位,从而导致女人改变了传统的女人心态与精神面貌。女人们要求在家庭中拥有比男人更多的权力、更高的地位、更多的尊严;同时,女人们又要求男人承认她们是女人,享受女人一直享受的一切。也就是说,女人的权力在不断地增加,而男人的权力与利益在不断地减少。女人的双重要求导致了双重获得,对男人来说,就是双重失去。所有这些都使得男人感到痛苦。这是家庭冲突不断激化的根本性原因。

(三) 夫妻关系复杂化

由于婚姻观念的变化,人们结婚与离婚不再像过去一样小心谨慎,有些人陷入了结婚—离婚—结婚—再离婚—再结婚的循环。只要离过一次婚,就不怕离第二次婚。在这个过程中,男人或女人普遍存在一种"错位比较"的心理状态。"错位比较"的结果导致了对再婚的不满。所谓"错位比较"是指一个女人或男人往往会拿现任丈夫或妻子的弱点与前任的优点相比较,结果越比越不满意、不顺心,越比越痛苦,越比越想离婚。

(四)夫妻矛盾不易协调

社会转型导致家庭转型,家庭转型导致夫妻关系转型,夫妻关系转型导致夫妻之间矛盾转型,这些矛盾相对于传统社会的夫妻之间的矛盾更难协调。

第一,夫妻双方对家庭经济权力的争夺。家庭经济权力主要指对家庭经济收入支配的权力。在传统的社会里,从表面来看,家庭经济收入是由男人创造的,男人对如何支配家庭经济拥有主导权。但是,在现代社会,从表面来看,多数家庭经济收入是由夫妻双方共同创造的,如果将家务劳动也计入创造经济财富,在不少家庭,女人创造的财富可能要远远高于男人创造的经济财富,这就使女人有理由、有底气参与经济支配的决策,行施经济支配权力。

第二,夫妻双方对家庭政治权力的争夺。所谓的家庭政治权力就是家庭的话语权力,即夫妻双方在家庭事务上谁更具有发言权的问题。在传统社会,丈夫主导家庭事务,但是,由于女人经济地位的提高和女权思想的影响,妻子要求分割丈夫手中的话语权。例如,在购买房产、汽车、家具、装修等方面,夫妻双方都会展开话语权的争夺,有的甚至导致婚姻破裂。

第三,男女双方角色互相转换带来的矛盾。女人地位提高,角色转换,产生新的心理状态,形成了新的心灵秩序。男人地位下降,角色转换,但心态没有完成转换,心灵秩序处于混乱状态。

第四,性生活的不协调是婚内矛盾的隐性的、致命的根源。性生活是夫妻活动最重要的组成部分,性生活的不协调、性开放都构成了夫妻双方信任危机的根源。

第五,多众的"婚姻之坎"。婚姻是一个漫长的过程,一个人的一生与自己的伴侣生活的时间最长。在这个过程中有许多道坎需要夫妻双共同努力才能迈过。从时间来看,结婚第一年、第三年、第十年、第二十年都是婚姻之"时间坎"。结婚第一年是磨合期,恋爱与婚姻有本质区别,双方会围绕许多问题展开斗争,如果不能互相让步、互相体谅,婚姻势必解体;结婚第三年,一般来说,儿子或女儿出生,爱被分割,注意力转移,双方心态不稳,少妇魅力十足,男人还一事无成,双方需要重新分割权力、责任与义务;结婚第十年,孩子上学,女人魅力下降,男人魅力上升,事业有成,双方心态需要重新调整;结婚第二十年,子女成人,空闲时间增多,男人或女人成功,双方可能会出现审美疲劳,彼此感到厌倦。

除此之外还有责任、义务分割与分配之坎,日常生活琐事之坎,生活方式与生活习惯之坎,性格、价值观差异之坎,金钱坎,名誉坎,子女教育坎,双方父母坎,双方亲戚坎,等等。所有这些"坎"都以各种事件充斥在夫妻生活之中,形成大大小小的矛盾与冲突。

二、妇联介入调适

(一) 传授婚姻知识与技巧

传授婚姻知识与技巧是妇联介入家庭、调适家庭内部关系的重要手段,传统的做法是举办婚姻知识与技巧讲座、提供咨询,自 2005 年起,佛山市妇联在坚持传统做法的同时,引入社会工作理论与方法,通过小组工作法传授婚姻知识与技巧。小组工作法具有针对性强、问题意识突出、时间长、效果好的特征。下面是一个具体的案例。

"幸福女人"——婚姻家庭调适小组

(佛山市禅城区妇联妇女儿童权益维护工作站)

小组计划书

1. 名称:"幸福女人"——婚姻家庭调适小组。
2. 对象:丽银社区及周边社区 25～40 岁已婚妇女;名额:13 人。
3. 地点:丽银社区居委会二楼活动室;负责工作员姓名:杨春香。
4. 日期:2012 年 11 月 15 日—2013 年 1 月 5 日;时间:每节约 1.5 小时。
5. 招募及宣传方法:
(1) 在丽银社区内派发宣传单,在公告栏张贴宣传单。
(2) 通过小组需求调研座谈会进行组员招募。
(3) 通过街道工作人员打电话的方式进行招募。
6. 理念:
(1) 以小组形式提供对口服务,探索符合现代社会及家庭生活需要、具有佛山本地特色的妇女儿童及家庭社会工作体系。
(2) 妇女面对着来自家庭和事业的多方压力,她们希望自己的家庭能够和睦并且能够长久维持,也更希望能够通过参考别人在婚姻生活中的做法提高自己的婚姻生活质量。
(3) 社会学习理论相信人的行为,特别是人的复杂行为主要是后天习得的,一种是通过直接经验获得,另一种是通过观察示范者而习得。
(4) 认知行为理论相信已婚妇女的任何反应,不是由事件直接引起的,是由个人的信念系统而影响,因此她们的感情、思想与行为是互相影响的。
7. 目的:通过小组活动,增强组员对自我的认同感,正面面对婚姻中产生的一些困扰,促使组员反思自己在婚姻家庭中的沟通方式,探讨有效的沟通方式以及学会管理自己的情绪。
8. 程序安排:

节次/日期/时间	内　　容	所需物资	负责人
第一节 2012年 11月15日 15：00—16：30	①组员和社工先简单介绍自己，然后再通过"名字接龙"加深组员的认识； ②社工向组员介绍小组基本信息； ③"绘制手掌"活动，了解组员对活动的期望； ④制定小组名称； ⑤"进化论"，制定小组约定； ⑥回顾总结，简单分享组员感受，听取组员发表活动建议，布置作业	横幅、签到表、彩色笔、圆珠笔、大白纸、A4纸、照相机、DV、家庭基本情况表	杨春香
第二节 2012年 11月23日 15：00—16：30	①简单回顾上节活动内容； ②"桃花朵朵开"，活跃气氛，检查作业完成情况； ③"1+1=？"问题带出本节活动主题； ④组员探讨男人和女人对于婚姻的需求，社工最后集体分享五种男人和女人对于婚姻的不同需求并探讨面对不同需求组员可以做哪些调整； ⑤"杨柳随风飘"，通过体验让组员感悟健康家庭的要素； ⑥归纳总结	横幅、签到表、彩色笔、圆珠笔、大白纸、A4纸、照相机、DV	杨春香
第三节 2012年 11月23日 15：00—16：30	①回顾上节活动内容； ②"手指操"，活跃气氛； ③游戏："你像哪一种动物"，促使组员自己评价自己； ④组员探讨影响自己评价低的不合理因素； ⑤"吹气球"，组员了解自我价值强弱对家庭尤其是孩子的影响，促使组员进行反思并归纳方法； ⑥回顾总结	横幅、签到表、彩色笔、圆珠笔、大白纸、A4纸、照相机、DV	杨春香
第四节 2012年 12月6日 15：00—16：30	①回顾上节活动内容； ②"照相机和传声筒"，让组员认识沟通的形式以及影响沟通的一些因素； ③组员自主导演情景剧：组员认识沟通的四种不良模式，了解一致性的沟通方式； ④社工与协助者以同一个场景剧不同的沟通模式展现的方式让组员进一步区分五种不同的沟通模式； ⑤回顾总结，邀请组员回家思考自己在家庭中习惯用哪种沟通模式，这样的模式如何影响家庭生活； ⑥布置作业	横幅、签到表、彩色笔、圆珠笔、大白纸、A4纸、照相机、DV、成语：顺手牵羊 一句话：我没有说过这周一定开会	杨春香

续上表

节次/日期/时间	内 容	所需物资	负责人
第五节 2012年 12月13日 15：00—16：30	①回顾上节活动内容； ②热身："抓虫子"； ③社工让组员随意展现一幅自己日常生活中所见过的雕塑； ④通过雕塑形式展现家庭沟通状态，促使组员反思各自沟通方法合理以及不合理的地方，并进行归纳总结； ⑤社工与组员分享一些额外的沟通技巧； ⑥总结，让组员用一句话形容今天的心情	横幅、签到表、彩色笔、圆珠笔、大白纸、A4纸、照相机、DV、便利贴、"夫妻"人形图	杨春香
第六节 2012年 12月25日 15：00—16：30	①回顾上节活动内容； ②热身："萝卜蹲"，让组员分享对规则的理解； ③案例分析，探讨家庭规则； ④回顾总结	横幅、签到表、彩色笔、圆珠笔、大白纸、A4纸、照相机、DV	杨春香
第七节 2012年 12月27日 15：00—16：30	①回顾上节活动内容； ②组员根据纸条做出相应的反应，其他组员猜测其心情； ③与组员探讨不同情绪带来的效果； ④活跃气氛："名厨炒菜"； ⑤观看视频，探讨管理情绪的方法； ⑥归纳总结	横幅、签到表、彩色笔、圆珠笔、大白纸、A4纸、照相机、DV	杨春香
第八节 2013年 1月5日 15：00—16：30	①社工与组员简单回顾上节活动内容； ②通过观看视频加深印象； ③邀请组员分享活动感受、收获、建议等； ④小组留言活动； ⑤赠送相片，填写评估表； ⑥与街道及居委对小组活动进行交接； ⑦结束活动	横幅、签到表、彩色笔、圆珠笔、大白纸、A4纸、DV、照相机、PPT、投影仪、笔记本电脑、桌椅、茶点、留言纸、纪念品、评估表	杨春香

9. 小组的人手分工安排（略）。

10. 预计困难及解决方法：

（1）预计困难：组员的空余时间较少，可能不能参加所有的活动，组员流失率过高。

（2）解决方法：根据组员的时间进行调整，及时跟进确定组员流失原因，并根据组员的想法对活动进行调整（包括活动方式及时间等）。

11. 评估方法：

(1) 在小组第八节，组员填写"小组活动末期评估表"。
(2) 组员互相分享收获以及活动感受。
(3) 社会工作者以及协助者自我评估、小组过程记录及反思。
12. 财政预算（略）。

小组报告（略）。

点评：该小组工作的特定对象是 25～40 岁的已婚妇女，在这个阶段，夫妻之间矛盾与冲突比较多。针对这个特点，该小组设定了三个主题：夫妻沟通、了解对方对妻子角色的期待、情绪管理。

夫妻之间的矛盾与冲突多数是由于沟通不畅引起的。导致沟通不畅有两个因素，一个是沟通意愿不强，另一个是沟通方式不当。由于工作压力或其他方面的原因，许多上班族都得了"下班沉默症"，夫妻之间沟通动力严重不足，因此，强化夫妻之间沟通意识十分重要。有了沟通意识，还需要有适当的沟通方式方法。

丈夫对妻子有角色期待，妻子对丈夫亦有角色期待。被期待的角色一般来说是理想的角色和应该的角色。当丈夫或妻子所扮演的现实角色与应该角色相符时，对方会比较满意，双方的矛盾与冲突比较少；当丈夫或妻子所扮演的现实角色与应该角色相差比较远时，对方会非常不满，双方的矛盾与冲突会不断地增加，最终会导致婚姻解体。丈夫或妻子一般都不会要求对方扮演理想角色。理想角色只能偶尔扮演，不能长期扮演。如果丈夫或妻子将对方理想化，对婚姻来说具有灾难性。

家庭是一个情感能量场，当这个情感能量场正能量与负能量处于总体平衡时，家庭就能得到维持，并获得发展；当这个情感能量场正能量总体大于负能量时，夫妻与家庭其他成员就会心情愉快、幸福；当这个情感能量场正能量总体小于负能量时，夫妻与家庭其他成员就会深感不安与痛苦。一个情感能量场的正能量来源于互相包容、宽容、忍让、赞赏、帮助、体贴、关怀、爱护、尊重。一个情感能量场的负能量来源于互相指责、谩骂、诋毁、冷漠、拆台、怨恨、厮打、悲伤。作为正常的男人与女人，自然地拥有各种各样的情绪，但是，夫妻双方必须学会管理自己的情绪，不能动不动就大肆发泄，长此以往，就会使家庭这个情感能量场充满负面的情感能量。情绪管理在家庭情感能量场的建设过程中起了十分重要的作用。

从该小组工作规划与总结来看，其目的基本达到，使小组组员了解夫妻沟通的重要性、掌握夫妻沟通的技巧、了解对方对自己的角色期待、懂得情绪管理的重要性、学会如何管理好自己的情绪。同时，小组成员在学习与活动期间互相了解，互相学习，形成了一个相互支持的网络系统，这个网络系统在小组结束之后将会延续下去。

（二）化解夫妻矛盾

"夫妻一日百斗"是对夫妻之间矛盾与冲突频繁程度的形象描述。这种斗有两种结局，一种是"斗而和"，另一种是"斗而散"。由于家庭内部存在着"自动—半自动的调节与平衡机制"，在绝大多数情况下，夫妻之间是"斗而和"。但是，有时，或有些家庭由于各种各样的原因，家庭内部的"自动—半自动的调节与平衡机制"会失效，夫妻之间的矛盾与冲突越来越激烈,出现一种病态,咨询、讲座、小组工作法等已经无法起效,需要用个案法进行深度介入与治疗,才能恢复家庭内部的"自动—半自动的调节与平衡机制",化解夫妻之间的矛盾,修复夫妻之间的关系。下面我们列出三个比较典型的案例以说明:

案例之一:搭起真诚沟通桥梁　方得婚姻长久和谐
(引自佛山三水区南山镇妇联妇女儿童权益维护工作站实录)

案由:

刘女士,女,57岁,已婚,文盲,南山镇某某居委会村民,现居住在南山迳口。刘女士首先于2010年10月来镇妇联反映:与丈夫经常吵架,并被丈夫拳打脚踢,现怀疑其丈夫与楼下二楼邻居阿清有婚外情,并受到阿清恐吓,希望妇联调解。

个案调处情况:

1. 对当事人进行家庭背景和社会背景调查。在接访之后,第一时间进行了入村、入户调查,了解刘女士家庭背景(夫妻感情、子女情况、二楼女人情况等)和在村内口碑(性格、脾气等)。由于其曾经报警处理,我们也向南山镇派出所详细了解了接警处理情况,便于调解时对症下药,有的放矢。

在详细了解了各种背景后,针对存在问题,我们经过讨论,决定采取各个突破,换位思考,再整合人员,当面交流、沟通,从深层次冰释前嫌。

2. 调解的详细过程。

(1) 外围包围中心,各个突破。10月9日,镇妇联维权工作站、居委会、司法所及派出所等一行5人来到刘女士家。根据之前的约定,刘女士、刘女士的丈夫及儿媳妇、孙子均在家。因为不想在小朋友心中留下任何的阴影,根据在刘女士来维权工作站时我们工作人员已和其有基本的谈话基础,我们决定先从外围着手,看看其亲人的态度。于是请刘女士带小朋友到楼下公园玩。我们工作人员则兵分两路,分别和刘女士的儿媳妇和刘女士的丈夫分开两间房谈话聊天。

在与刘女士丈夫的谈话中,他充满了无奈,自己快60岁的人了,本应是颐养天年的时候,但由于生计的原因,现在还要在外辛苦劳作,回到家已是满身疲累,妻子却在不断寻事滋事,在争吵一些子虚乌有的事情,而且还伤害到邻居。他已身心疲惫,他也准备放弃这段婚姻。

在与刘女士的儿媳妇谈话中,其认为刘女士无事生非,不只是对家公如此,对其他亲人也是如此,每天都会寻事生事,无事找事,小事化大,现在全家人对刘女士都是避之不及,很怕也不喜欢和她说话。儿媳妇甚至准备和丈夫、小孩外出租屋住,也不想面对刘女士。

在与刘女士心中认为的所谓婚外情女人阿清谈话中,其甚是激愤,发誓绝无此事,而且刘女士如此造谣,已严重影响了她的生活,如果继续下去,她已忍无可忍。

(2) 抓住核心人物。通过与各方当事人的谈话,我们发现其问题主要出在刘女士身上,她以一个受害者的身份来维权工作站寻找帮助,但当我们经过多方谈话了解后,其问题症结都集中在刘女士身上。为什么会如此呢?我们找来刘女士单独开展谈话。

在深入的谈话后，我们发现刘女士其实并没有发现丈夫婚外情的任何证据，一切只是凭空猜想。深层次原因是其长时间和家人不和，认为儿子娶了媳妇忘了娘，丈夫则长期对自己不冷不热，只有通过争吵丈夫才会和自己多讲几句话。她只不过是想通过不断挑起事端，才觉得丈夫会注意到自己。

（3）直面交流，直击重点。发现事件的核心问题后，我们邀请了各方当事人坐下，敞开心扉，坦诚交流。在各方的陈述前，我们特别强调各方须心平气和，不能恶言相向；其次夫妻双方轮流发言，必须尊重对方，无论是否认同对方的说法，必须在对方发言完毕之后，才能发言。

我们首先请刘女士发言，让她将心底最真的意思表达出来。当刘女士在陈述中将心底话都表达后，随着她流下的眼泪，她的亲人都由最初的不耐烦变为沉默，我们发现刘女士老公的神情已明显发生了变化。见时机已成熟，我们再请各方陈述。刘女士的老公有些感慨，说是第一次听到原来是这样的原因，以前一直认为是刘女士无理取闹，原来问题是出在自己身上。他向刘女士也坦诚了内心的看法。表示自己会多些关心刘女士，但也希望刘女士多体谅自己。儿媳妇也表示由于丈夫多数时间不在家，小孩又小，事实上是很多时候忽略了家婆的存在。邻居阿清由原来的激愤转成了同情，也向刘女士明确表明其与刘女士的丈夫没有任何关系，请她放心。

（4）坦诚面对，真心疼爱。刘女士听了亲人和邻居的话后，眼泪忍不住地往下流，我们见时机成熟，坦诚地指出了刘女士的问题和症结，希望她以后无论遇到什么样的问题，都不要走极端，应用正确的态度多和家人交流沟通，而不是用这种既伤害亲人又伤害自己的方法来引起亲人们的关注。刘女士点头称是。我们见时机成熟，就把她的孙子叫到她面前，小朋友用小手帮其擦去泪水，说着"奶奶别哭，我最疼奶奶"。刘女士紧紧地拥抱着小孙子，"奶奶知道了，奶奶以后再也不哭了。"大家都笑了。这宗家庭矛盾得以顺利解决。

结案情况：

一个月后，镇妇联维权工作站工作人员开展回访，刘女士表示现在家人已较多交流，对丈夫也很放心了。妇联干部勉励其继续努力，并且向其表示，维权站的大门永远为其打开，有任何需要和问题可以和我们沟通。刘女士表示深深的感谢。

反思及建议：

（1）强强联手，调查有力。这次个案调解，我们由镇妇联牵头，联合了居委会、派出所、司法所等部门工作人员，既有熟悉民情的人员，也有代表法律界的人员，使调解在既随和又威严的气氛中进行，令当事人既感到亲切，又感到严肃性，不随意讲大话、捏造事实，令事件得以顺利进行。

（2）善于抓住主要矛盾。俗话说：擒贼先擒王。解决事情的关键是抓住问题核心，才能迎刃而解。

点评：上述案例由案由、个案调处情况、结案情况、反思及建议四个部分构成。这是一个典型的家庭治疗个案。家庭治疗以整个家庭作为治疗单位，改变家庭不良的互动结构与家庭成员之间不良的互动方式，注重家庭此时的情况与成员之间的互动过程，引导家庭向积极方向转变，从根本上解决个人和家庭的问题。家庭治疗是家庭功

第七章 家庭关系调适

能发生障碍时的一种干预过程（谢秀芬，1998）。有些学者认为家庭治疗主要是"针对家庭的心理问题而进行的心理治疗工作"（曾文星，2004）。

该个案的案主刘女士是该案例的核心人物，所有家庭矛盾都她所引起，主要矛盾是她与丈夫之间的矛盾。案主刘女士心灵秩序已经由混乱状态发展到负面的、消极的心灵秩序。造成这种现象有三个原因。第一，被疏忽。她丈夫快60岁了，但依然在外面拼打赚钱，没有多少时间在家，回到家里已经很累，没有太多的精力与心情与案主沟通交流。她的儿子已经成家，并且有自己的孩子，有自己的工作，下班之后自然会把主要精力放到自己老婆与孩子的身上，对此，刘女士感到极度不平衡，是她将儿子养大，现在儿子"娶了媳妇忘了娘"。儿媳妇要带孩子、做家务，再加上婆媳之间天然的疏离感，也没有太多地关照刘女士。从人性的角度来看，刘女士群体性（社会性）需要，即被关注、被关怀、被尊重、被爱的需要没有得到满足。被关注、被关怀、被尊重、被爱的严重缺失会导致人性失去平衡，这种失衡会导致她深感寂寞、怨恨，进而导致生理失常。第二，自卑。案主57岁，文盲，没有收入来源，这种情况会导致年龄性自卑与经济性自卑。自卑在她的人性组合形态中取得主导地位，这使她对整日在外、回家不与自己交流的丈夫产生了怀疑，怀疑丈夫嫌自己太老、没有文化而在外面有了婚外情。第三，嫉妒。自己的邻居阿清比自己年轻，她可能会抢了自己的丈夫。

刘女士负面的、消极的心灵秩序直接导致了一系列负面的、消极的行为，经常与丈夫争吵，无缘无故找家庭其他成员的毛病，对家庭其他成员发火，使家庭情感场充满了负性能量，整个家庭处于一种病态。

在本案调处过程中，妇联抓住核心人物与主要矛盾，让刘女士被关注、被关怀、被尊重、被爱的需要得到满足，让她重获自信心，将内心中的嫉妒清场，进而恢复其人性平衡，重构其心灵秩序，从根本治疗这个病态家庭。从治疗的过程与结案的情况来看，个案的调处很成功。

该个案是家庭治疗理念与技巧本土化的典范，在家庭内部成员方面，该个案涉及祖孙三代、夫妻、婆媳；在家庭外部资源方面，镇妇联牵头，联合了居委会、派出所、司法所等部门工作人员，并将涉案邻居也调动起来。

案例之二：充当"和事佬"让夫妻和好如初
（引自佛山市高明区妇联妇女儿童权益维护工作站实录）

案由：

2012年3月26日，个头不高、皮肤稍黑、留着齐耳短发、一脸愁容的汤女士来到妇联办公室向我们诉说她的困扰。汤女士与同是四川人的罗先生已结婚20多年了，小孩也20多岁了，夫妻俩经常因小事发生争执，罗先生的脾气有时很暴躁，控制不住就会动手打她。孩子的自理能力很差，罗先生也因此一直责怪汤女士没有管教好孩子。就在今天早上因为钱的事双方又发生争执，罗先生再次动手打汤女士，虽然夫妻俩经常打打闹闹，但汤女士对罗先生还是有感情的，多年来一直没有想过离婚，因此也没有报过警，从来没有向外人提及过，最近双方争执太多了，所以想来咨询是否有其他办法让双方少点争执。

个案调处情况：

汤女士说以前曾经来咨询过，当时考虑到丈夫的面子，自己又担心儿子，所以不想离婚，又担心资料外泄所以坚持没提供姓名让我们登记。昨天罗先生又问汤女士拿钱，汤女士就是不愿意给，罗先生因为要不到钱挥动拳头打了汤女士，汤女士实在没其他办法了，于是再次前来咨询该怎么办。

工作人员耐心聆听汤女士的诉求，汤女士思想很混乱，也很矛盾，一方面很想解决问题，让我们支招让罗先生改变态度；另一方面又怕罗先生知道她来过妇联，不希望我们找罗先生沟通，因为她不想离婚。就在如此矛盾的心态下，汤女士根本不知道自己到底该如何，或许是压抑得太久，又或许是觉得困难重重，说着说着汤女士突然哭了，而且越哭越厉害。哭泣是一种发泄的途径，大约过了十分钟，汤女士终于慢慢地停止了哭声，这时工作人员开始慢慢地安抚汤女士的情绪并耐心开解她。让她明白出现问题要双方共同解决，罗先生也应该承担相应的责任。最后汤女士向我们提供了罗先生的联系方式，表示愿意与罗先生面对面地谈一谈。

工作人员拨通罗先生的电话，向他简单地表达了意图，罗先生表现得很爽快，说两夫妻之间确实缺乏沟通，为了儿子他也不想离婚，并表示下午就会来工作站与我们面谈。

下午2点45分汤女士首先来到工作站，3点15分左右罗先生也来到本站。只见罗先生留着平头，长得个子不高，黑黑实实的，见到汤女士，罗先生显得有些尴尬。工作人员先单独与罗先生沟通，了解罗先生的真实想法。罗先生向我们坦言，承认因为钱的问题打过汤女士，罗先生自己也知道打人是不对的，但是有的时候脾气一上来就控制不住。罗先生认为汤女士不理解他，总是计较着钱。这次是因为他答应了借钱给朋友，可是汤女士却不愿意将钱交给他，让他在朋友面前失信了，所以才动手打她的。他觉得汤女士还很啰唆，把钱看得很紧，虽然他知道汤女士也是为了孩子，可是他认为汤女士太溺爱孩子，造成孩子现在20多岁了自理能力还很差。

工作人员知道两人其实还是有感情的，只是因为一些生活上的摩擦，两人缺少沟通而产生了争执。如果罗先生能告诉汤女士拿钱的原因，两人一同商量，问题应该得以解决。工作人员建议两人当面谈，两人都表示同意。刚开始的时候两人都显得有些局促，在工作人员的指引和鼓励下，两人都说出了自己的想法，夫妻两人表示以后多沟通、多理解，共同搞好家庭。

结案情况：

最后罗先生表示会注意控制自己的脾气，不再动手打汤女士，遇事也会和汤女士商量。而汤女士也表示学习正确教育儿子，对于家庭用钱会与罗先生沟通商量。

反思及建议：

其实，每个人都是有个性的，也免不了有着这样那样的优点和缺点，因而两个人组合在一起的生活必然都有或多或少的矛盾。夫妻生活幸福与否的关键其实就在这里，也即如何适时调整自己的心态，以相互宽容和相互理解的本真色彩对待对方。在本案中，如果罗先生和汤女士两人多一点的沟通，多一点的理解和包容，矛盾自然可以避免。

第七章 家庭关系调适

点评：上述案例由案由、个案调处情况、结案情况、反思及建议四个部分构成。在该个案中，夫妻双方主要存在四个问题：钱的问题、孩子教育的问题、朋友的问题、个性的问题。这些问题都是所谓的"婚姻之坎"，要跨过这些坎，夫妻双方必须互相信任，共同经营。要建立互相信任的关系，夫妻双方必须平等、坦诚地进行沟通，不能由一方占据绝对的话语权，否则，夫妻双方就无法进行有效的沟通，或者导致双方都不愿意沟通。

钱的问题是夫妻双方争夺经济控制权与支配权的产物。在该案例中，案主汤女士长期掌握经济控制权与支配权，其丈夫每一次需要经济支出时都需要征得她的同意，其中包括合理与必需的支出，如给其父母的生活费、过节费、生日费等，给其兄弟姐妹的人情等，当然也包括许多不必要、不合理的支出。在丈夫需要经济支出时，夫妻双方又没有进行充分有效的沟通，从而引起激烈的冲突。当丈夫认为支出合情、合理、必要，而妻子就是不给钱时，就会使本就十分不满的丈夫对妻子施以家庭暴力。因此，夫妻双方必须在钱的支出方面建章立制，双方平等商讨，规定哪些项目必须支出，哪些项目应该支出，支出多少；规定哪些项目不必支出，哪项目绝不支出。通过建章立制，使夫妻双方经济控制权与支配权达到基本平等，互相均衡。

孩子教育的问题是夫妻之间的大问题，双方必须进行平等沟通，在教育方式方法、内容上达到基本一致，特别要在传授人生观、价值观、世界观方面要达成一致，要将社会主流的人生观、价值观、世界观传授给孩子。因为，孩子是一个社会人，将来要生活在社会之中。除此之外，家庭是孩子进行社会化的第一个场所，作为父母，有责任培养孩子基本的生活技能与心理承受力。在本案中，汤女士太过溺爱自己的儿子，导致儿子生活自理能力很差，也使丈夫极为不满。同时，也可以看出，汤女士主导着孩子的教育权。

交朋友是人社会性需要的体现。结婚之前，朋友十分重要。但一个人结婚之后，角色结构发生了变化，一个不仅仅是他人的朋友，同时，他（她）成了丈夫（妻子）、爸爸（妈妈）、女婿（儿媳）……他（她）必须对这些角色进行分类，哪些角色最重要，哪些角色次之，哪些角色再次之，根据角色重要程度来分配自己的责任心、义务感和感情，否则，他（她）就会出现心灵秩序混乱的状态，角色之间互相纠缠与争斗会使他（她）心绪不宁，脾气暴躁。在本案中，案主的丈夫可能就存在这个问题。作为妻子，要设身处地，理解对方的处境与难处，对角色冲突有深刻的认识。他不仅是你的丈夫，他还是儿子、孙子、领导、下级、朋友。反过来也是如此，他（她）不仅仅属于你。他（她）因角色的互相纠缠与争斗，感到很痛苦。

我们每个人都有自己的个性，有自己的缺点，都会做错事。夫妻之间，要大处着眼，不挑小毛病，世无完人，"完美不祥"是真理。夫妻之间，要原谅对方的过错，不要钻牛角尖。夫妻双方要互相宽容，互相原谅，千万别把对方逼到死角，逼到无路可走。将丈夫或妻子角色理想化很容易让人钻牛角尖，很容易将对方逼到死角，将自己心爱的人从自己身边推出去。我们每一个都是导演，当你认为事件正在朝着你预想的方向发展时，事件就有可能真会发生，因为你一手导演了事件的发生。

案例之三：坦诚相对　用沟通与理解化解家庭矛盾
（引自佛山市高明区杨和镇妇联妇女儿童权益维护工作站实录）

案由：

2010年5月17日上午9时左右，一个满脸惆怅的妇女来到高明区杨和镇妇联办公室上访。细听诉说，该妇女叫阿丽，35岁，广西人，已婚，现在河东居委会紫荆路明洋发廊经营并居住。阿丽与其丈夫吴先生（广西人）于2003年10月8日登记结婚，现有一个3岁的女儿。4年前夫妻共同经转让接手经营明洋发廊（阿丽出资较多），所得收入夫妻清楚，并共同供楼养小孩。近年来，吴先生常常迟归，对家人态度冷淡。阿丽发现其丈夫有外遇，与原在明洋发廊洗头女工阿晴有不寻常关系，阿丽还出示了他们两人亲密照片，从而引致夫妻不和。

2010年5月16日上午，阿丽与吴先生吵架，吴先生打阿丽致轻微伤，阿丽打电话报了"110"。公安人员到场处理，了解事情经过后，因阿丽没有足够证据证明吴先生与阿晴有不寻常的关系，建议阿丽到妇联做调解工作。此后，吴先生向广西当地法院申请离婚。阿丽说，结婚已有差不多七年了，不舍得就此离婚，而女儿还小，夫妻离婚会不利于女儿健康成长。但是丈夫不长进，也没为她和女儿着想，竟轻易就申请离婚。因此，阿丽求助于妇联，希望妇联协调并教育其夫。

个案调处情况：

工作人员了解上访人阿丽的意图后，工作人员分析认为必须重视吴先生打人的行为，因为若事件僵持的话，即吴先生想离婚，而阿丽不同意，就会经常发生争执，就有可能导致家庭暴力的经常发生。因此，工作人员马上打电话给吴先生，向他说明打人的严重性，动之以情，晓之以理，让他明白打人不能解决问题，反而阻碍问题的解决，从而让他的家庭生活处于水深火热之中，会影响到工作，也会给他们的女儿的成长带来很多不良的影响。吴先生承认了自己的错误，表示自己过于冲动，也表示了自己打了妻子后很后悔。他作出承诺，以后在处理家庭问题中，不会再失去理性，不会再出手打人。工作人员与吴先生谈论到他要与妻子离婚的问题，吴先生表示离婚的念头还是有的。工作人员向他详细地说明了其妻阿丽的想法，并希望他看在多年的共同生活、共同奋斗和女儿的份上，重新考虑离婚的决定。最后，吴先生表示，他会心平气和地与妻子商讨。

5月18日，我站约见了夫妇二人。妻子阿丽的精神有了一些振作，看上去比昨天显得更加清爽。而丈夫吴先生面带歉意与尴尬。首先，吴先生表示了自己对妻子的歉意。但对于阿丽反映的他有外遇的问题，他坚决否认，并表示自己有过那样的念头，但并未付诸实际行动。而他有那样的念头，主要是因为结婚多年以后，尤其是自经营发廊以来，妻子对自己变得越来越不信任，经常怀疑自己藏私房钱，对自己也少了关心，多了责备。而阿丽表示，其丈夫说得不对，他和阿晴明明就很亲密，而且吴先生经常外出。对于钱的问题，她认为自己对钱、日常开销看得紧也是为了家庭，为了女儿将来上学要用钱。由于两人各持己见，工作人员耐心地跟他们说明，首先让他们认识到，他们从认识、相恋、组成家庭到生下女儿，是多么不容易，是多大的缘分，他们都应该要珍惜。而家庭的维系,需要他们多沟通,要相互理解与信任。并告诫他们,首先,考虑事情应该要以家庭为重,要慎言慎行;其次,要学会换位思考,学会站在对方的立场上想问题,这样,就会少一些争执,多一些和谐,家庭生活就会更和睦,更幸福。

结案情况:

经过当面对两人的调解,他们互相理解,决定改进对方不满意的做法,维持原来婚姻。阿丽与吴先生也达成初步共识,明洋发廊每月经营收入分配为阿丽得1000元,吴先生得1500元。

反思及建议:

(1) 夫妻二人在处理婚姻问题过程中,产生了家庭暴力问题,对于这个问题,应该如何解决?必须使当事人互相理解,才能继续协调两人的婚姻问题。必须让施行暴力者彻底明白该行为的严重性,当中也要注意维护妇女的合法权益。在此个案中,家庭暴力产生的原因是阿丽与吴先生意见产生分歧,没有好好沟通,而男方过于激动,性格过于冲动所致。在处理同类型案件时,要注意引导双方理性沟通、互相理解。在此案例中也看出,沟通、理解、信任有利于减少家庭暴力,有利于家庭生活的幸福、美满。

(2) 在了解了当事人的想法后,必须分辨清楚他们产生分歧的主要原因,要在尊重当事人的意见的同时,尽量劝说,令结果符合双方的利益,尽量使结果令当事人都满意。妇联工作人员分析了两人的主要矛盾(钱的分配和使用问题),因为两人都清楚共同经营发廊的收支情况和家庭的开支情况,协调他们达成收入分配的共识。

(3) 当面解决问题,必须注意技巧,着重解决两人所存在的矛盾,维护双方的权利,不能偏向一方,而使矛盾深化。这方面要求高,难度大。

(4) 不断加强维权工作人员业务培训,切实维护妇女儿童合法权益。对于群众的上访,我站工作人员耐心倾听,认真解答,遇到疑难问题,深入调查,分清是非,妥善处理,努力化解矛盾纠纷。

(5) 做好相关档案的收集和保存,为今后工作提供借鉴与参考。在处理个案的过程中,我们非常重视资料的收集和保存,以表格的方式记录了与当事人的谈话,详细记录了整个调处的过程和处理结果,为今后的工作提供参考。

点评:上述个案由案由、个案调处情况、结案情况、反思及建议四个部分组成。在该个案中,案主与其丈夫存在一个主要问题:信任问题,案主对其丈夫显然缺乏信任,总感觉到自己的地位随时都受到威胁,心里高度紧张。这种心理状态导致她产生了四个行为:一是控制经济支配权,把钱看得很紧;二是怀疑其丈夫藏私房钱;三是怀疑其丈夫用私房钱与另一个女人阿晴建立不正常关系;四是由于怀疑而对其丈夫"少了关心,多了责备"。这种情况导致案主丈夫人性失去平衡,产生了严重的被剥夺感、挫败感和不被信任感,在家庭中得不到妻子的温情,这就导致了案主丈夫"常常迟归,对家人态度冷淡"。家庭这个心理能量场充满了令人不愉快的负面能量,妻子与丈夫向家庭心理能量场输入的都是负能量,两股负能量不断地互相较量与撕扯,终于爆发了家庭暴力。

维权工作站的工作人员抓住了问题的实质，先了解双方各自的心结，然后让案主与其丈夫面对面坦诚沟通，表达各自内心真实的想法与担忧，使双方重建互相信任的关系，重塑双方的人性组合形态与心理结构，对家庭心理能量场中的负能量进行清场，双方都向家庭心理能量场输入令人愉快的正负能量，从而使婚姻得以维持并开始正常运转。

第二节 亲子关系调适

所谓亲子关系就是父母与子女之间权利、义务、心理与情感的互动关系。当亲子关系正常时，父母尽心抚养、教育子女（这是父母的权力，也是父母的责任与义务），与子女之间进行良好的心理与情感交流，形成积极的、正面的心理与情感场。其表现为，父母与子女之间互相理解、互相爱抚、互为依赖的对象。当亲子关系不正常时，父母不尽自己对子女的责任与义务，或者，父母与子女之间沟通不畅，无法进行心理与情感能量交换，没有形成积极的、正面的心理情感场。其表现为，父母与子女之间互不理解、互相埋怨、互相指责、互相排斥。

从总体而言，佛山市民家庭亲子关系情况良好，但亲子关系失调的现象在不少家庭依然存在。造成亲子关系失调有以下几个方面的原因：第一，父母与子女都太忙，亲子之间缺少沟通，因而产生不少误解与争吵；第二，父母的教育方式方法不当，不能适应子女成长与发展的需要；第三，子女青春期的叛逆心理；第四，独生子女所带来的不良问题；第五，社会不良的风气；第六，社会转型所产生的困境。这些原因，我们将在后面的案例点评中做比较分析。

一般来说，多数亲子关系失调现象在家庭内部可以自行解决。但是，当亲子关系失调比较严重时，只依靠家庭内部的自我调节机制可能无能为力，需要外部力量的介入才能解决问题。

佛山市妇联在调适亲子关系方面做了不少工作，这些工作可以总结为三个方面：一般性调适、特定对象群体辅导、深度调适。

一、一般性调适

一般性调适是针对所有家庭亲子关系的调适活动，主要的内容有提供咨询、讲座、建立相关的工作品牌并展开活动。

从对佛山市妇联的考察来看，提供咨询主要有三种方式。第一种是提供来电咨询。佛山市各级妇联都有专门的咨询热线电话，为服务对象提供包括调适亲子关系在内的各种咨询服务。第二种是摆摊提供咨询。佛山市各级妇联每年都会定期或不定期到小区、学校、工厂、广场、公园摆摊，在摊位为有需要的群体提咨询供服务，讲解包括调适亲子关系在内的各种知识与技巧。第三种是为上门（即亲自来妇联）的群众提供咨询服务。

讲座是佛山市各级妇联调适亲子关系的重要手段。2005年以来，佛山市妇联依托市儿童活动中心、家长学校、社区等阵地，围绕亲子沟通、亲子成长等重点问题，每年一个专题，邀请全国、省内家庭教育知名专家学者在全市五区举办家庭教育巡回报告会，已成功举办了"关注儿童心灵成长"、"教育就是培养习惯"、"营造与孩子共同成长的家庭氛围"、"父母如何陪伴孩子度过青春期"等报告会40余场，参加活动3万多人次。在举办报告会的同时，开展家庭教育辅导咨询活动，使家庭教育巡回活动收到更好的效果。此外，市、区、镇（街）妇联经常举办家庭教育活动，如"家庭教育亲子工作坊"、"家长沙龙"、"亲子游园会"、"亲子趣味运动会"等，培育亲子感情，增进亲子关系。

"与孩子的心灵对话"亲子论坛是佛山市妇联最著名的工作品牌之一，更是调适亲子关系的最重要的工作品牌。从2005年开始，佛山市妇联与佛山电台合作，每月一期，每期一个话题，以儿童为主体，以家庭为单位参加，以现场论坛和录播相结合的方式，鼓励孩子在家长们面前讲出心里话，并通过专家评论引导家长反思教育方式，搭起家长与孩子互动式的沟通桥梁。论坛迄今已举办80多期，现场直接参与群众3万多人次。

二、特定对象群体辅导

特定对象群体辅导一般运用小组工作法。小组工作法是调适亲子关系最有效的方法之一。通过这种方法，佛山市妇联可以重塑组员的人性组合形态与心灵秩序，传授儿童成长的生理与心理演变规律，帮助组员反思不良的教育与沟通模式，传授合理的教育与沟通模式，为亲子提供互动的平台。下面是两个具体的案例：

案例之一：家长同成长小组工作坊

（引自佛山市高明区妇联妇女儿童权益维护工作站实录）

小组计划书

1. 名称：家长同成长小组工作坊。
2. 对象：小学学生家长；名额：10人。
3. 地点：区妇联接访室、会议室、户外；负责工作员姓名：聂芳华。
4. 日期：2011年10月29日至2012年1月7日；时间：8：30—11：30。
5. 招募及宣传方法：招募方式：一是自愿加入，二是组员介绍。
6. 理念：针对家庭教育存在的误区：重知轻智，忽视思想品德教育，重身体轻心理、轻意志品质的磨炼，挑错教育，不能正确地培养孩子的竞争意识，等等。利用小组成员互助形式，通过理论联系实际，对家长进行培训，让家长在理论中成长，在实践中提高家庭教育的技巧。以往，有关家庭教育的知识，只局限于学校对家长的宣教或者家长利用各种资讯来进行自我学习，都是一个单方面理论学习。欠缺家长之间的相互学习、家长之间的实践交流等理论联系实际的互动方式。为此，本工作小组引入社会资源,由教育专业的义工组成,创建家长自我教育、自我成长、相互帮助的平台。并通过小组内的相互学习、交流和活动等形式,提高家庭教育水平,为孩子创建良好的成长环境。

7. 目的:①协助小组成员自我提升,培养积极乐观、通情达理的良好心态。努力做到以身作则,身教重于言教。②让小组成员懂得小孩成长的规律,掌握与孩子沟通的技巧。③小组成员感染身边的人,让家庭生活充满爱与乐趣,共同为小孩成长创造良好的环境。

8. 程序安排:

节次/日期/时间	内　　容	所需物资	负责人	备注
第一节 2011年 10月29日 8:30—11:30	组员间相互认识,初步建立小组团队;相识、了解组员对家庭教育的要求和困惑	小礼物、组员证、问卷、圆珠笔、笔记本等	聂芳华	
第二节 2011年 11月12日 8:30—11:30	树立正确的孩子培养观念	《今天我们如何做父母》精选5个事迹材料	聂芳华	
第三节 2011年 11月26日 8:30—11:30	学习尊重孩子的理念,学习如何尊重孩子	故事准备、游戏奖品	聂芳华	
第四节 2011年 12月10日 8:30—11:30	回顾自我提升情况,进入下一阶段学习	调查问卷、统计表、家庭教育小册子	聂芳华	
第五节 2011年 12月24日 8:30—11:30	开展户外亲子拓展活动	待定	聂芳华	
第六节 2012年 1月7日 8:30—11:30	总结第二阶段活动,分享感受和收获	学习证书	聂芳华	

9. 小组的人手分工安排(略)。

10. 预计困难及解决方法:

(1)报名者太多:严格物色、按条件选录。

（2）招募的人数未足：介绍有兴趣的家长。

（3）中途发现有组员不适合：用心沟通、循循善诱。

（4）参与的组员积极性不大，甚至想退缩：了解原因，改进完善。

11. 评估方法：

（1）小组的最后一次聚会时，组员完成同一份问卷，以比较他们在参加小组前后是否取得成效。

（2）在小组每次活动的最后一节，组员的感受分享，收获总结。

（3）依据工作人员在小组进行时的记录、观察与分析。

（4）从出席率及参与、作业完成情况、网站跟帖情况等作评估。

（5）透过与组员的倾谈来了解他们对小组的看法及意见。

小组报告（略）。

点评：该小组工作的对象是小学生家长。小学生，特别是小学高年级的学生，生理发育十分迅速，心理变化也很快，出现了心理叛逆现象。而作为学生的家长还不了解这种变化；或者有所了解，但了解不多；或者了解很多，但自己还没有转变与孩子相处的方式方法，对孩子的变化没有良好的对策，更缺少相关的理论知识；或者因为自己工作太忙，根本无法顾及孩子。这些因素中的任何一个都会导致亲子之间无法正常的沟通，进行正常的心理与情感互动，从而影响亲子之间的关系。

该小组的就是为了帮助家庭完成自身的转变，以适应孩子生理与心理变化，达到调适亲子关系的目的。为了做到这一点，该小组做了五件事：

第一件事就是重新塑造家长的人性组合形态与心灵秩序，让爱、包容、宽容、自信、乐观、尊重他人（特别是自己的孩子）在家长们的人性组合形态处于主导地位，形成良好的心灵秩序，因为处于生理与心理剧烈变化中的孩子特别需要爱、包容、宽容、尊重。在这个过程中，由工作人员引导，让家长反思自己过去的教育方式（重知轻智，忽视思想品德教育，重身体轻心理、轻意志品质的磨炼，挑错教育，不能正确地培养孩子的竞争意识等），特别是对"挑错教育"方式进行彻底的、系统的反思。

第二件事就是传授儿童成长过程的生理与心理演变的理论知识，了解孩子成长的规律，掌握孩子的心理活动的特点。

第三件事就是向家长们传授与孩子进行沟通的技巧。沟通的方式有许多，家长需要根据自己孩子的性格、心理特征、具体的事件来选择沟通的方式。没有任何一种沟通方式是普遍适用的。

第四件事就是通过户外亲子拓展活动，为父母与子女提供互相接触、互相了解、互相沟通与交流的机会与平台。在现代社会，父母与孩子都很忙。父母忙着工作，孩子忙着学习，双方见面的机会少，进行深度沟通交流的机会更少，这是造成亲子之间互不了解、互相矛盾与冲突最根本的原因之一。

第五件事是为家长们提供了互相交流、互相学习的平台。

从小组活动的过程和总结来看，该小组工作比较成功，对调适组员的亲子关系起了很大的作用，这种作用具有持久性。

案例之二:"亲子无间"——单亲母亲成长小组

(佛山市禅城区妇联妇女儿童权益维护工作站)

小组计划书

1. 名称:"亲子无间"——单亲母亲成长小组。
2. 对象:单亲母亲;名额:8~12人。
3. 地点:石湾镇街道红卫社区居委会;负责工作员姓名:陈水英。
4. 日期:2012年5月11日至7月9日;时间:周五19:30—21:00。
5. 招募及宣传方法:主要由石湾镇街道妇联及红卫居委会向符合要求的对象进行宣传和推荐,然后对其进行需求调研,选取较为合适的对象参加小组活动。
6. 理论:

(1)人际需要理论:舒茨认为,每一个个体在人际互动过程中,都有三种基本的需要,即包容的需要、支配的需要和情感的需要。

(2)社会学习理论:社会学习理论强调行为与环境有交互作用,观察与模仿学习是学习的重要过程。

(3)体验学习理论:体验学习理论认为,学习应该从体验开始,进而发表看法,然后进行反思,再总结形成理论,最后将所得理论应用于实践当中。

7. 目的:加强单亲母亲对孩子成长特征的认识,共同探讨与孩子沟通的技巧,促进亲子互动与交流,使相互之间的沟通顺畅,亲子关系和谐发展,让组员更加积极乐观,增强其多元地看待问题的能力,使组员之间形成支持网络。

8. 程序安排:

节次/日期/时间	内容	所需物资	负责人	备注
第一节 5月11日 19:30—21:00	①介绍环节,社工自我介绍,问好,设定小组基调; ②热身游戏:"一拍即合"; ③"认识你我她":写自己的名字卡片,听音乐传球进行自我介绍; ④介绍小组,了解组员的期望; ⑤制订小组契约; ⑥"熟记你我她":组员分为内外圈,音乐停止时快速叫出对应的组员名字; ⑦分享,结束小组	照相机、大头笔、名字牌、纸片、卡纸、横幅、签到表、圆珠笔、椅子、音响设备	陈水英	

续上表

节次/日期/时间	内　　容	所需物资	负责人	备注
第二节 5月18日 19：30—21：00	①回顾第一节内容； ②热身游戏："大小雨"； ③社工展示几个小孩成长过程中常见的行为，组员写下自己看到该行为时的感受、分析其原因以及自己的处理方式； ④主题游戏："荒岛求生"，四个不同身份的人流落孤岛上，努力说服其他人让自己先走； ⑤组员分享自己与孩子的沟通经验； ⑥总结与分享，结束小组	照相机、大头笔、卡纸、圆珠笔、纸片、椅子、名字牌、横幅、大透明胶、签到表	陈水英	
第三节 5月25日 19：30—21：00	①组员思考用一种动物代表自己，并分享； ②组员分享自己在与孩子沟通时遇到的难题，大家探讨应对方式； ③总结，分享，结束小组	照相机、横幅、名字牌、卡纸、大头笔、椅子、大透明胶、签到表	陈水英	
第四节 6月1日 19：30—21：00	①社工讲解孩子的发展特征相关内容，组员分享自己孩子的成长历程； ②社工讲解孩子的心理需求，组员分享自己满足孩子需求的经验； ③总结与分享，结束小组	大白纸、照相机、横幅、椅子、大头笔、名字牌、大透明胶、椅子、签到表	陈水英	
第五节 6月8日 19：30—21：00	①语句分析，探讨语言如何受语境、语气、声调、断句方式等影响； ②"你的心事向谁说?"组员分享和探讨良好的倾听者具备的特征； ③角色扮演：谁是好的倾听者？邀请组员出来提供情境让其扮演； ④中期评估； ⑤小组总结和分享，结束小组	照相机、横幅、圆珠笔、小纸片、卡纸、大白纸、大头笔、A4纸、大透明胶、椅子、签到笔	陈水英	
第六节 6月18日 19：30—21：00	①热身游戏："快乐团团转"，组员围圈投球，设定时间不断争取更短时间完成； ②组员分享对孩子的期望； ③探讨和学习赏罚的相关知识；（赏罚的方式、赏罚的作用及对孩子赏罚时需要注意的地方） ④小组总结，确定下节小组活动开展时间，结束小组	照相机、横幅、大白纸、纸球、大头笔、卡纸、椅子、大透明胶、签到表、圆珠笔	陈水英	

续上表

节次/日期/时间	内　　容	所需物资	负责人	备注
第七节 6月29日 19：30—21：00	①主题游戏：情景模拟，体验冲突； ②短讲：冲突的相关知识；（什么是冲突、引起冲突的原因是什么及冲突带来的作用） ③探讨与学习应对冲突的方法； ④组员互相按摩放松，分享； ⑤总结，结束小组	照相机、横幅、大白纸、签到表、圆珠笔、大白纸、纸条、大透明胶、椅子	陈水英	
第八节 7月9日 19：30—21：00	①观看小组视频，回顾小组历程； ②组员分享参加小组的感受； ③填写小组末期评估表并统一回收； ④"007"游戏，合影，愉快结束小组	照相机、横幅、茶点、评估表、圆珠笔、椅子、照片、相框、大透明胶、小组视频、音响	陈水英	

9. 小组的人手分工安排（略）。

10. 预计困难及解决方法：

（1）困难：组员招募不足

应对：加强宣传力度，扩大宣传范围；居委会基层人员推荐符合条件居民参加活动；由较为积极的居民带动更多居民参加小组。

（2）困难：组员流失

应对：了解组员真实需求，根据组员需求设计活动，提高小组趣味性；根据组员的情况不断调整小组以更贴近组员生活。

（3）困难：开展小组中遇到突发事件

应对：小组活动前做好尽可能详尽的准备和计划，考虑周全，遇到突发事件时冷静应对，灵活调整工作人员的分工。

（4）困难：组员过于沉默，积极性不强

应对：先邀请较为积极的组员发言，营造良好的分享气氛；主动邀请沉默者发言，给予沉默者更多关注，多给予肯定和鼓励；积极者和沉默者混合坐，互相影响。

11. 评估方法：

（1）轶事记录，观察组员参加小组的情况并记录。

（2）填写评估表，引导组员填写小组评估表，了解组员的满意度、对小组的看法等。

（3）座谈会，最后一节小组中引导组员分享参加小组的感受、收获等。

小组报告（略）。

点评：该小组工作的对象是单亲母亲。单亲母亲家庭在经济功能、心理情感功能、社会支持功能、教育功能等存在严重的缺损。这些功能的缺损都会直接或间接地影响到亲子关系。关于单亲母亲家庭经济功能、心理情感功能、社会支持功能缺损及其代偿的问题，我们在第五章已经做了比较详细的分析与论述。教育功能缺损我们在第六章相关的部分也做了一些分析。教育功能缺损是直接导致亲子关系紧张的原因之一。由于失去丈夫的辅助，加上工作压力、心理压力，单亲母亲在教育孩子的知识、方法等方面，相对而言经验更显不足，更容易产生亲子之间互不理解、互相矛盾与冲突。

从该小组的活动设计与安排来看，内容十分丰富，对单亲母亲进行了比较系统的辅导。

首先，该小组工作人员让各位组员了解了孩子在不同成长期的不同特点。从人性与心灵秩序的角度来看，在上小学前，小孩安全的需要、归属的需要、被爱的需要在其人性组合形态中处于主导性地位，在行为上表现为对父母的极度依赖，如果没有父亲，他（她）便将所有依赖感附着在母亲的身上，他（她）会从母亲那里索取在父亲那里所失去的。由于极度依赖母亲，害怕失去母亲，他（她）表现得顺从、乖巧。

但是儿童成长至十三四岁，情况开始发生分化，一部分小孩由于心理与行为惯性，安全的需要、归属的需要、被爱的需要在其人性组合形态中依然处于主导性地位，依然表现得顺从、乖巧，作为母亲，对此也习以为常。但是，这并不符合这个年龄段小孩的心理与行为特征，并不是一种健康的状态。另一部分小孩，随着知识与能力的增长，随着社会交往面的拓展，其对母亲的依赖心会慢慢地或突然地缩减，对自己的安全保障有了足够的信心，独立性、自主性在其人性组合形态迅速取得地位，摆脱母亲无形或有形控制的行为不断出现，而作为母亲，由于习惯了小孩的顺从、乖巧，对自己小孩这种剧烈的变化无法适应，亲子之间互不理解、互相矛盾与冲突在所难免。

上述两种情况，如果没有外部力量的及时介入，帮助单亲母亲及时跟上孩子生理与心理变化的需要，都会产生极为不良的后果。

其次，提升单亲母亲与孩子沟通的技巧。小组负责人向组员传授人际沟通的技巧，通过角色扮演、情景模拟、语句分析来帮助单亲母亲解决在与孩子沟通过程中所遇到的问题。

再次，帮助单亲母亲学会人际冲突的对应方式，一旦与孩子发生矛盾冲突知道该如何正确地处理。

最后，为单亲母亲提供了互相交流的平台。每个孩子在成长期都有自己的特征，但也有共性，单亲母亲在一起可以共同分享与孩子相处的成功经验与失败教训，从而达到调适亲子关系的目的。

总的来看，小组活动取得了成功。

三、深度调适

所谓深度调适是指妇联运用个案工作法，深入家庭内部，了解家庭内部成员的人性组合形态与心灵秩序的现状，深度挖掘亲子矛盾与冲突的根源，寻找解决问题的对策，以重塑亲子的人性组合形态与心灵秩序，从根本恢复亲子之间正常的关系与互动模式。下面是三个具体的案例,读者通过阅读案例及点评,可以深刻理解社会工作方法本土化和妇联参与社会管理的意义与作用。

案例之一:离家少女迷途知返终归家

(引自佛山市南海区妇联妇女儿童权益维护工作站实录)

案由:

小娜,18岁,高中学历,未婚,南海区桂城街道人。2010年4月20日,工作人员接到程小姐的电话,称其弟弟的同班同学离家出走来到她家寄宿。据说女孩(小娜)的父亲是潮汕人,平时生活对小娜非常凶,经常打骂小娜,这次是因为小娜的父亲说要用菜刀砍小娜,所以她就离家出走来到程小姐家。据程小姐反映,小娜今年已经满18岁,她希望能拿回自己的身份证去打工,但是小娜的父亲没收了其身份证,并发恶毒的短信咒骂她。程小姐见到小娜的情况,想求助妇联协助小娜。工作人员接到来电后答应程小姐,并致电小娜父亲沟通联系,了解情况。

个案调处情况:

工作人员致电小娜的父亲了解情况,据小娜的父亲讲述,小娜的性格一直都很反叛,经常去网吧等不良场所,而且也经常离家出走。小娜的父亲表示为了让女儿享受比较好的读书资源,还求人联系了季华中学的学位,但是小娜却整天说学校不好,还说同学经常欺负她,并不愿意去学校上学。在倾谈过程中,工作人员感受到小娜父亲的性格也比较暴躁,可能对女儿的教育方法让女儿比较难以接受,而且小娜的性格也比较反叛,所以父女之间容易造成矛盾和冲突。工作人员建议小娜的父亲转变一下教育方法,多与女儿进行沟通,并且答应会劝小娜回家。工作人员再次致电程小姐,把情况转告给她,并与小娜进行电话交谈,但是小娜一直不表态回家,并表示要求要拿回身份证去打工。工作人员把情况向其分析,并建议她与父亲一起接受我们的辅导。程小姐也答应会帮忙劝小娜回家并接受辅导。

几天后,工作人员致电给程家,得知小娜已经回家了,工作人员建议小娜过来妇联接受相关的心理辅导,并与父亲一起过来,小娜答应了。工作人员与心理咨询师邱老师沟通,并把小娜的情况详细地讲述了一遍,并帮小娜预约了邱老师的心理咨询服务。

2010年4月28日(星期三),工作人员再次致电小娜,提醒她前来做心理咨询,小娜的奶奶接电话,跟工作人员哭诉小娜是她一手带大的,没想到长大后却这么反叛,因为之前曾经跟家人有冲突,而且试过多次离家出走,所以家里人现在不再让小娜独自外出,也不让她上网和用手机。奶奶还说,小娜以前经常跟网友见面,跟网友有很多复杂关系,小娜的奶奶不放心这次的心理咨询,希望可以与小娜一起过来,顺便跟老师沟通,但是小娜却不希望奶奶跟着她。工作人员见此就致电心理咨询师邱老师,并把情形告诉她,邱老师说小娜已经18岁了,有自己的判断能力,并建议最好不用奶奶跟随。工作人员再次致电小娜家,告诉小娜的奶奶这次咨询最好是小娜一个人过来,而且我们会帮忙照看她的,后来小娜的奶奶终于答应了。

第二天,小娜来到区妇联,工作人员提前把她的情形告诉邱老师,邱老师就对她

第七章 家庭关系调适

进行单独辅导。

辅导结束后,据邱老师反映,效果不错,所以邱老师建议下个星期小娜再前来辅导。工作人员与小娜约定5月13日再次来辅导。

5月11日(星期二),工作人员致电小娜与其确认是否13日过来接受心理辅导,小娜答应了。

5月13日(星期四)上午,因为差不多9点了,还没见到小娜来妇联,工作人员致电小娜家,小娜的奶奶告诉工作人员小娜去了广州,不再接受妇联的心理辅导了。因为小娜没有手机,所以工作人员一直没有联系上她。

为此,小娜的心理辅导只进行了一次便中止了。

结案情况:

(1) 2010年6月,工作人员再次致电小娜家希望可以联系到她,从其母亲口中得知小娜已经到亲戚的企业里打工,过着比以前充实稳定的生活。同时,她在外打工之余,也时常给父亲打电话,父女关系有了明显的好转。小娜的母亲对女儿现在的生活比较满意,家庭关系也因此而变得比以前和谐多了。

(2) 青春期教育是一个非常重要的教育时期,假如和孩子沟通不好,容易导致孩子出现离家出走等的问题,经过此事,小娜的家人也表示以后会多关心小娜,多和她沟通。

(3) 个案调处的困难和存在的问题

1) 一些家长信奉"棍棒出孝子"的愚昧落后的古训,习惯于运用简单粗暴的打骂代替和风细雨的教育,结果越打心理距离越远,教育效果越差。个案中小娜的父亲由于教育方式出现偏差,造成与孩子难以沟通,甚至出现逃避的情绪。

2) 由于长期出现厌学、离家出走等现象,导致小娜个人性格喜欢独来独往,因此与小娜约好的第二次心理辅导,没有顺利进行下去便中止了。

反思及建议:

(1) 现在社会上不少家庭都存在父母与子女沟通难的问题,通常作为父母的一方,都是比较强势和权威的,而孩子往往就不愿服从于这种权威。因此,在进行类似的家庭社会工作时,工作人员是一座桥梁,一方面应该跟家长沟通,了解家长的教育方式,与家长一同寻找自身教育方式的问题所在;另一方面作为朋友深入了解小孩的想法,并将小孩的想法传达给家长,让家长也学会善于了解自己的孩子,照顾孩子的感受。

(2) 同时,在处理类似案件时,在一个家庭系统中,尽量找出一个作为润滑剂的角色人物,这个人可以是母亲等人,通过这个人的沟通,引导发生矛盾的双方相互理解,相互配合,对于处理双方的沟通问题也是十分有用的。

(3) 当事人对妇联提供的心理辅导是否配合也是相当重要的,本案中的当事人小娜由于个人性格、家庭教育方式等问题,妇联提供的心理辅导治疗只进行了一次就中止了。因此,在进行类似的个体心理辅导时,当事人的接受能力及其是否配合就显得相当重要。同时,妇联工作人员对当事人及其家人进行的沟通也是心理辅导是否顺利进行的一个重要环节。

点评:上述案例由案由、个案调处情况、结案情况、反思及建议四个部分构成。

这个案例的典型之处在于父女之间所展开的一场控制与反控制的冲突。小娜小的时候，由于自身能力的限制，对父母存在极度的依赖性，对父母，特别是对父亲的教育方式十分顺从。但是随着年龄的增长，自己各方面的能力也在不断地增长，自我性、独立性在其人性组合形态中取得主导性地位，对父亲的教育方式越来越不满，摆脱父母控制的欲望越来越强烈。但是，小娜的父母、奶奶，并没有顺应小孙女身心成长的规律，满足她内心深处的诉求，继续想控制她的思想与行为，如不让小娜独自外出、不让上网、不让用手机、没收身份证等。

小娜与其父亲的矛盾是一点点积累起来的，很小的时候，小娜可能对与父亲互动的方式就感到不满，只是敢怒不敢言。随着年龄的增长，她变得敢怒也敢言，这使小娜父亲怒火中烧，对女儿施以暴力，出走、上网、厌学便是小娜对抗父亲的消极选择，是摆脱父母控制、独立自主欲望的外在表现。在这场冲突中，小娜与其父母、奶奶都是输家，如果没有外在力量的介入进行及时的调适，后果将会更加严重。好在小娜同学的姐姐及时向妇联求助，妇联及时介入，进行调适。尽管我们不知道心理咨询师对小娜说了一些什么，但从结案的情况来看，仅有一次的心理辅导起了作用：小娜主动改善了与父母（特别是父亲）的关系，也有自己的一份工作，家人对小娜的表现比较满意，对她的未来也有了信心。

案例之二："90后"的迷途知返

（引自佛山市南海区桂城街道妇联妇女儿童权益维护工作站实录）

案由：

2011年8月9日上午9点，维权工作站工作人员刚上班不久，就有一名身穿某酒楼制服的中年妇女，还没有坐下来就哭着说："请你们帮帮我，我女儿离家出走了。"我们让她先坐下来，喝杯水慢慢说。"我叫阿霞，今年43岁，是广西人，现在在桂城租房子住。我是跟一个老乡结婚，不久便到这边打工，后来生了一个女儿和一个儿子。儿女双全是很好的事，但近几年因为跟老公之间发生很多矛盾，所以离婚了，儿子跟老公，女儿跟我。"阿霞一边哭一边叙述她跟女儿之间的矛盾事情，"我女儿今年16岁，学习成绩又不好，在家经常上网聊天，我叫她要以读书为重，她就是不听。最近经常打扮得很靓，我就问她是不是在拍拖，她又不承认。"昨天因一些琐碎事，两人又吵架了，结果女儿就离家出走，还没回家。

个案调处情况：

（1）危机处理，了解女孩安危。听到女孩离家出走，我们马上联想到她的安全问题。一个单身女青少年独自在外，可想而知，危险系数是很高的。我们问阿霞是否知道女儿现在在哪里，她说女儿暂时住在她的同学家里，就是不肯回家。听到这句话，我们的心头大石也算放下一半，但也希望能尽快劝说女孩回家，毕竟那里才是她的家。

（2）传授家庭教育理念。在与阿霞聊天时，工作人员知道她离婚以后自己辛辛苦苦抚养女儿，一切事情都是以女儿为中心，为女儿着想，理解她为人母的责任与心情。

首先，我们让阿霞了解到，她的女儿16岁，是处在青春叛逆期。这时她会比较注意自己身体的变化，关注异性，注意自己的仪容，也容易受到外界的影响，特别是朋辈之间的影响，有自己的主见。工作人员告诉阿霞，她要知道自己的女儿正处在成长的变化中，要适应她的变化，不要再以看待小女孩的角度看待她。

其次，理解阿霞离婚以后一个人带着孩子的辛酸，理解作为一个母亲的心情。但也要告诉她，孩子长大会走自己的路，她应该花更多的时间关注自己，应该为自己而活不是为女儿而活。平时不要事事管束女儿，要学会与女儿沟通，听听女儿的意见，以朋友的身份与女儿交换意见。遇到一些分歧时，要将心比心，学会换位思考，学会让步，这样矛盾就迎刃而解。

（3）用心沟通。送走阿霞后，我们马上电话联系她的女儿。但她的女儿在电话里听到关于她妈妈，就马上收线。我们也不放弃，终于在第五次电话中女孩愿意与我们详谈。电话中，女孩说母亲在家里样样都管束自己，每件事情都要干预。上网聊天，母亲说要看内容；稍微打扮一下去见朋友，母亲就问是不是拍拖了。吃喝拉撒样样都管，她真的受不了母亲样样都要管，就一气之下离家出走了。

我们耐心地聆听女孩把对母亲的种种怨恨说出来，让她先发泄一下。等她说完，我们跟她说，理解她的心情，母亲样样都管，没有了自己的私人空间。既然母亲不理解自己，为什么不让母亲理解呢？建议她要勇于表达自己的意见，让母亲知道她到底是怎么想的，要善于与母亲进行良好的沟通，表达自己需要有私人的空间。但另一方面，要学会换位思考，把自己当成大人，自己的孩子遇到这种情况该怎样处理呢？还有要体谅母亲辛苦打工来供养自己的不容易，自己现在所吃、所用都是母亲提供的，甚至现在用的手机也是她母亲买的。母亲也关心她才事事管束她，也是爱她的表现，只是方法不对而已。母亲就只有一个，别做以后会后悔的事。

结案情况：
互相包容、互相谅解使得孩子平安回家。

反思及建议：
（1）单亲母亲为生活而加班加点工作，欠缺对孩子的教育，也不懂得如何引导孩子。

（2）青春叛逆期是一个敏感时期，如何让单亲子女的孩子在特殊的家庭环境下顺利过渡，这是值得思考的。

点评： 上述案例由案由、个案调处情况、结案情况、反思及建议四个部分构成。这又是一个典型的控制与反控制的案例。这场冲突在一对母女之间展开。母亲离婚，女儿由她自小一手带大，她将全部的希望都寄托在女儿的身上。但是，随着女儿年龄的增长，生理发生了剧烈的变化，爱美之心在增长，对吸引异性的需要在不断地上升，独立自主的欲望也在不断地上升，形成了新的人性组合形态和心灵秩序。但是，母亲并不了解女儿这些变化，还是将已经16岁的女儿当成不懂事、方方面面都需要照顾和严加看管的小孩，从而导致母女俩开始进行控制与反控制的斗争。作为女儿，在权威和经济方面都处于弱势，在斗争中往往以失败告终。离家出走是对失败的补偿，也是与母亲进行对抗的手段，当然也有可能是为了报复母亲的专断行为，让母亲感到不安、恐惧、惊慌和痛苦，以便在以后的斗争中取得心理优势。

从该案例调处的过程和结果来看，妇联工作人员的调处工作做得比较科学、合理，取得良好的效果。在调处的过程中，妇联工作人员向母亲传授了小孩成长过程中心理变化的规律，明白地告诉母亲现在的女儿已经不是过去的女儿，她已经形成了新的人性组合形态与心灵秩序，因而有了新的需求和行为模式。作为母亲必须改变自己的人性组合形态和心灵秩序，不能过度依恋女儿，不能将女儿当成自己生活的全部和活着的理由，要对女儿放手，改变与女儿互动的方式，将心比心，换位思考，学会让步，从根本上结束母女之间控制与反控制的斗争，改善母女之间的关系。同时，妇联工作人员对案主的女儿运用了移情法，使其能理解母亲的所思所想、所作所为。在妇联工作人员的努力下，她回到了自己母亲的身边。

案例之三：换位思考，母子干戈化玉帛
（引自佛山市三水区西南街道妇联妇女儿童权益维护工作站实录）

案由：

陈女士，女，44岁，小学文化，走墟为生（流动小贩），西南街道某社区居民。事主的邻居2月9日一大早就到区妇联反映：自己家有二子，长子王先生23岁，好赌；次子13岁，就读小学。陈女士怀疑王先生有间歇性精神病，时好时坏，甚至会捏住父母的脖子说要杀死他们，希望妇联帮助这个家庭。区妇联维权工作站接访后，上午9时就将个案立即转交西南街道维权工作站调处。

个案调处情况：

1. 确定调解的方法：社区维权网点直接介入。西南街道维权工作站接手个案后，第一时间致电某社区妇代会主任好姐，将案情详细告之。鉴于案情描述中王先生怀疑有间歇性精神病，并具有暴力倾向，建议：

（1）维权站、妇代会与社区调解员共同上门探访，不能单独入户；

（2）向社区民政同事求证王先生是否在册登记精神病患。好姐在获悉案情后，第一时间上报社区杜主任，杜主任建议知会布心派出所驻社区干警，了解王先生的情况。

2. 调解的详细过程

（1）王先生背景调查。通过民政的同事翻阅档案，证实王先生非登记在册的精神病患，很可能是邻居见到王先生动手打父母，作出的一个误判。通过派出所了解，发现王先生是刚刚刑满释放人员，干警也非常重视，决定和维权工作站工作员一起上门做调解。

（2）维权工作站工作员电访，了解纠纷产生原委。调查摸底后，2月9日上午9点半，我们分别致电王先生和陈女士，倾听当事人亲自叙述事情的发生经过。事情原来是这样的：王先生回归社会后，暂时未就业，空闲时间找朋友打麻将，输了钱就找母亲陈女士要钱。而陈女士夫妇走墟为生，生活不容易，不满意王先生如此挥霍血汗钱。双方因此产生过几次争执，王先生还因父母不满意同居女友是从事美容行业的人员，不准父母回家居住。

（3）上门调解，母子当场达成谅解。2月9日，距离2月14日春节只有5天，为使王先生一家过上一个和谐团圆的节日，维权工作站的工作人员和干警决定立即上门调解，王先生和陈女士也同意接受调解。2月9日上午10时，维权工作站工作员和干警来到王先生家中，首先向王先生了解情况。王先生表示，回归社会后，难得女友一

如既往爱护自己，自己不能舍弃女友；女友做美容，又不是做见不得人的事情，父母反对自己与女友交往毫无道理。而自己要重新融入社会，不可能一求职马上就有工作，所以自己才会打麻将。维权工作站工作人员表示理解王先生的想法，同时询问王先生弟弟情况。王先生告知大家，弟弟年幼，父母不在家的这段时间，自己尽力做好大哥的角色，接送弟弟上下学，做饭给弟弟吃。

我们认真地聆听王先生的叙述，肯定了王先生关爱弟弟的行为，同时用很中肯的语气指出求职是王先生现在急切需要做到的事情，正式找到一份工作，好好工作，攒钱才能照顾好弟弟，照顾好女朋友。打骂父母是不孝的表现，父母工作艰辛，一个大男人四肢健全，没理由做"蛀米大虫"。

王先生诚恳认错，并表示现在已经在求职中，等待用人单位答复，相信很快就会有工作了。

10时30分左右，陈女士夫妇回到家中，情况叙述基本和王先生相同。维权工作站工作人员将心比心，引导陈女士不要过分干涉子女恋爱，往往会适得其反，不如把心放宽，"儿孙自有儿孙福"，给予儿子祝福和鼓励，说不定不但有一个孝顺的儿子，还有一个孝顺的媳妇。

调解进行到将近12时，维权工作站工作员建议：新春佳节将到，理应万家团圆。王先生主动起身向母亲陈女士道歉，双方相互达成谅解：王先生同意父母回家居住，陈女士夫妇同意不再干涉王先生恋爱。

结案情况：

1. 维权工作站工作人员再上门，喜见一家团圆。经过一番的调解，母子俩达成了谅解。2月13日，新春佳节前一天，维权工作站工作人员、社区干部和妇女主任好姐再次登门探访，见到陈女士在家中忙碌，准备过年的东西。她一见到我们，就高兴地表示感谢之情，儿子听话了，没打麻将了，现在准备一家人开心过大年。

2. 节后回访，乐闻王先生就业。2月23日，春节长假之后，我们打电话给王先生，王先生高兴地告诉我们，他已经找到工作了，没再打骂父母，一家人开心地生活在一起。至此，陈女士家庭纠纷调处完满成功。

反思及建议：

1. 成功经验

（1）维权工作站工作人员高度重视，调处迅速、有效。在春节临近，万家团圆之际，发生这样一桩母子间的家庭暴力案件，换在哪个家庭，都不会有人愿意。我们能够充分理解事主的诉求，迅速介入，积极调解，并最终使得陈女士一家在春节前夕相互达成谅解，开心过节。

（2）做好家庭背景调查，调解安全第一。本案在上访邻居叙述中，王先生似乎具有暴力倾向，不能单独上门探访。而且通过干警排查，还发现王先生是刑满释放人员，干警的陪同，也起到了关键作用。

（3）换位思考，将心比心。本案调解成功的关键是，维权工作站工作人员运用了换位思考法，让王先生和陈女士能够站在母子对方的立场，互相体谅对方，从而最终促使调解成功。

2. 一点思考

在个案中王先生非常幸运在春节过后马上就找到了工作，假如未能及时就业，王先生和陈女士夫妇之间的争执有可能会再次发生。本案出乎意料地顺利，还有一个关键是王先生本质上是一个不坏的青年，从他对女朋友的态度，对弟弟的关心，我们不难发现这一点。要做好"再生"人士家庭的调解，不单是一个调解次数和调解时间的问题，是很需要耐心和爱心的一件事情。需要整个社会创建关爱他们的环境，家庭接纳他们，社会接纳他们，他们重归社会之路才能平坦和顺利一些，从而获得自尊和自信，真正地走向新生。

点评：上述案例由案由、个案调处情况、结案情况、反思及建议四个部分构成。该案例的主角是王先生，一个刑满释放人员。王先生面临一个重大的挑战：再社会化。我们每个人一生中都会面临很多次的再社会化：上幼儿园、上小学、上初中、上高中、上大学、毕业找工作、换工作、结婚、生子、离婚等，按难易程度与复杂程度来分，有轻度再社会化、中度再社会化、高度再社会化。降职、破产、离婚、丧偶、丧子、刑满释放、一夜暴富等都属高度再社会化。

王先生作为一个高度再社会化人员，刚刚由监狱走向社会，人性组合形态与心灵秩序处于混乱状态，首先需要得到家人的充分理解、同情和支持，发现王先生身上的优点，宽容他的过错，因势利导，帮助他重塑积极的、正面的人性组合形态与心灵秩序。但是，在该案例中，王先生的父母没有注意到王先生对弟弟的爱，更是干涉王先生的自由恋爱，使王先生在社会化过程中的第一站就遭受到打击，其混乱的人性组合形态与心灵秩序开始向负面的、消极的方向发展，对父母进行打骂，并将父母赶出家门。

好在其邻居及时向妇联报案求助。妇联维权人员联合妇代会、社区调解员、社区干警进行介入调适。在对王先生的调适工作中，社区干警起了很大的作用，对王先生打骂父母并将父母赶出家门的行为起了强有力的遏制作用，使其心灵秩序向积极的方向发展。在对王先生父母调适过程中，妇联工作人员的劝说起了主导性作用，使王先生的父母看到了儿子的优点，看到希望，放弃了干预儿子自由恋爱的想法与行为，对儿子采取宽容和接纳的态度与行为，从而为儿子成功进行再社会化创造有利的家庭环境。从调解的过程和结案的情况来，调适工作十分成功。

第三节 祖孙关系与婆媳关系的调适

除了夫妻关系、亲子关系，家庭内部还存在其他关系，其中祖孙关系、婆媳关系是妇联关注的重点。

一、祖孙关系的调适

在当代中国，祖孙关系在家庭内部关系中占有十分重要而特殊的地位，其原因主

第七章 家庭关系调适

要有三个方面。第一,独生子女政策造成了一种非常特殊的家庭结构:四个祖辈共两个子辈一个孙辈,这使得家庭中孙辈稀少而珍贵,祖辈与孙辈互动失常。第二,由于夫妻可能都有工作,多数孙辈在家庭内部的时间多半与祖辈一起度过,在幼儿园、小学就读期间由祖辈接送,饮食由祖辈操持。但由于天然的血缘关系,多数孙辈可能在心理上与行为上更亲近其父母,当祖辈与其父母发生矛盾冲突时,孙辈内心会十分纠结,孙辈站在任何一方都会感到痛苦与不安。如果孙辈站在其父母一方,祖辈内心会充满失落与痛苦。家庭内部的矛盾与冲突绝大多数是情感型,而不是理性型的。第三,中国快速的工业化、城镇化与传统的户籍制度相结合,产生了大量的留守儿童,这些留守儿童的父母常年在外务工,有的几年不回家,祖辈就是留守儿童在家乡最亲近的人了。

正是由于祖孙关系的特殊性与重要性,佛山市各级妇联一直将调适祖孙关系作为自己工作的重要内容,调适的方法主要有宣传相关的知识与技巧、提供咨询等。近年来,佛山市各级妇联运用社会工作理论与方法来调适祖孙关系,并取得了一定的成效,下面引入一个具体的案例,并进行点评。

"婆孙乐"——祖母隔代教育小组
(引自佛山市禅城区妇联妇女儿童权益维护工作站实录)

小组计划书

1. 名称:"婆孙乐"——祖母隔代教育小组。
2. 对象:祖母;名额:8~12人。
3. 地点:石湾镇街道环湖社区妇女之家;负责工作员姓名:陈水英。
4. 日期:2012年9月18日至11月20日;时间:周二14:45—16:00。
5. 招募及宣传方法:主要由石湾镇街道妇联及环湖居委会向符合要求的对象进行宣传和推荐,然后对其进行需求调研,选取较为合适的对象参加小组活动。
6. 理论:

(1)社会学习理论:社会学习理论强调行为与环境有交互作用,观察与模仿学习是学习的重要过程。在小组中,营造平等、自由的氛围,促进组员相互之间的真实表露,给组员提供一个观察、学习、提升的平台。

(2)体验学习理论:体验学习理论认为,学习应该从体验开始,进而发表看法,然后进行反思,再总结形成理论,最后将所得理论应用于实践当中。

7. 目的:为组员提供一个轻松交流、分享困惑和经验的平台,一起探讨和学习健康饮食、安全教育以及沟通等多方面知识,协助组员清晰自己对孙辈的期望,探讨用赏罚的方式塑造孙辈行为,在原有的教育经验上探索新的隔代教育方式,提升组员教育孙辈的能力,从而促进婆孙隔代之间的关系融洽。

8. 程序安排:

节次/日期/时间	内容	所需物资	负责人	备注
第一节 9月18日 14：45—16：00	①开场，社工设定小组基调； ②破冰游戏："东拼西凑"； ③介绍小组，让组员了解小组的内容及安排； ④了解组员对小组的期望； ⑤制定小组契约； ⑥加深组员认识："性格牌"； ⑦小组预告，结束小组	照相机、大头笔、圆珠笔、卡纸、性格牌、大透明胶、名片套、签到表、投影仪、笔记本电脑、大白纸、报名表、视频、白板	陈水英	
第二节 9月25日 14：45—16：00	①开场，回顾上节小组内容； ②热身游戏："名厨炒菜"； ③短讲："饮食与健康"，由常见的生活例子入手讲解饮食与健康的关系，如何健康饮食； ④探讨常见的食物：组员分组探讨常见几种食物的特性及做法等； ⑤小组巩固和分享，结束小组	照相机、DV机、圆珠笔、卡纸、白板、大头笔、签到表、椅子、小组时间安排表、大白纸及饮食材料	陈水英	
第三节 10月9日 14：45—16：00	①开场，小组回顾，欢迎新组员加入； ②热身游戏："大风吹"； ③主题游戏："撕纸游戏"，让组员在游戏中体验单向和双向沟通的不同； ④引导组员探讨双向沟通相关知识，尤其是需要注意的地方； ⑤小组巩固和分享，结束小组	照相机、大头笔/白板笔、剪刀、横幅、名片套、白板、签到表、DV机、A4纸、卡纸	陈水英	
第四节 10月16日 14：45—16：00	①热身游戏："一排即可"； ②主题游戏："copy不走样"，让组员在游戏中感受一句话因为断句、语调等而不同； ③组员分享自己的聆听者特征，探讨如何成为一名好的聆听者； ④小组巩固和分享，结束小组	横幅、照相机、大透明胶、白板、大白纸、大头笔、DV机、签到表、名字牌	陈水英	
第五节 10月23日 14：45—16：00	①热身游戏："造反行动"； ②组员分组探讨：对孙辈有什么期望，通过什么样的方法让孙辈达成自己对他的期望； ③主题游戏："抛球游戏"，引出主题，一起探讨赏罚的相关知识和对孙辈使用赏罚方式时需要注意到地方； ④小组巩固和分享，结束小组	横幅、照相机、大透明胶、白板、大白纸、大头笔、DV机、签到表、名字牌、卡纸、椅子	陈水英	

续上表

节次/日期/时间	内容	所需物资	负责人	备注
第六节 10月30日 14：45—16：00	①热身游戏："七手八脚"； ②认识冲突：组员分享自己对冲突的认识，社工做好摘要、补充和总结； ③体验冲突的产生和处理：邀请组员通过情景模拟体验冲突和探讨解决冲突的方法； ④组员按摩放松，结束小组	照相机、DV机、白板、签到表、大头笔、A4纸、横幅、椅子	陈水英	
第七节 11月13日 14：45—16：00	①热身游戏："大小雨"； ②学习常见的安全知识：以知识竞猜的形式促进组员对安全知识的学习； ③短讲：在安全知识竞猜的基础上讲解相关的安全知识和对孙辈进行安全教育时需要注意的事项； ④角色扮演：模拟打火警电话； ⑤小组总结和分享，结束小组	照相机、白板、DV机、签到表、圆珠笔、卡纸、横幅、椅子、大透明胶、剪刀、夹子、A4纸、大头笔	陈水英	
第八节 11月20日 14：45—16：00	①与组员一起通过观看视频回顾整个小组历程，分享参加小组的感受，并对小组内容进行总结； ②引导组员填写小组末期评估表； ③正式结束小组，处理好组员可能在小组中出现的离别情绪	DV机、相片、评估表、圆珠笔、回顾视频、茶点、投影仪、笔记本电脑、大白纸、礼品	陈水英	

9. 小组的人手分工安排（略）。

10. 预计困难及解决方法：

（1）困难：组员招募不足

应对：加强宣传力度，扩大宣传范围，居委会基层人员推荐符合条件居民参加活动，由较为积极的居民带动更多居民参加小组活动。

（2）困难：组员流失

应对：了解组员真实需求，根据组员需求设计活动，提高小组趣味性，根据组员的情况不断调整小组以更贴切组员生活。

（3）开展小组中遇到突发事件

应对：小组前做好尽可能详尽的准备和计划，考虑周全，遇到突发事件时冷静应对，灵活调整工作人员的分工。

（4）组员过于沉默，积极性不强

先邀请较为积极的组员发言，营造良好的分享气氛；主动邀请沉默者发言，给予沉默者更多的关注,多给予肯定和鼓励;积极者和沉默者混合坐,互相影响。

11. 评估方法:

(1) 轶事记录,观察组员参加小组的情况并记录。

(2) 填写评估表,引导组员填写小组评估表,了解组员的满意度、对小组的看法等。

(3) 座谈会,最后一节小组中引导组员分享参加小组的感受、收获等。

12. 财政预算(略)。

小组报告(略)。

点评:该小组工作对象是祖母,目的具有多重性。从小组进展安排看来,第一个内容是关于饮食知识的问题。前面已经提到,由于现代家庭中夫妻双方多数都有自己的事业,工作都很忙,小孩多交给自己的父母照顾。小孩是身体发育的黄金时期,需要合理的食物搭配,提供充足的营养,而许多祖辈由于各种原因对此了解得并不多,在饮食搭配上不合理,结果造成孙辈们结构性营不良,出现许多小胖子。肥胖对儿童身心都造成了不良的后果,给整个家庭心理与情感造成负面影响。有时,围绕饮食问题,家庭成员会发生剧烈的矛盾与冲突。因此,向祖辈们传授科学的饮食知识与制作方法,不仅有利于家庭成员的健康,也有利于调适成员之间的关系。

该小组的第二个内容是传授正确的祖孙互动方式。在祖孙互动的过程中,祖辈需要正确定位,就自然亲密程度而言,祖辈与孙辈毕竟隔了一代,自己的权利、责任与义务都比不上孙辈的父母,如果认识不到这一点,祖辈在家庭里就会处于不受欢迎的状态;就知识与经验而言,祖辈需要充分认识到自己知识与经验的有限性,不能认为自己活得长就拥有丰富的经验,更不能认为自己的经验具有超越性,在任何情景下都有效。在教育孙辈方面自己只能提些建议,起一些辅助性作用。祖辈与孙辈本来就存在巨大的代沟,祖辈需要充分了解自己的性格与孙辈的性格,在与孙辈进行沟通时,特别是与13岁以上的孙辈进行沟通时,需要技巧,如沟通方式的选择、语气的选择、环境的选择都需要注意。在孙辈与其父母发生矛盾冲突时,祖辈最合适的做法就是充当聆听者与润滑剂。

二、婆媳关系的调适

自古以来,在家庭内部诸多关系之中,婆媳最难相处。究其原因,多种多样,不同的家庭婆媳矛盾冲突的原因不同,复杂程度也不同,但基本原因有三点:第一点,婆媳之间没有血缘关系,不存在自然的血缘之情。夫妻之间虽然没有自然的血缘之情,但有天然的情爱与性爱。第二点,双方会围绕两个核心人物展开争夺,一个是婆婆的儿子,媳妇的丈夫;另一个婆婆的孙子,媳妇的儿子。在这个漫长的互有输赢的较量过程中,双方会积累许多的矛盾,心理积累许多的怨气。第三点,两者可能存在错误的角色定位,即都将自己定位为家庭的主导角色。

婆媳关系不和严重影响家庭和谐,影响家庭每一个成员的身心健康,严重者会给社会带来不良的影响。佛山市各级妇联一直将调适婆媳关系作为工作的重要内容,个案法是调适婆媳关系最重的方法之一,下面引入一个具体的案例特此说明:

晓之以理　换位思考　婆媳干戈化玉帛
（引自佛山市三水区南山镇妇联妇女儿童权益维护工作站实录）

案由：

当事人姚婆婆,女,80岁,文盲,每个月靠退休工资为生,现居住在南山镇东和村。2011年5月9日,姚婆婆一大早来到南山镇妇联维权工作站反映:自己家中有三个儿子,长子在电信部门工作,二儿子在家务农。现她和二儿子媳妇居住在同一间屋,近日来事主经常遭到儿媳妇辱骂,不肯让其在家中居住,而且剪断水管和电视天线,干扰着姚婆婆的正常生活,于是姚婆婆来到了南山镇妇联维权工作站,希望镇妇联介入调解。

个案调处情况：

1. 处理意见和方法

确定调解的方法:南山镇妇联维权工作站采取直接介入的模式。接手个案后,第一时间致电东和社区妇女主任,将案情详细告之并通过东和社区了解姚婆婆的家庭状况。鉴于案主描述经常遭到儿媳妇辱骂并不肯让其在家居住,建议:①镇妇联维权工作站与社区干部调解员共同入村,逐家逐户摸排情况;②第一时间上报社区书记,社区书记建议知会南山镇派出所辖区民警、司法所等部门联合介入调处,加大部门联合调处的力度。

2. 调解的详细过程

（1）姚婆婆家庭背景调查。通过社区调解人员详细深入的了解,证实姚婆婆长期以来确实和儿媳妇积累了不少矛盾,而且随着相处时间越久,矛盾加剧激化,以致儿媳妇做出了剪断水管和电视天线,并将其赶出家门等恶劣行为。中国传统百善孝为先,姚婆婆晚景凄凉不禁令人黯然泪下。镇司法所得知情况后也非常重视,决定与镇妇联维权工作站工作人员、社区干部、民警一起上门开展调解工作。

（2）社区干部、民警齐上门,婆媳当场达成谅解。5月9日,为使姚婆婆能尽快解决住宿等基本生活问题,镇妇联维权工作站工作人员、社区干部和民警决定立即上门调解,姚婆婆和儿媳妇也同意接受调解。5月9日上午10时,社区干部和民警来到姚婆婆家中,首先向儿媳妇了解情况。儿媳妇表示,家婆有三个儿子,但是一直以来都只偏向另一个儿子。起初住在一起对自己照顾有加,但是随着相处的日子越长久,问题就越来越多,家婆不但啰唆而且也会经常骂人,自己心里渐渐失去了平衡,两个人就变得水火不容了。

工作人员认真地聆听了儿媳妇的叙述,同意婆媳关系处理不好难免会出现问题,同时指出姚婆婆毕竟年事已高,艰辛大半生,到老了人人都希望能颐养天年,打骂老人更是不孝的表现。经过一番劝说,儿媳妇承认自己确实做得有点过分了,同意让姚婆婆暂时住下。

调解进行到将近12时,社区干部建议:老人年纪已大不能经常受刺激,理应家和万事兴。双方相互达成谅解：儿媳妇同意让姚婆婆回家居住，不再赶其出门。

（3）社区干部再上门，喜见一家团圆。5月13日，社区妇女主任再次登门回访，儿媳妇在家中忙碌着，她一见到社区妇女主任，就高兴地表示感谢之情，她说现在也想通了不想计较太多了，放松心态面对生活，想一想自己也会有老的一天。而且始终都是一家人，也不想老公太为难，毕竟那是他母亲。

反思及建议：

1. 成功经验

（1）工作人员和社区干部高度重视，调处迅速、有效。发生这样一桩婆媳间的家庭矛盾案件，不是我们想看到的事情，我们的工作人员和社区干部，能够充分理解事主的诉求，迅速介入，积极调解，并最终使姚婆婆一家相互达成谅解，解决了居住和其他问题。

（2）做好家庭背景调查，调解安全第一。本案在当事人叙述中，媳妇行为过激，我们提醒社区妇女主任以及相关工作人员注意个人安全，不能单独上访。虽然实情并非如此，但安全意识还是非常重要的。干警及时介入，也起到了关键作用。

（3）换位思考，将心比心。本案调解成功的关键是，社区干部运用了换位思考法，让姚婆婆和儿媳妇能够站在婆媳对方的立场，互相体谅对方，从而最终促使调解成功。

2. 经验与思考

个案中姚婆婆非常的幸运，在当天就能解决居住问题，假如未能及时解决，姚婆婆和儿媳妇之间的争执有可能会再次发生。本案出乎意料地顺利，关键还在于儿媳妇本质是淳朴的农村妇女，从她对老公的态度，对子女的关心，我们不难发现这一点。

要做好婆媳家庭纠纷的调解，不单是一个调解次数和调解时间的问题，还是很需要耐心和爱心的一件事情，需要整个社会创建关爱老人的环境，家庭接纳他们，社会接纳他们，他们的晚年之路才能平坦和安详一些，从而获得更多的关心与爱护，真正安享晚年。

点评：上述案例由案由、个案调处情况、结案情况、反思及建议四个部分构成。从这个案例可以总结出家庭关系中普遍存在的三种现象。

第一种现象就是"近臭远香"。所谓的"近臭远香"是指，在父母有多个子女的情况下，就近出力出心照顾父母的子女在父母心里地位不高，评价较差；而远离父母，偶尔打个电问候、寄个礼品或偶尔探望的子女，在父母心里的地位反而高，父母给予的评价也高，同时也时常挂念。

造成"近臭远香"的原因十分复杂，其中最主要有四个原因，第一个原因就是"审美疲劳"原理在起作用。从该案例来看，起初，婆媳关系良好，媳妇自己都承认婆婆对自己照顾有加。但是，随着时间的推移，双方的关系慢慢变差。开始，双方都关注着对方的优点，随着时间的拉长，双方对对方的优点习以为常，对方的缺点一点一点地暴露在自己的面前，对方的优点开始被淡化，而缺点与不足则被突出。第二个原因是"喜欢回馈"的法则在起作用。喜欢回馈是指人们一般来说都会喜欢那些同样喜欢自己的人。喜欢回馈遵循"得失原则"，例如，对我的喜欢不断地增加的人，得，不断地得，我最喜欢；对我的喜欢不断地减少的人，失，不断地失，我最不喜欢；始终喜欢和肯定我的人，不得，不失，我可能喜欢，可能不喜欢；开始不喜欢我、否定我，后来喜欢我、肯定我的人，得，我喜欢；始终不喜欢我、否定我的人，不得，不失，我可能讨厌，可能不讨厌；开始喜欢我、肯定我，后来不喜欢我、否定我的人，失，我最不喜欢。从该案例来看，婆媳双方开始只看到对方的优点，双方互相喜欢与肯定。但随着时间的推移，由于"审美疲劳"，再加以对方的缺点暴露无遗，双方开始互相讨厌与否定，于是，婆婆成了儿媳最不喜欢的人，儿媳则成了婆婆最不喜欢的人。第三个原因是日常琐事。婆媳常年生活在一起，难免因为家庭小事闹些矛盾，产生冲突，随着时间的推移，双方之间的矛盾、怨气越积越多，只要有点火星，双方之间就会撕破脸皮，来一次大的爆发。第四个原因是双方沟通不畅。

第二种现象就是"偏心"。所谓的"偏心"是指，在父母有多个子女的情况下，父母在各个方面都偏向其中的一个。一般的情况是，父母偏爱年龄最小的，或偏爱能力最弱的。这种"偏心"使其他子女心存不满，儿媳对此更是心存怨恨。在该案例中，婆婆有三个儿子，住在二儿子家，二儿子、二儿媳在照顾婆婆方面所付的精力、心力远比其他两家要多，理应得到婆婆更多的理解、体谅和相应物质回报。但是，婆婆却偏爱另外一家。偏爱一次两次还可以忍受，但长此以往，二儿媳自然充满怨气。

第三种现象就是婆婆"错误定位"。不少婆婆很容易将自己定位为家庭的主导者或领导者。在自己家里，婆婆将自己定位成领导者、主导者没有问题，但是，儿子成了家、有了自己经济来源，婆婆将自己定位为儿子、儿媳、孙子的领导者就是一种错误，会引起儿子，特别是儿媳的强烈不满。婆婆一旦将自己定位成领导者，就会不尊重家庭其他成员、指手画脚、骂骂咧咧，并动不动就指责儿媳不孝，错误地将孝理解为顺。于是，儿媳的怨便发展为恨。

家庭内部关系在很大程度是情感关系，而不是理性关系。家庭内部问题大多数是爱、怜、体贴、理解、关怀、关心等的情感问题，而不是是非、对错、善恶、美丑的问题。家庭内部的问题只有极少数可以用是非对错来进行判断，如在该案例中，儿媳将80岁的婆婆赶出家门显然不对。但是，判断某种行为是非对错解决不了婆媳之间长期积累下来的矛盾、怨气，甚至仇恨。

在现代社会，要解决家庭内部矛盾，特别是婆媳之间的矛盾，需要重建家庭文化。家庭的宗旨应该是使家庭每一个成员获得平等发展的机会，让家庭每个成员幸福、快乐、健康、有归属感。家庭的价值观应与社会主流的价值观相符，平等、自由、民主、公平、公正、公开应是家庭价值观的核心。家庭精神应该是爱、责任、包容、宽容。家庭成员的行为应受到家庭宗旨、价值观、精神的约束。不能将"孝"与"顺"相连结。"孝"是有限度的，绝对不能将"孝"理解为"顺"。"顺"导致老人人性与行为失衡，进而导致家庭功能失常。婆婆千万不要用亲情去挑战爱情，用"孝"去挑战平等、自由、民主、公平、公正、公开。儿媳千万不要用爱情去挑战亲情，用平等、自由、民主、公平、公正、公开去挑战"孝"。否则，婆媳就会矛盾不断，就会造成婆婆与儿媳两败俱伤，使家庭失和，使家庭其他成员陷入痛苦之中。

第八章　职业女性心理问题疏解与外来女工社会融入

职业女性与外来女工是妇联关注的重要对象。多年来，佛山市各级妇联坚持向这两个群体提供服务，解决她们面临的问题，为此，佛山妇联建立了相关的工作平台与工作品牌，通过工作平台与工作品牌运作工作项目。社会工作方法引入之后，佛山市各级妇联运用小组工作法、个案法为这两个女性群体提供服务，深入到了服务对象的内心世界，力图重塑她们的人性组合形态，建立积极向上的心灵秩序，从而大大提高了服务的水平与质量。

第一节　职业女性心理问题疏解

由于各种各样的原因，职业女性存在许多心理问题，这些问题困扰着她们的生活，影响她们与家庭其他成员、同事、上级、下级的关系，影响她们自身的生活质量与发展。佛山市妇联在疏解职业女性心理问题方面做了不少工作，并取得一定的成效。

一、职业女性心理问题的表现及原因

女性心理健康是指女性的基本心理活动如认识、情感、意志、行为、人格等完整和协调，能适应社会，与社会保持同步；能适应工作，能顺利地完成工作；能顺利地完成各种类型的社会化与再社会化。

职业女性心理问题主要表现有以下几个方面：①工作倦怠，大多数有一定工作经历的女性都曾有过"疲惫、皮肤状态不佳等"相关症状，对工作提不起精神，甚至产生想去另一个环境或从事完全不同职业的想法。②缺乏安全感，职业女性心理承受力不强，对社会激烈的竞争有一种朝不保夕的危机感，同时长年的艰辛劳作又常常使她们感到劳累而心生厌烦。长此以往，会使她们心理健康状况受到影响。③缺乏自信，事业发展不顺利的时候，很多女性会怀疑自己的能力，否定自己，这种自信心不足过多地消耗了她们的精力和时间，因而也就减弱了她们追求成功的动力。④缺乏乐观精神，许多职业女性遇事只看到事物的负面，总是预测自己可能不顺和失败，总是进行消极的"自我独白"，常因抱怨而失去施展才华的机会。（参见仇宇《佛山市女性心理健康教育需求分析报告》，载于《女性·和谐·发展——二〇一〇年佛山市妇女发展研

究中心课题集》)

学界关于女性心理健康调查研究发现,影响女性心理健康的因素很多,主要可以从以下三个方面进行分类:

第一,个人因素。生理方面,生理因素直接制约了职业女性的择业、深造、晋升、加薪的机会,降低了女性在社会中与男性进行竞争的条件。女性有"三期"——生育期、哺乳期和更年期,每一阶段都可能引起女性的心理冲突和危机,特别是工作期与婚育期的同步给职业女性带来更大的心理冲突和危机。所以,相对于男性来说,女性更易患心理疾病。

心理方面:职业女性随着阅历的增长对工作的新鲜感逐渐减少,不少人出现职业疲劳感。这种来自心理的疲劳感降低了工作效率,使职业女性增加了对工作的焦虑;女性事事追求完美的心态,女性对家庭、事业抱有太多的理想,对自己要求过于苛刻,而现实生活并不能将理想全部实现,也导致女性产生心理问题;女性的虚荣心和自尊心较强,总热衷于跟别人作比较,又总觉得自己处处不如别人,这种来自内心的干扰,往往会造成心态失衡;女性的抗挫折能力较差,遇事容易情绪波动,出现焦虑、抑郁和急躁等情绪反应,在应对生活事件时不像男性可能更多采取直接解决问题或活动转移的方式来缓解压力。(参见仇宇《佛山市女性心理健康教育需求分析报告》,载于《女性·和谐·发展——二〇一〇年佛山市妇女发展研究中心课题集》)

从人性的角度来考察,女性的人性组合形态具有更大的可变性,影响女性人性组合形态的生理因素与心理因素更多。因此,女性的心理模式与行为模式更多,这就意味着女性比男性更具有不可捉摸性。

第二,家庭因素。对于女性而言,情感在生活中占有极为重要的地位,家庭及婚姻状况对女性的身心健康的影响至关重要。职业女性和普通女性一样承担教育子女、赡养老人的责任。但繁忙的工作使她们与子女的交流减少,往往使她们难以很好尽到作为母亲与女儿的责任,容易产生对儿女和父母的歉疚之感和自责之心。

一些女性将自己的幸福寄予婚姻,希望能从丈夫那里得到方方面面的支持。但是现实可能却是自己不但得不到呵护,反而要成为支撑生活的主要力量。这种认知和现实的不协调会导致女性产生心理压力,从而引发心理问题。有调查表明:目前我国不少男性并不希望自己的妻子在事业上有太大的发展,尤其不希望她们超过自己,担心这样影响家庭的和谐美满,这种认识往往会造成夫妻冲突,给职业女性造成较大的心理负担。同时很多职业女性也是家庭暴力的受害者。据北京市妇联在20世纪中期对北京8个城区进行的抽样调查发现,有20%的家庭存在着家庭暴力,而其中的80%以上是男方对女方实施的家庭暴力。根据相关课题组织的调查,在佛山市,家庭暴力发生率也是居高不下。(参见耿爱先:《佛山市流动人口家庭暴力状况的调查研究》,载于《女性·和谐·发展——二〇一〇年佛山市妇女发展研究中心课题集》)家庭暴力给女性的身心造成了极大的伤害,甚至使一些女性因此走向犯罪道路。

第三,就业压力和不公平竞争。由于性别偏见和性别歧视,在当今社会,女性在就业、岗位竞争、升职、提薪等方面均处于劣势,有的单位在优化组合、干部任免中歧视女性,有些职业女性为了保住工作或得到提拔,在遇到男上司骚扰后甚至不敢吭声,这就使一些职业女性陷入既愤懑又无奈、既想竞争又怕付出过高代价的困惑之中,心理压力不断加大,以致整天提心吊胆,对人事关系过于敏感,甚至引起植物神经功能紊乱。而长期处于心理重荷之下,会对心理健康造成严重的不良影响。(参见仇宇《佛山市女性心理健康教育需求分析报告》,载于《女性·和谐·发展——二〇一〇年佛山市妇女发展研究中心课题集》)

佛山市三水区某广州高校分校的一位女教授,因为忙教学、课题、发表文章和著书,生怕家里来客人,哪怕是自己的父母、兄弟姐妹。只要有人来,就条件反射地紧张、烦恼。她的公婆来住一段时间,其间因为不能相容,弄得很不愉快。这位女教授诉苦说,她在赶课题,而公公因中风行动不便,拄着拐杖常在房子里走动,弄出声响,使她无法安静。婆婆又不能买菜做饭,还得她代劳,着实苦不堪言!而她的婆婆也伤心落泪,诉说老来遭人嫌弃、白眼。工作入侵家庭导致现代人角色冲突,产生严重心理障碍。

正是因为女性存在心理健康问题,而且成因错综复杂,女性十分期待得到心理健康方面的服务。下表是有关调查统计的结果从中不难发现,超过半数的被调查者希望得到"人际交往与沟通"和"压力调适与情绪管理",其比例分别为53.5%和58.8%。40.9%的被调查者需要得到"心理健康知识的普及",35.3%的被调查者需要"职业规划辅导",32.9%的被调查者希望得到"家庭教育与亲子关系"方面的心理健康服务。另外有15.5%的被调查者希望得到"婚恋心理辅导"。

表 您最希望得到哪些方面的心理健康服务

项 目	频数	百分比(%)
A. 心理健康知识的普及	1935	40.9
B. 人际交往与沟通	2531	53.5
C. 适应问题辅导	1410	29.8
D. 压力调试与情绪管理	2781	58.8
E. 家庭教育与亲子关系	1556	32.9
F. 婚恋心理辅导	733	15.5
G. 职业规划辅导	1670	35.3
H. 其他	293	6.2

上述相关资料来源除专门注出之外,其余参见仇宇《佛山市女性心理健康教育需求分析报告》,载于《女性·和谐·发展——二〇一〇年佛山市妇女发展研究中心课题集》。

二、职业女性心理问题的疏解

佛山市妇联疏解职业女性心理问题的方法有许多,如专题讲座、提供咨询、相关知识的宣传、小组工作法、个案法等。其中小组工作法、个案法效果最为明显。下面是三个小组工作法的具体案例:

案例之一:"创意十四钗"——白领职场适应小组
(佛山市禅城区妇联妇女儿童权益维护工作站)

小组计划书

1. 名称:"创意十四钗"——白领职场适应小组。
2. 对象:创意产业园内刚毕业走入职场的白领女性;名额:14人。
3. 地点:佛山市禅城区创意产业园园区2号会议厅;负责工作员姓名:杨春香。
4. 日期:2012年7月19日—2012年9月13日;时间:每节约一个半小时。
5. 招募及宣传方法:

(1)在创意产业园园区内派发宣传单,在公告栏张贴宣传单。
(2)通过在园区内工作的朋友向园区内的白领女性中进行宣传招募。
(3)通过小组需求调研座谈会进行组员招募。
(4)通过街道及园区推荐的方式进行招募。

6. 理念:

(1)认知行为理论相信白领女性的任何反应,不是由事件直接引起的,而是由个人的信念系统影响的,因此她们的感情、行为与思想是互相影响的。

(2)白领女性在做每个决定的过程中会出现各种不同的信念,包括:①理性信念(Rational Belief)是有客观数据支持,符合逻辑的理念,能帮助个人减去情绪上的困扰,使生活更充实及有正面的影响。②非理性信念(Irrational Belief)是没有客观数据支持,不切实际,不合逻辑,夸大负面的后果,认为事情已无法补救,影响个人的精神健康。③社会学习理论相信人的行为,特别是人的复杂行为主要是后天习得的,一种是通过直接经验获得,另一种是通过观察示范者而习得。

7. 目的:协助组员适应职场身份的转变,适应职场环境,扩大职场交际圈,缓解职场压力,组员间互相支持,形成朋辈支持网络。

8. 程序安排:

节次/日期/时间	内　　容	所需物资	负责人	备注
第一节 7月19日 18:00—19:30	①热身游戏:"成语接龙",组员互相认识; ②了解组员对于小组的期望; ③"运气球",了解规则重要性并制定小组规则	横幅、大白纸、笔、签到表、报名表、便利贴、照相机、DV	杨春香	
第二节 7月26日 18:00—19:30	①热身游戏:"大风吹"; ②主题活动:"婚宴现场",让组员了解不同的角色以及不同心态的变化对个人的作用; ③组员探讨调整心态的方法	横幅、大白纸、笔、签到表、报名表回执单、卡片纸、照相机、DV	杨春香	

续上表

节次/日期/时间	内　　容	所需物资	负责人	备注
第三节 8月2日 18：00—19：30	①回顾上节活动内容； ②热身游戏："寻找拉登"，增加组员对活动的兴趣； ③讨论一句话"我没有说过这周一定开会"的不同含义，以及寻找影响沟通的因素； ④主题游戏："以讹传讹"，进而探讨倾听技巧的使用以及分享汇总聆听方法	横幅、大白纸、笔、签到表、卡片纸、照相机、DV	杨春香	
第四节 8月9日 18：00—19：30	①热身游戏："名厨炒菜"； ②通过"听与说"游戏回顾上节活动的内容，带出本节活动的如何更好说服他人的主题； ③情景剧扮演，通过让组员体验现实生活中职场经常出现的一些场景，促使组员反思和探讨更有效的说服他人的方法并进行归纳总结	横幅、大白纸、笔、签到表、卡片纸、照相机、"听与说"游戏角色卡、情景剧背景、DV	杨春香	
第五节 8月16日 18：00—19：30	①热身游戏："大雨、中雨、小雨"，活跃气氛； ②组员分享各自对于竞争的认识； ③案例讨论：探讨面对竞争时的处事方式，如何发扬竞争中有利的一面，规避负面影响； ④游戏："盲阵"，让组员明白在竞争中也要互相配合、达到合作共赢	横幅、大白纸、笔、签到表、A4纸、照相机、案例、DV、眼罩	杨春香	
第六节 8月30日 18：00—19：30	①回顾上节活动内容； ②通过情景剧"小李子"一周的生活状态的扮演，进而让组员明白规划的重要性，并懂得区分做事情的四个等级（最重要也最紧急、重要但不紧急、不重要但紧急、不重要不紧急）以便更加有序做事情； ③"组员自画像"，组员绘制出一幅代表自己的画，并通过五个问题（一、你是谁？二、你想要什么？三、你可以做什么？四、环境支持允许你做什么？五、你最终的职业目标是什么？）促使组员反思自己对于职场的追求，并且尝试制定自己的短期规划	横幅、大白纸、彩色笔、签到表、A4纸、照相机、小李子一周生活背景、DV、五年规划表格	杨春香	

续上表

节次/日期/时间	内　　容	所需物资	负责人	备注
第七节 9月6日 18：00—19：30	①回顾上节活动内容，热身游戏开场； ②"蒙眼作画"，体验压力，反思个人压力来源、压力对个人影响并探讨缓解压力的方法； ③归纳总结	横幅、大白纸、彩色笔、签到表、A4纸、照相机、DV、眼罩	杨春香	
第八节 9月13日 18：00—19：30	①与组员口头回顾小组活动内容； ②选取小组组长以便维系组员今后联系，缓解组员的离别情绪； ③观看小组回顾视频，加深组员对活动的印象； ④组员分享活动感受、收获或建议； ⑤填写评估表； ⑥派发小组纪念品	横幅、大白纸、彩色笔、签到表、留言纸、照相机、DV、相片、茶点、礼品	杨春香	

9. 小组的人手分工安排（略）。

10. 预计困难及解决方法：

预计困难	解决方法
组员的空余时间较少，可能不能参加所有的活动	根据组员的时间进行调整
组员流失率过高	及时跟进确定组员流失原因，并根据组员的想法对活动进行调整（包括活动方式及时间等）
活动场地并不能做到全封闭，会有其他人走动近来（如媒体、园区内管理者等）	组员的座位安排背门而坐，减少外界对组员的影响，同时在有其他特殊要求，如媒体照相时，需要说明原因并征求组员意见，在征得组员同意后再进行

11. 评估方法：

（1）在小组第八节，组员填写"小组活动末期评估表"。

（2）组员互相分享收获以及活动感受。

（3）社会工作者以及协助者自我评估、小组过程记录及反思。

小组报告（略）。

点评：该小组工作的特定对象是刚刚大学毕业进入职场的女性。这些女性面临的首要任务就是再社会化，在这个再社会化的过程中，这些女性需要"去学生化"，即完成由学生到组织员工的角色转换。对许多人来说，这种角色转换有诸多困难，第一个困难是理想与现实之间差距给心理带来的冲击,使自己感到不安,甚至痛苦。第二个困难是需要面对十分复杂的人际关系,同学之间、师生之间、朋友之间那种单纯的人际关系被同事关系、上下级关系、竞争关系、利用关系、协作关系、团队关系等所取代。面对这些复杂的关系,这些刚毕业的女性需要更加复杂的人际交流知识与技术。第三个困难就是工作适应的困难。根据赫塞斯(Paul Herses)与布兰查德(Kenneth Blanchard)的生命周期理论,个体在工作岗位上,由不成熟发展到成熟,可分为四个阶段:无能力且不愿意、无能力但愿意、有能力但不愿意、有能力并愿意。刚刚毕业进入工作岗位的人处于"无能力且不愿意"阶段,即处于没有实际的工作能力而且不愿意接受工作任务的状态。一个人这种状态如果维持得太久,就不会被上级与同事所接受,不得不离开组织(公司)。到了新的公司,一切从头开始,又处于"无能力且不愿意"阶段,于是,恶性循环就开始了。第四个困难就是如何处理事业与爱情的问题。

总的来看,刚刚步入职场的女性,其人性组合形态处于剧烈的变动状态,心灵秩序比较混乱,如果没有适当的、正面的外部力量的介入,混乱的心灵秩序就有可发展为消极的、负面的心灵秩序。从该小组设的目的与活动的内容来看,对解决上述问题有很大的帮助,有利于组员们顺利完成新的社会化,完成由学生与组织员工的角色转变,疏解心理问题,厘清混乱的心灵秩序,构建起积极向上的心灵秩序。

案例之二:减压自我成长小组
(佛山市南海区里水镇妇联妇女儿童权益维护工作站)

小组计划书

1. 名称:减压自我成长小组。
2. 对象:里水村居妇女主任;名额:8～10名。
3. 地点:里水新兴社街坊会;负责工作员姓名:黄清仙。
4. 日期:2012年12月6日;时间:14:30—16:30。
5. 招募及宣传方法:通过开展两次讲座,普及心理知识和宣传成长小组,进行招募工作。
6. 理念:人本身是一个系统,由家庭、工作、生活三者组合而成。尤其是家庭是其中最核心的环节。因此,压力大小并非来源于工作的多少、任务是否艰巨,而是视乎家庭支持力度的大小。通过心理技术的介入,引导从心里去寻找自己的压力源头,认识自己原生家庭对现在的影响,从而寻找适合自己的压力应对方式。
7. 目的:让组员学会以正确的方式应对压力,将心里的负面能量转化,疏导负面情绪,调整家庭、工作和生活三者之间的关系,从而创建温馨、和谐的家庭生活,使工作做得更好、更有效率。
8. 程序安排:

第八章 职业女性心理问题疏解与外来女工社会融入

节次/日期/时间	内　　容	所需物资	负责人	备注
第1~2节 2012年 12月6日 14：30—16：30	亲子教育：介绍不同年龄段孩子的心理特征、行为特点；各种常见异常行为背后的心理原因及解决方法。家长如何调整自己的心态，改变与孩子的相处模式，改善与孩子之间的关系	音响、桌子、椅子、投影仪、纸、笔	宾瑜 黄婉华	
第3~4节 2012年 12月13日	婚姻关系：如何建立、维持亲密关系，不同亲密关系的类型及其意义。婚姻关系续存期间各种常见问题及处理方法。如何调适自己的状态，以更恰当的方式去化解婚姻关系中产生的矛盾和冲突	音响、桌子、椅子、投影仪、纸、笔	宾瑜 黄婉华	
第5~6节 2012年 12月20日 14：30—16：30	家庭关系：家庭系统的构成及其对人一生的影响。家庭成员间的相处模式类型及其对人格形成的重要意义。引导探索原生家庭的关系模式，思考与现在家庭关系的连接	音响、桌子、椅子、投影仪、纸、笔	宾瑜 黄婉华	
第7~8节 2012年 12月27日	工作压力：工作压力产生的根源，及其对我们生活、家庭的影响。如何去看待这种压力，从心理学的角度去应对并转化。如何在各种角色间顺利切换，不把工作情绪带回家中	音响、桌子、椅子、投影仪、纸、笔	宾瑜 黄婉华	
第9~10节 2013年 1月10日	压力探源：阐述压力与原生家庭之间的关系。如何去观照自己的内在，找出自己压力的源头。如何去调节自己的情绪、转化负面能量，找到转化压力的途径及方法	音响、桌子、椅子、投影仪、纸、笔	宾瑜 黄婉华	

9. 小组的人手分工安排（略）。

10. 预计困难及解决方法：

（1）阻抗现象的出现。解决方法：建立信任关系，通过互动式参与，调动组员情绪。

（2）计划赶不上变化。解决方法：具体问题具体分析，根据实际情况随时作出调整，以配合整个小组的进度。

11. 评估方法：

小组活动评估表、小组活动意见反馈表、小组记录报告、咨询师的评估

小组报告（略）。

点评：该小组工作的特定对象是村居妇女主任。总体而言，村居妇女主任有两个特征：一个特征是已经结婚成家生子；另一个特征是事业有成，已经是成为组织中的

领导者。

第一个特征注定该小组的组员们有十分丰富的家庭生活,承担着复杂的家庭角色,她们是妻子、母亲、女儿、儿媳、弟妹、嫂子、舅母、姑妈等。每个角色都对她们有期望,都在争夺她们的时间、精力与情感。在这些角色中,最重要的是妻子、母亲、女儿、儿媳这四个角色,这四个角色互相纠缠、互相矛盾与冲突,对承担者(她们)形成巨大的压力,使她们心情不畅,进而影响生理健康。

第二个特征注定该小组的组员们必须将大部分时间、精力、情感投入到工作当中去。作为组织领导者或管理者的角色,在其人性组合形态中,群体性或组织性(亦可称为单位性)必须取得主导性地位,即她们必须从自己管理的组织(单位)的立场出发,通过向服务对象提供高质量的服务来谋求本组织的生存与发展。为此,她们不仅需要满足服务对象的需求,还得尽可能满足组织员工的需求,还得想办法从组织外部获得各种资源。这种领导者的角色给她们带来快乐、成就感、满足感的同时,也给她们带来巨大的心理压力。

村居妇女主任们同时生活在两个世界,一个是私人世界,在这个世界她们是妻子、母亲、女儿、儿媳、弟妹、嫂子、舅母、姑妈等,另一个是公共世界,在这个世界她们是领导者、服务者。这两个世界都给她们带来巨大的压力。当这两世界发生矛盾与冲突时,她们的内心会十分痛苦与纠结。作为村居妇女主任,她们存在的价值就是解决他人的痛苦与纠结。但谁来疏解她们的痛苦与纠结则成了一个重大的问题。痛苦与纠结具有传染性,由于工作的性质,村居妇女主任长期承受不良情绪的影响,如果不及进行疏解,后果将十分严重。

从该小组工作活动的过程与小组总结来看,达到了疏解组员们心理问题的目的,同时传授了人际沟通、化解冲突的技巧。

案例之三:"情商修炼园"——员工情绪压力工作坊
(佛山市南海区大沥镇妇联妇女儿童权益维护工作站)

小组计划书

1. 名称:"情商修炼园"——员工情绪压力工作坊。
2. 对象:大沥有色金属产业园异地务工人员;名额:40人。
3. 地点:大沥聚心园服务中心多功能活动区;负责工作员姓名:刘军。
4. 日期:2012年11月25日—2013年12月23日;时间:上午9点—12点。
5. 招募及宣传方法:制作宣传海报,让企业的行政负责人在企业内张贴活动通知,并上报有兴趣参加工作坊的人员名单。
6. 理念:秉承"四海一家亲"的宗旨,开展心理工作坊等项目为员工疏导情绪压力,同时为其搭建自我增值的平台。
7. 目的:在专业的心理老师引导下和快乐的活动体验中学习情绪调节、应对压力的方法,提高人际交往能力,增强自我意识和自信心,培养同理心和责任心。通过一个接一个的游戏、分组讨论、角色扮演、体验活动、体会分享等活动,将参加者带入对自身情绪及情感的觉察、领悟和人际应对方式的检讨中,学习用爱的语言、沟通模式与他人交往，获得情商的提升。

8. 程序安排：

节次/日期/时间	内　　容	所需物资	负责人	备注
第一节 2012年 11月25日 9：00—12：00	①通过游戏让成员相互认识； ②讲授"什么是情商"、"怎样表达自己的情感"等内容； ③通过游戏巩固理论知识	音箱 白纸 笔 纸巾	刘军	
第二节 2012年 12月2日 9：00—12：00	①用游戏让大家从一连串的性格、爱好和姓名记忆中增强认识； ②游戏："察言观色记住他/她"，让学员们边感受自己的深呼吸，边"神游"动物园； ③游戏："我的自画像"，让学员们在纸上画出自己，然后通过小组讨论和交流的方式，让学员了解别人眼中的自己	音箱 白纸 笔 纸巾	刘军	
第三节 2012年 12月9日 9：00—12：00	①讲授成长环境对情绪的影响； ②游戏："桃花开"，在肢体活动中拉近距离，舒缓压力； ③角色扮演，让学员通过对调角色，在平时与人相处中适当控制情绪	音箱 白纸 笔 纸巾	刘军	
第四节 2013年 1月13日 9：00—12：00	①巩固上三节课的学习成果，从他人说话语气和表情中觉察情绪，分析自身的压力来源； ②分析压力和情绪的关系，用个案的方式和"世界末日"心理辅导法把学员自认为最重要的五种东西带了出来，在一一割舍中感受自身情绪的变化	音箱 白纸 笔 纸巾	刘军	

9. 小组的人手分工安排（略）。

10. 预计困难及解决方法：

人员组织方面，由于员工平时的工作时间较长，且提升自我的意识不强，可能会出现不能每期出席甚至开课人数不够的情况。

解决方法：与企业老板加强沟通，告知课程对留住人才和完善管理方面的重要性，让企业大开方便之门。平时加强前来聚心园参加活动人员的记录，人数不足时可扩大宣传的力度。

11. 评估方法：

（1）要求老师在开课前做员工需求调查，有针对性地选题和开展课程教授。

（2）要求学员在每期的工作坊后填写反馈表，了解教授效果，改进不足。

（3）派工作人员参与到每次的课程中，发现问题时能及时解决，并能向上级汇报课程质量。

小组报告（略）。

点评：该小组工作的特定对象是工业区的员工，目的是培养他（她）们的情商。

情商（Emotional Intelligence）也被称为情绪智力。情绪智力这个概念是由美国耶鲁大学的萨洛维（Salovey）和新罕布什尔大学的梅耶（Mayer）提出来的。它是指一个人识别、理解自己和他人的情绪状态，并利用这些信息来解决问题和调节行为的能力。

情绪智力包括三个方面的内容：①正确地识别、评价、表达自己和他人的情绪。②适应性地调节、控制自己和他人的情绪。③适应性利用情绪信息，以便有计划地、创造性地激励行为。

上述三方面可以归结为两点：第一，情绪智力就是识别、控制、利用自己情绪的能力，它要求我们了解自己当下的情绪是什么，是良性的还是不良的。第二，情绪智力就是一个人察言观色和利用察言观色所得的信息来解决问题、处理关系、发展自己的能力。它要求我们首先了解、分析并理解他人的心理结构，然后根据具体的需要调整或利用他人的心理结构。有时，为了某种需要，必须创造条件改变他人的心理结构以为我所用。人们已经发明了各种方法来测试一个人情绪智力的高低。

有学者认为，情商比智商更为重要。实际上，情商与智商不可分离。智商是情商的基础，情商是智商的延伸与深化。情感、情绪是天然的，是自然而然的，无须培养。但是，情绪智力则不同，它是可以刻意培养起来的。通过情绪智力表达出来的某种情绪可能是真的，也可能是假的，因为，情绪已经被理性化、被智力化了。一个政客可以根据需要现出高兴、快乐，也可以根据需要表现出愤怒、仇恨，并通过自己表演出来的情绪来影响甚至控制他人的情绪，以达到自己预期的目的。

情绪智力高的人有五个特点：第一，拥有管制自己情绪的技巧；第二，有能力监控他人的情绪；第三，有能力调动或塑造他人的情绪；第四，有自我激励的兴趣；第五，拥有高度发达的社会人际技巧。

在日常生活中，情商具有十分重要的地位。我们每天都会面临情绪化的人与情绪化的事。观察、理解、利用、缓解他人的情绪十分重要，表达、克制、利用、缓解自己的情绪也十分重要。从该小组活动内容的安排与总结来看，通过参与小组活动，组员了解了什么是情商、学习了人际沟通的技巧、学习了观察他人的方法。同时，也学习了如何表达自己的情绪与感受，在很大程度上提高了组员的情商。小组所搭建的平台有助于组员建立更广泛的人际关系，对疏解组员的心理压力与不良情绪也有很大的帮助。

第二节　外来女工社会融入

外来女工融入当地社会是社会经济发展的大势所趋。但是，就佛山而言，外来女工的社会融入过程面临许多问题。针对这些问题，佛山市各级妇联采取了相应的对策，这些对策在很大程度上提升了外来女工社会融入的能力与愿望。

一、外来女工社会融入过程中面临的问题

（一）不了解当地的文化、风土人情与未来的发展

根据有关调查资料显示，外来女工们对佛山的祖庙了解最多，占 26.40%；对彩陶泥塑、南风古灶、梁园及顺德的清晖园等具有历史文化特色的人文景观也有一定的了解。相比较而言，对南国桃源、陈村的花卉世界、三水的荷花世界、高明的皂幕山等这些自然景观的了解要更多一些；对秋色这种传统民俗文化的了解要少得多，仅有 2.40% 的人有所了解。这说明她们对佛山文化方面的了解比较欠缺，对佛山还没有更深的认识，换言之，文化、民俗方面的认同感还没有形成。在我们的个别访谈中，当被问到"你觉得自己是佛山人吗？"几乎 95% 以上的人都说"我们只是现在生活工作在佛山而已"。因此，她们在内心深处并没有把佛山作为自己的归属地，就像人们形容在北京、上海的打工族为"京漂"、"海漂"一样，佛山的外来女工也还是"佛山漂"，她们自认为自己目前在佛山只是过客，而且是相对低收入、低层次的过客，比起"佛山漂"的白领们她们更缺乏自信和长远打算。

外来女工对佛山未来的发展缺乏足够的关注，这一点从她们对"两转型一再造"和"广佛同城化"的了解程度中反映出来：有 63.96% 的人不知道，22.23% 的人只是听过根本不知道什么"两转型一再造"，只有 1.07% 的人清楚。也就是说，85% 以上的人根本不了解"两转型一再造"工程。对"广佛同城化"的了解也不是很多，只是相对前者而言，要稍好一些。至少有 3.47% 的人很清楚，有 31.49% 的人知道，但也有 37.28% 的人根本不知道。（上述资料见耿爱先、宁新昌《佛山市外来女工生存及思想状况调查报告》，载于《女性·和谐·发展——二〇〇九年佛山市妇女发展研究中心课题集》，佛山市妇女联合会主编。）

（二）公共生活参与程度不高

对于外来女工来说，能否积极参与居住地的公共生活，从另一个侧面反映出她们对当地的适应程度。从有关的调查来看，外来女工对义务捐助的参与度最高，达 49.05%；其次是义务献血，达 21.21%；再次是公益性活动或讲座，达 18.55%。这表明，外来女工具有强烈的同情心，愿意为社会做出自己的贡献，但她们对社区活动的参与度不高，仅有 6.84% 的人参与社区举办的各种活动，万人长跑活动参加的人只有 2.39%，这说明外来女工在一定程度上并没有融入当地的生活。在我们的访谈中也反映出这种情况，很多女工在业余时间里，并不愿意参加社区举办的各种活动，诸如计划生育讲座、插花技艺培训、家居布置、交谊舞等。这其中的主要原因是很多女工在厂区工作和生活，形成她们自己的生活圈子，我们可以称之为"外来工社区"，对当地居委或社区的工作没有足够的了解；其次是与当地人在沟通上存在一些障碍，比如没有共同的话题或兴趣等。这也就是说，事实上在本地人与外来女工之间还是缺乏融合，这与"二元社区"或"外来工社区"的存在不无关系。（耿爱先、宁新昌《佛山市外

来女工生存及思想状况调查报告》，载于《女性·和谐·发展——二〇〇九年佛山市妇女发展研究中心心课题集》，佛山市妇女联合会主编。）

（三）合法权益保护问题

就维权意识、法律意识方面来说，佛山市外来女工的基本思想状况并不乐观。她们对权利义务关系不是很清楚，即女工们对自己的合法权益究竟有哪些内容，并不是很清楚，一旦和厂方或他人发生矛盾、纠纷，不清楚有哪些合法途径可以解决；同时，在维权方面也不是很主动积极，就是说，即使她们知道有些法律途径可以帮助她们解决有关问题，如拖欠工资等，通常也不会主动寻求法律途径进行解决，而是依靠领导或消极等待。碰到工资不能按时发放的事情，她们中38.57%人选择依靠领导解决，38.93%的人等待，仅有13.73%的人选择去法院告状，还有8.76%的人选择辞职。

当被问道："如果你的工资不能正常发放，或者被人欺负时，你怎么办？"大部分被访问对象都回答说："我没办法，忍着！实在不行，就找老乡帮忙说说"、"为什么不通过法律途径解决呢？"、"我们可打不起官司，没钱不说，有钱也不想打，太麻烦了，有那功夫，还不如找其他工作呢！"由此可见，外来女工们在维权意识和法律意识方面还是很薄弱，这不仅反映了女工们自身对法律知识的欠缺，同时也说明她们对通过法律途径解决问题没有信心。可以看出，找老乡帮忙是她们解决自己被人欺负问题的主要途径，有39.28%的人选择这种途径，选择找领导的人有25.65%，还有19.82%选择认命，仅有15.25%的人寻求法律解决。这些数据表明，她们在维权方面还不能够很好地利用法律制度为自身服务。（耿爱先、宁新昌《佛山市外来女工生存及思想状况调查报告》，载于《女性·和谐·发展——二〇〇九年佛山市妇女发展研究中心心课题集》，佛山市妇女联合会主编。）

（四）文化、技术跟不上社会经济发展的需要

外来女工的文化程度普遍偏低，其中，小学以下文化程度占8.71%，初中文化程度占45.69%，高中文化程度占21.65%，职业高中占10.21%，大专文化程度8.27%，本科毕业的占3.35%，本科以上的仅占2.11%。（耿爱先、宁新昌《佛山市外来女工生存及思想状况调查报告》，载于《女性·和谐·发展——二〇〇九年佛山市妇女发展研究中心心课题集》，佛山市妇女联合会主编。）

（五）子女不能很好地与当地儿童融和

由于语言、风俗、沟通技巧、思乡情结、朋友圈重建困难等原因，外来女工子女不能很好地与当地儿童融合，她们不得不将子女送回老家，心也跟着回到了老家，每年都得花大量的时间在路上奔波，这使得她们失去了对当地社会的归属感。

二、妇联的对策

针对外来女工社会融入过程面临的上述问题，佛山市妇联采取以下对策：

第八章 职业女性心理问题疏解与外来女工社会融入

（一）心灵与文化融入

外来女工的社会融入归根到底是心灵与文化融入的问题。为此，佛山市各级妇联做了以下工作：

第一，维护外来女工的各法权益，通过讲座、宣传、提供咨询，传授有关维权的法律知识，通过个案调处，提供无偿法律援助。

第二，创办"外来女工流动学校"，传授各类知识与技术，提升外来女工的人力资本，使她们更加有利地参与竞争，跟上佛山社会经济发展的需要。

第三，举办讲座、提供咨询，让外来女工了解佛山市的历史文化与风土人情，了解佛山未来发展的前景。

第四，通过宣传、动员，鼓励外来女工积极参与佛山市的公共生活，与佛山市本土居民打成一片。

上述四点，我们在《组织行为动力、模式、类型与效益研究——以佛山市妇联为主要考察对象》（唐雄山、罗胜华、王伟勤，2013）一书中的第三章第二节、第五章及本书的第二章与第四章的相关部分已经做了比较详细的论述与分析，在这里就不再重复。在这里我们重点陈述、分析佛山市各级如何帮助外工子女融入当地社会。

（二）外来工子女社会融入

要解决外来女工社会融入问题，帮外来工子女融入当地社会十分关键。在这个过程中，佛山市妇联运用了项目法与小组工作法。

1. 项目法

项目法是一种综合性社会工作法，它集多种社会工作理论与方法于一体，涉及面广，影响大，有深度。佛山市各级妇联每年都有促进行外来工子女社会融入的项目（或工程），由于幅度的限制，下面只例举其中的三个。

项目之一："小海星计划"

2011年10月，广东省流动人口妇女儿童项目在佛山市禅城区张槎海口社区落地，通过政府部门、国际慈善组织、社会工作机构三方合作模式，为海口妇女儿童提供社会服务，提升海口社区妇女儿童在安全、教育、融入、公益四方面的能力。通过运用"妇儿为重、家庭为本、社区为基础"的专业社工手法来降低妇女儿童的安全风险，优化教育环境，促进社区融合，提升社区公益，使海口社区的妇女儿童享有安全、成长、互助、共融、快乐的社区环境。截至2012年9月，服务总共11292人次，其中常规服务6612人次，主题活动4680人次。

项目之二："广东省流动儿童关爱服务体系试点区"

佛山市南海区把流动儿童关爱和服务纳入全区社会管理体制改革和公共管理服务体系中积极推进落实。区教育部门还专门成立了各级流动儿童工作组，具体负责流动儿童教育工作。同时，把流动儿童的管理和服务纳入南海区重要发展规划和重要民生工程来推进，制订流动儿童管理和服务的各种优惠政策和保障措施，切实解决流动儿童平等接受教育、医疗卫生保健、社会保障等方面的重点问题。2012年，在大沥镇嘉怡社区全力打造专门面向外来流动人员的行政服务点——新南海人梦家园，外地来到南海区工作和生活的流动人员从踏入南海区开始就可以在这里享受到居住证办理、子女就读、妇女儿童卫生保健、积分入户咨询等一系列全方位的政策性行政服务。同时，还为有需要的外来人员家庭提供专业的心理辅导、职业培训和推介、家庭教育等服务。全力打造流动儿童关爱服务阵地，在"小悦悦事件"发生地大沥黄岐国际机电五金城建设关爱流动儿童服务点"小候鸟驿站"，购买专业社工服务，为五金城内以及生活和学习在周边的流动儿童提供课后和假期托管、兴趣班、流动儿童城市共融计划等服务。同时，大沥镇妇联在有色金属产业园区联合创办了"聚心园"的流动儿童服务点，为园区外来务工人员及其子女提供丰富多彩的服务和活动，增强了园区的凝聚力。2012年，南海区妇联开展了困境妇女儿童需求状况的调研，其中包括对流动儿童的现状和需求进行了摸底。筹措"南海妈妈微基金"，与亚洲基金会、友邦保险公司合作在外来工子女学校创办"流动图书室"，为流动儿童提供精神食粮。同时，南海区联合区慈善会和区邮政局举行开展"慈善手牵手，爱心书包送万家"活动，募集到爱心书包5000多份惠及外工子弟学校的孩子。2012年春节前为流动儿童、留守儿童、单亲家庭子女等特殊群体困境青少年儿童送上文化大餐——大型人偶童话剧《拇指姑娘》。

项目之三："百鸟归巢"项目

"百鸟归巢"项目于2013年启动实施，主要服务于生活和工作在南海区内的新南海人，着重关爱家庭的每一个成员，助人自助再助人，培养家庭意识，全面传递"家·南海"的理念与精神，建设和谐共融、互助友爱的南海温馨大家庭。包括：筑巢——建设流动儿童服务点"小候鸟驿站"、打造服务新南海人家庭的融爱家庭服务中心、发展完善社区儿童活动园地、办好外来女工流动学校等；暖巢——开展困难家庭帮扶救助，汇聚融合社会各方资源，为新南海人困难家庭融注关爱和温暖；固巢——开展"家·安心"家庭素质提升教育、编印"候鸟安家"生活手册，把涉及新南海人积分入户、子女就读、办理居住证与计划生育证、儿童卫生保健等方面的政策、常用电话号码以及对儿童的居家、户外安全监管教育、家庭教育等方面的知识编印成册，为他们提供生活、工作方面的指引，提升他们处理家庭困难和问题的能力；育巢——开展"家·品格"流动儿童品格教育服务计划、"家·成长"流动儿童课外兴趣服务计划、"家·自信"流动儿童未来领袖服务计划；巢聚——组建南海妈妈互助队、开展"家·融合"社区共融计划，组织当地家庭和外来家庭一起参与、共同策划文艺表演、趣味运动会，通过学习和了解各地不同的文化特色，促进居民的交流与共融。

2. 小组工作法

小组工作法在外来工子女融入佛山社会过程中起了十分重要的作用。下面我们通过两个具体案例及点评分析来对此进行说明。

案例之一：白坭新起航

（佛山市三水区白坭镇妇联妇女儿童权益维护工作站）

小组计划书

1. 名称：白坭新起航。
2. 对象：富景社区年龄在10~12岁的外来工子女；名额：12人。
3. 地点：富景社区；负责工作员姓名：罗月娇。
4. 日期：2012年7月26日至8月16日；时间：1.5小时/次。
5. 招募及宣传方法：

(1) 通过白坭镇富景社区妇代会在各村及住宅小区发布招募通知。

(2) 通过白坭镇广播站发布招募消息。

6. 理念：白坭镇正处于产业发展的新时期，招商引资及城市化进程的加快吸引了大量外来务工人员涌入三水，外来务工人员子女也逐渐成为人们关注的焦点。外来务工人员家庭状况相对比较贫困，家长的文化素质水平不高，投入工作的时间较长，未能很好地引导子女健康成长。外来务工子女的心理状况、家庭背景、生活环境和习惯与本地学生有明显的差别，难以融入本土生活。在暑期，外来务工子女已经从学校走出来了，对孩子的监护已经成为他们在工作以外的另一个重要的任务，此时，白坭镇妇联维权工作站通过社会工作手法介入外来务工子女服务中，帮助她们在三水度过一个富有意义的暑期生活。

7. 目的：针对外来工子女在人际关系的问题，利用社区活动的平台，开展提升他们对人际沟通、相互帮助的活动，用团队协作的方式引导这些孩子如何与其他人更好地相处，使小组成员在以后的生活中能够与人相互协作，提升她们认识朋友的能力和增强在白坭生活的归属感。

8. 程序安排：

节次/日期/时间	内　　容	所需物资	负责人	备注
第一节 7月26日 "和你一起"	破冰：认识小组成员 ①所有小组成员围成一个大圆圈； ②第一个成员说出自己的名字、籍贯、在读学校和年级；第二个成员先走到第一个成员面前重复一遍再根据以上要求介绍自己，如此类推进行成员介绍；直到最后第一个成员讲完19个成员为止； ③分享：怎样记住成员的名字； ④活动宣誓	画笔、小小心愿（四个字）、愿望卡、剪刀、透明胶、药品、号码、衣服、红色和白色纸各一半（写队名）、签到表、总结等表格、笔、评估表、奖品	罗月娇 李美兴 蒲泽彤	活动目标：让来自不同地方的人相互认识，通过团队协作活动可以成为好朋友，以后多了交流的同伴

续上表

节次/日期/时间	内　　容	所需物资	负责人	备注
"团队组合"	①通过抽签的字寻找出同一句诗的成员成为一组； ②小组成员一起选出队长、队名、队口号，制作队旗，小组队形； ③每队由队长带领展现成果； ④分享：在活动中你做了什么			
"同舟共济活动"	①社工宣读活动规则； ②成员要在报纸对折、再对折中把成员站在报纸内，站得越多的为胜者； ③分享：团队如何胜出			
活动分享、点评、评选、颁奖	①每组分享活动的收获； ②社工对活动进行了点评； ③评出优秀参与者并奖励； ④填写信息反馈表			
第二节 8月2日 1.5小时	①暑期作业辅导课； ②游戏——贴五官；（让小朋友在游戏中融入，成为更亲密伙伴） ③与小组成员分享感受； ④颁奖； ⑤孩子填写活动信息反馈表，开展活动评估	签到表、评估表、总结等表格、彩笔、剪刀、透明胶、药品、奖品（作业本、笔）	李美兴 蒲泽彤	通过辅导暑期作业，让小朋友互相了解在白坭读书遇到的问题与如何应对，从而更好地融入白坭学习
第三节 8月9日 1.5小时	①做汤圆——全体互动，全体互动，让小朋友动动巧手，动动脑筋发挥创意； ②手工折纸课——让小朋友动动巧手，发挥想象力； ③与孩子们分享感受； ④颁奖	签到表、评估表、总结等表格、笔、剪刀、透明胶、义工证、做汤圆的材料、药品、奖品	罗月娇 李美兴 蒲泽彤	
第四节 8月16日 1.5小时	①气球人龙——全体互动，全体互动，让小组成员配合完成游戏，学会合作； ②运气球比赛——两人为一组的运气球赛跑，讲求合作性与默契 ③盲人哑巴相扶持：让小组成员学会帮助和信任他人，也培养两人的合作性——彤彤、颖娟、翠丽等负责； ④与小组成员分享感受和写收获； ⑤合影留念	签到表、评估表、总结等表格、笔、剪刀、透明胶、药品、奖品（电动小风扇）、矿泉水、食品	罗月娇 李美兴 蒲泽彤	

9. 小组的人手分工安排（略）。

10. 预计困难及解决方法：

（1）活动内容设计不够完善，通过联系弘毅社工进行指导。

（2）可能会出现冷场、不配合的情况，可以通过游戏及小组契约来完成。

（3）会出现小组游戏堆积，尽量按照所写的方案来进行。

（4）小组成员对小组活动不感兴趣，以至于积极性低，工作员可以灵活性地转变，设计一些他们感兴趣的活动。

11. 评估方法：

（1）用问卷的方式了解他们在活动前后的变化。

（2）让他们分享参加活动前后的不同，活动让小朋友写上愿望卡和收获卡。

（3）活动工作者的观察和面谈方式了解他们的感受。

小组报告（略）。

点评：该小组工作的特定对象是10～12岁的外来工子女。对于这些儿童来说，最大的问题就是归属感的缺损。归属感即归属的需要，是人性的构成要素之一，它本身是一个层次体系，对于正常一个人说，归属的需要由几个层次构成：归属于家庭的需要、归属于朋友圈的需要、归属于社区的需要、归属于学校的需要、归属某个单位的需要、归属某个区县的需要、归属某个省市的需要、归属于国家民族的需要、归属人类地球的需要。在不同的情景下，对于不同的人，这些归属需要的重要性不同，有些启动了，另外一些可能还没有启动。也就是说，这些归属的需要在不同的人那里呈现出不同的组合形态，同一个人在不同的情景与时空之中其归属需要也会存在差异。

对于10岁左右的儿童来说，他们比较重要的归属需要依次为：归属于家庭的需要、归属于朋友圈的需要、归属于社区的需要、归属于学校的需要、归属某个区县的需要。该小组的组员，10～12岁的外来工子女，其归属感出现了严重的缺损。他们离开了原来的居住地，朋友圈没有了，社区将其视为外来者，只剩下家庭与学校。但一放寒暑假，学校也不能去了。由于父母忙于工作，整天不在家，家庭对他们来说也好像缺点什么。

当一个人正常的归属感得不到满足时，会出现两种情况。一种情况是，由于归属感得不到满足，其人性会严重失衡，导致仇视社会、孤独、冷漠、自我封闭。另一种情况是，由于归属感得不到满足，他会不断地寻找补偿，通过非正常的途径来满足归属感的需要，如参加消极的、负面的群体（团伙）。

该小组的目的就是弥补外来工子女归属感的不足，代偿他们对家庭与学校的需要。同时，在小组工作人员的引导下，学习人际交往技巧，提升自己的沟通能力，建立新的朋友圈，为融入当地学校与社区打下基础。从小组活动的安排和总结来看，该小组取得一定的成效。

案例之二：我是淼城新儿童

（引自佛山市三水区西南街道妇联妇女儿童权益维护工作站实录）

小组计划书

1. 名称：我是淼城新儿童。
2. 对象：三水区西南街道张边、桥头社区外来工子女；名额：20人。
3. 地点：三水区西南街道张边、桥头社区儿童德育中心；负责工作员姓名：罗月娇。
4. 日期：2012年7月15日；时间：2小时/次。
5. 招募及宣传方法：由西南街道桥头和张边社区进行宣传和招募小组成员。
6. 理念：外来工子女很多都是在家乡生活，父母在三水工作稳定了才带他们过来，然而环境的改变、语言的障碍、生活的变化让孩子难以适应，更多的孩子因不会与别人沟通而变得沉默甚至焦虑、抑郁；人际交往与信息沟通、协调、情绪等都离不开的，通过交往建立良好的人际关系，这些良好的关系可以使他们更好地融入当地生活，在三水的生活过得快乐、健康成长。根据马斯洛需求层次理论，在孩子的成长的现阶段，除了生理需求和安全需求需要得到满足，在社交需求方面都是很渴望的；孩子都有归属感和爱的需要，希望得到家庭（家长）、亲戚、老师、同学的关怀、认同、友谊、信任、表扬，成为集体中的一员等。
7. 目的：针对外来工子女在人际关系的问题，利用社区活动的平台，开展提升他们对人际沟通、相互帮助的活动，用团队协作的方式引导这些孩子如何与其他人更好地相处，使小组成员在以后的生活中能够与人相互协作；提升他们认识朋友的能力和增强在三水生活的归属感，帮助他们在三水更好地成长。
8. 程序安排：

节次/日期/时间	内　　容	所需物资	负责人	备注
第一节 7月15日 "和你一起"	破冰：认识小组成员 ①所有小组成员围一个大圆圈； ②第一个成员说出自己的名字、籍贯、在读学校和年级；第二个成员先走到第一个成员面前重复一遍再根据以上要求介绍自己，如此类推进行成员介绍；直到最后第一个成员讲完19个成员为止 ③分享：怎样记住成员的名字	大头笔、签字笔、画笔、大白纸、卡纸、旗杆、剪刀、透明胶、活动资料、水、食物、奖品、礼物、礼品袋、药物	罗月娇 李美兴 蒲泽彤	
"团队组合"	①通过抽签得到的字寻找出同一句诗的成员，结成一个组合； ②小组成员一起选出队长、队名、队口号，制作队旗，小组队形； ③每队由队长带领展现成果； ④分享：在活动中你做了什么			

续上表

节次/日期/时间	内容	所需物资	负责人	备注
"同舟共济活动"	①社工宣读活动规则； ②成员要在报纸对折、再对折中把成员站在报纸内，站得越多的为胜者； ③分享：团队如何胜出	—		
活动分享、点评、评选、颁奖	①每组推荐一位成员分享活动收获； ②社工对活动进行了点评，评出优秀参与者并奖励	—		
第二节 7月22日 "齐心协力"	①"拼图"大比拼，全组合力完成； ②每队由队长展现成果； ③分享：每组安排成员分享怎样分工、合作完成		罗月娇 李美兴 蒲泽彤	
"快乐汤圆"	①每组分配同样分量的材料，在义工的带领下包汤圆； ②在同样食材情况下选出制作数量最多的一组；（大小根据要求） ③每组的汤圆都要设计不同的图案，选出设计图案最多的一组； ④每组全体成员呈上作品，站到众人面前介绍作品； ⑤分享：做汤圆时如何沟通	活动资料、拼图、水、一次性用品、环保袋、电磁炉、煲、勺子、铜盘、插座、汤圆食材、药物、食品、奖品、礼物、礼品袋		
"石头剪刀布"	①每组开展演练，然后选出成员参与挑战； ②每组成员在3次挑战中，输得最多的一组为输； ③分享：在本组时怎样胜出参加挑战，在挑战时本组成员怎样给予支持			
"甜蜜汤圆"	①每组成员围坐一起，一边吃汤圆一边分享； ②社工引导他们开展沟通			
活动分享、点评、评选、颁奖	①小组成员分享活动的收获； ②社工对活动开展点评总结； ③评出优秀参与者并颁奖			

续上表

节次/日期/时间	内　　容	所需物资	负责人	备注
第三节 7月29日 "同一蓝天下"	①三水本土家长、孩子和外来工家长、孩子相互介绍和认识； ②分组进行沟通	购买保险、水、眼罩、问题资料、纸、笔、心愿卡、药品、水果、食品、奖品、礼物袋		
"三水知多D"	①每组由社工根据三水的名胜好玩、好吃的提出问题； ②先由外来工人员回答； ③本土小孩做"导游"，告诉和补充问题，家长做指导； ④分享：今天对三水认知了多少			
"聋哑人"游戏	①家长与孩子结为一组； ②分工谁先扮演盲人，然后角色调换； ③各组成员根据社工指引的路线参加各种障碍体验； ④角色互换，线路变更； ⑤分享：体验时的感受、互换角色的感觉、收获什么			
"机会难得"	①本土家庭和外来工家庭开展互动沟通，分享教育心得； ②分享：请外来工家长分享活动收获			
"祝福"	孩子们每人一张心愿卡，写上祝福语送给家长			
"食物大派对"	全体成员一起分享食物，家长和孩子分成不同的组别，由两名社工分别对家长、孩子进行分享			
活动分享、点评、评选、颁奖	①每组分享活动的收获； ②社工对活动进行了点评总结； ③填写信息反馈表； ④大合照留影			
第四节 8月5日 "看我的"	①每个人都把自己的特长在众人面前展示，老师和成员都给予最大的表扬和鼓励，提升其自信心； ②分享：在听到掌声和鼓励时有什么感受	纸、笔、作品、药品、水、食品、奖品、礼物袋		
"感恩有你"	①由老师引导孩子们做触动心灵的感恩活动，如何感谢所有的人员； ②成员分享感受			

续上表

节次/日期/时间	内　　容	所需物资	负责人	备注
"离别情愁"	成员知道要结束了，不愿离开，由社工引导做分离的情绪疏导			
活动分享、点评、评选、颁奖	①每组分享4次活动的收获；②社工对活动进行了点评；③填写信息反馈表；④合影留念	—		

9. 小组的人手分工安排（略）。

10. 预计困难及解决方法：

（1）可能会出现冷场、不配合的情况，可以通过互动游戏、小组契约来解决。

（2）会出现小组游戏时间延长，尽量按照所写的方案来进行，活动中进行时间控制。

（3）会出现人数缺勤与策划中不一致，现场调动工作人员加入参与。

（4）小组成员对小组活动不感兴趣，会出现积极性偏低的现象，项目负责人要及时调整，运用他们感兴趣的游戏。

11. 评估方法：①活动反馈表；②小组工作者的观察；③参加人员的自我评价；④家长的面谈。

小组报告（略）。

点评：该小组工作的特定对象是三水外来工子女。这是一个旨在帮助外来工子女融入当地社会的典型案例。外来工子女刚到三水，由于归属感出现严重缺损与危机，导致他们人性组合形态出现严重的失衡，其心灵秩序处于混乱的状态，如果没有外在力量的及时介入，这些儿童中有些人就会发展出负面的、消极的心灵秩序，对家庭与社会造成危害。

该小组力图从三个方面来满足组员归属感的需要。第一，将本地家长及小孩招入小组，在工作人员的引导，让外来工家长及其小孩与本地家长及其小孩进行有效的沟通、交流，使双方打成一片，为双方融和提供一个良好的平台。第二，传授人际交往技巧，提升外来工家长及子女的人际吸引力与沟通能力，为他们融入当社会打下必要的人际技能基础。第三，传授三水的自然知识、历史文化知识，阐述三水发展现状，展示三水美好未来，增强外来工子女对三水的归属感。

通过小组活动，外来工子女能够建立起新的朋友圈，发展出新的人际关系网络。通过这个人际网络，他们可以比较顺畅地融入当地社区，获得当地社区的资源，得到社区的帮助，从而对新的居住地产生情感。随着归属需要的满足，这些外来工子女的人性能够恢复平衡，其心灵秩序由混乱向正面的、积极的方向展。外来工子女融入当地社会是外来女工融入当地社会的重要前提。

案例的"建议"部分指出了问题的要害，值得相关决策与管理部门充分重视。

参 考 文 献

[1] 唐雄山，罗胜华，王伟勤．组织行为动力、模式、类型与效益研究——以佛山市妇联为主要考察对象［M］．广州：中山大学出版社，2013．

[2] 唐雄山．人性平衡论［M］．广州：中山大学出版社，2007．

[3] 唐雄山，王伟勤．人性组合形态论［M］．广州：中山大学出版社，2011．

[4] 唐雄山．组织行为学原理——以人性为视角［M］．北京：中国铁道出版社，2010．

[5] 张敦福．现代社会学教程（第二版）［M］．北京：高等教育出版社，2007．

[6] 黎红雷．中国管理智慧教程［M］．北京：人民出版社，2006．

[7] 陈国海．组织行为学（第二版）［M］．北京：清华大学出版社，2006．

[8]（美）斯蒂芬·P．罗宾斯．组织行为学（第七版）［M］．孙健敏，李原，等，译．北京：中国人民大学出版社，1997．

[9]（美）杰拉尔德·格林伯格．组织行为学（英文版·原著第四版）［M］．张志学，改编．北京：机械工业出版社，2007．

[10] 赵泽洪，周绍宾．现代社会学［M］．重庆：重庆大学出版社，2003．

[11]（美）弗莱蒙特·E．卡斯特，詹姆斯·E．罗森茨韦克．组织与管理——系统方法与权变方法（第四版）［M］．傅严，李柱流，等，译；陈旭明，李柱流，校．北京：中国社会科学出版社，2000．

[12]（美）彼得·德鲁克．管理实践［M］．毛忠明，程韵文，孙康琦，译．上海：上海译文出版社，1999．

[13]（美）彼得·德鲁克．大变革时代的管理［M］．赵干城，译．上海：上海译文出版社，1999．

[14]（美）彼得·德鲁克．九十年代的管理［M］．东方编译所，译．上海：上海译文出版社，1999．

[15]（美）彼得·德鲁克．管理前沿［M］．上海：上海译文出版社，1999．

[16] 休谟．人性论（上下册）［M］．关文运，译．北京：商务印书馆，1991．

[17]（美）丹尼尔·A．雷恩．管理思想的演变［M］．赵睿，等，译．北京：中国社会科学出版社，2000．

[18] 张文昌，曲英艳，庄玉梅．现代管理学·案例卷［M］．济南：山东人民出版社，2004．

[19] 黎红雷．儒家管理哲学［M］．广州：广东高等教育出版社，1997．

[20]（德）卡西尔．人论［M］．甘阳，译．上海：上海译文出版社，2004．

［21］曾仕强．中国管理哲学［M］．台北：台湾东大图书公司，1981．

［22］John R. Schermerhorn Jr. 组织行为学［M］．北京：清华大学出版社，2005．

［23］黎红雷．人类管理之道［M］．北京：商务印书馆，2000．

［24］叶宇伟．领导六艺［M］．深圳：海天出版社，1996．

［25］（美）R．R·布莱克，A．A．麦坎斯．领导难题·方格解法［M］．孔令济，等，译．北京：中国社会科学出版社，1999．

［26］（美）安娜蓓尔·碧莱尔．领导与战略规划［M］．赵伟，译．北京：机械工业出版社，2000．

［27］中华妇女联合会．走进新世纪的中国妇女［M］．北京：五洲传播出版社，2003．

［28］顾秀莲．中国特色妇女发展之路［M］．北京：人民出版社，2010．

［29］肖扬．对妇女组织变革动因及其途径的探讨［J］．妇女研究论丛，2004（7）．

［30］徐宏卓．和谐社会中的妇女组织［J］．中华女子学院山东分院学报，2006（4）．

［31］陈静．基于性地位的中国女性地位探析［J］．谈古论今，2009（8）．

［32］高莉娟．试论全球化条件下的妇女发展策略［J］．妇女与社会，2004（3）．

［33］武新，王敏，鲁雅萍．妇女发展与组织依托［J］．辽宁商务职业学院校报，2002（3）．

［34］马艳秋．新时期妇联组织面临的新挑战［J］．中国高新技术企业，2009（4）．

［35］刘伯红．中国妇女非政府组织的发展［J］．浙江学刊，2000（4）．

［36］杜芮．妇联组织参与社会管理的思考与建议［J］．中国妇运，2011（5）．

［37］李迎春，姜洁．妇联组织参与社会管理和公共服务的思考［J］．沈阳干部学刊，2010（12）．

［38］黄粹．民间妇女组织发展的制度环境析论［J］．重庆大学学报，2011，17（4）．

［39］徐宇珊．浅析妇联与其他妇女组织的关系［J］．妇女研究论丛，2004，3（2）．

［40］方亚琴．新时期妇联组织身份的重新构建与认同［J］．渤海大学学报，2011（6）．

［41］钱晓康．重视发挥妇联组织在构建和谐社会中的重要作用［J］．中国妇运，2010（1）．

［42］王立．妇联组织的发展变迁与职能定位［J］．中国妇运，2010（2）．

［43］郭晓勇．妇联组织应对妇女发展问题的工作策略［J］．中华女子学院山东分院学报，2005（1）．

［44］杨春．社会转型期妇女/性别研究的发展述评［J］．甘肃社会科学，2011（4）．

［45］赵明．浅析社会转型期妇联组织的社会角色调整［J］．中国妇运，2009（4）．

［46］赵迎春．新形势下如何充分发挥妇女职能作用［J］．华章，2011（13）．

［47］叶大凤．非政府组织参与公共政策过程：作用、问题与对策［J］．福州党校学报，2006（5）．

［48］李亚平．关于妇联组织参与社会管理和公共服务的思考［J］．江西行政学院学报，2008（5）

［49］马焱．妇联组织职能定位及其功能的演变轨迹——基于对全国妇联一届至十届章程的分析［J］．妇女研究论丛，2009（5）．

［50］付佳．妇联组织成员对妇联组织的认知与评价——基于荆门市妇联组织实证调查研究［J］．华南农业大学，2010（6）．

［51］党秀云．公共治理的新策略：政府与第三部门的合作伙伴关系［J］．中国行政管理，2007（10）．

［52］雷水贤．双重角色对妇联履行职能的影响［J］．妇女研究论丛，2002（11）．

［53］黄粹．妇联组织官办性的成因分析：一种路径依赖［J］．大连理工大学学报，2011（6）．

［54］程静．立足家庭 面向社会 推进妇女事业新发展［J］．江海纵横，2008（7）．

［55］佛山市家庭教育指导中心．"传承传统文化，你我齐参与"．市妇联网，2010（1）．

［56］张钟汝，增强民间妇女组织能力 促进社会性别和谐平等［J］．上海大学学报（社会科学版），2006（7）．

［57］杨湘岚．面向二十一世纪的妇联组织［J］．中国妇运，1998（9）．

［58］刘晓善．家庭暴力基本问题透视［J］．辽宁科技学院学报，2009，3（1）．

［59］丁娟，曲雯．妇联在政府职能转变中的作用研究［J］．云南民族大学学报，2006（7）．

［60］丁娟，马炎．妇联承担政府职能的优势与阻力研究［A］．妇女研究论丛，2006（12）．

［61］张睿丽．利益观视觉下妇联组织的角色及其职能定位［J］．新疆大学学报（哲学·人文社会科学版），2011，39（5）．

［62］马丽华，吴秋菊．对构建妇联基础组织建设工作新格局的思考［M］．北京：中国社会科学出版社，2007．

［63］丁娟．妇联干部对妇联组织的认识与评价［J］．中华女子学院学报，2008（1）．

［64］高焕清，李琴．底层妇女与妇联组织的整合［J］．华中科技大学学报，2012．

［65］王立．对我国女性政治参与发展的历史考察［J］．大庆师范学院校报，2008（4）：91．

［66］许悦．中国女性参与政治与决策探析［J］．福建师范大学福清分校学报，

2006（6）：54.

［67］孙小华．新形势下妇联参与社会公共事务管理的思考［J］．韶关学院学报，2008（4）：12－13.

［68］孔静珣．论妇联组织参与社会管理和公共服务的机遇和障碍［J］．妇女研究丛，2009，3（6）.

［69］佛山市妇女联合会．女性·和谐·发展——二〇〇九年佛山市妇发展研究中心课题集．

［70］佛山市妇女联合会．女性·和谐·发展——二〇一〇年佛山市妇发展研究中心课题集．

［71］广东省妇女联合会，广东省妇女研究中心，广东妇女学研究会．广东省妇联系统优秀调研成果汇编［M］．广州：广东科技出版社，2004.

［72］广东省妇女联合会，广东省妇女研究中心，广东妇女学研究会．广东省妇女社会地位调查［M］．北京：中国妇女出版社，2004.

［73］广东省妇女联合会，广东省妇女研究中心，广东妇女研究会．2007年广东省妇女优秀调研报告选编．

［74］佛山市妇女联合会．实践与思考——2012年佛山市妇联社会工作个案选．

［75］佛山市妇女联合会．实践与思考——2011年佛山市妇联社会工作个案选．

［76］佛山市妇女联合会．实践与思考——二〇一〇年佛山市妇联社会工作个案选．

［78］佛山市妇女联合会．小组工作案例汇编（第一辑）．

后　　记

一

　　该书从立项到正式出版历时两年，其间，写作提纲修改了六七次，书名也改了四次。写完此书，感觉自己的脑袋已经被基本掏空，一片空白。近20年来，这种感觉在不断地重复。我不能肯定，我是进步了还是退步了。但是，这一次，我觉得自己对妇联工作的了解更深入了，对社会工作理论与方法本土化的机制有了比较充分的认识；通过对案例的分析与点评，我对人性与组织本性又有一些新的观点与思考。在案例的分析与点评中，我对人性组合形态的演化机制，对心灵秩序的类型以及互相转化机制，都有十分深刻的论述；同时，对心理与情感能量场及其运行机制也有所论述。从这个角度来说，我与这些案例的关系是"六经注我，我注六经"的关系。

二

　　本书中列举了许多案例，这些案例就是一个个鲜活的故事，其中许多个案的故事曲折复杂，足以写成一篇小说或拍一部电影或电视剧。每个案例调处的过程都是妇联工作人员、社工、志愿者等付出艰辛劳动的过程，是社会工作理论与方法本土化的过程，更是妇联深度参与社会治理的过程。这种治理是引导或重构人们的心灵秩序，这正是社会—文化时代所需要的，是社会—文化时代管理最主要的两个特征之一。

　　本书由我整体构思，并负责绝大部分内容的编辑与写作，从而保证了逻辑结构的一致性、顺畅性和文风的统一性。仇宇、王伟勤、王昕、罗胜华等参与本书构架的讨论，并提供了十分有价值的参考意见。仇宇为第四章、第五章、第六章提供有价值的参考资料并撰写了其中部分内容。公管系2010级及2012级部分学生参与资料的搜集与整理。

三

　　感谢佛山市妇联吴培英主席、曾颖主席、陈湛穗副主席、源文芬副主席、陈继莲部长、李慧灵部长。感谢所有参与此项工作维权部的工作人员，包括周丽雯、黄华燕、陈丹妮等。吴培英、陈湛穗、陈继莲参与了提纲的讨论、修改，她们认真阅读了本书的第一稿、第二稿、第三稿与第四稿,提出了十分宝贵的修改意见,她们大部分意见与建议已经成了本书的有机组成部分。该书全部案例和绝大部分数据资料都来自佛山市妇联,在这个过程中,佛山市妇联各个部室及课题联络人吴碧珊提供大量的帮助。该书能写成现在的规模与格局,是因为得到了佛山市妇联各位领导与工作人员全力支持。

2015 年 7 月
唐雄山于广东佛山无心斋

资助出版：佛山市妇联协同培养公共管理
类人才实践教学基地
公共事业管理教学团队项目
佛山市社会工作本土化研究协
同创新发展中心